Stories

Fyodor M. Dostoevsky

Повести

Фёдор М. Достоевский

Stories

ISNB: 978-1-60444-897-9

Повести

© Индоевропейских Издание , 2018

ISNB: 978-1-60444-897-9

ХОЗЯЙКА

ЧАСТЬ ПЕРВАЯ

I

Ордынов решился наконец переменить квартиру. Хозяйка его, очень бедная пожилая вдова и чиновница, у которой он нанимал помещение, по непредвиденным обстоятельствам уехала из Петербурга куда-то в глушь, к родственникам, не дождавшись первого числа, - срока найма своего. Молодой человек, доживая срочное время, с сожалением думал о старом угле и досадовал на то, что приходилось оставить его: он был беден, а квартира была дорога. На другой же день после отъезда хозяйки он взял фуражку и пошел бродить по петербургским переулкам, высматривая все ярлычки, прибитые к воротам домов, и выбирая дом почернее, полюднее и капитальнее, в котором всего удобнее было найти требуемый угол у каких-нибудь бедных жильцов.

Он уже долго искал, весьма прилежно, но скоро новые, почти незнакомые ощущения посетили его. Сначала рассеянно и небрежно, потом со вниманием, наконец с сильным любопытством стал он смотреть кругом себя. Толпа и уличная жизнь, шум, движение, новость предметов, новость положения - вся эта мелочная жизнь и обыденная дребедень, так давно наскучившая деловому и занятому петербургскому человеку, бесплодно, но хлопотливо всю жизнь свою отыскивающему средств умириться, стихнуть и успокоиться где-нибудь в теплом гнезде, добытом трудом, по'том и разными другими средствами, - вся эта пошлая проза и скука возбудила в нем, напротив, какое-то тихо-радостное, светлое ощущение. Бледные щеки его стали покрываться легким румянцем, глаза заблестели как будто новой надеждой, и он с жадностью, широко стал вдыхать в себя холодный, свежий воздух. Ему сделалось необыкновенно легко.

Он всегда вел жизнь тихую, совершенно уединенную. Года три назад, получив свою ученую степень и став по возможности свободным, он пошел к одному старичку, которого доселе знал понаслышке, и долго ждал, покамест ливрейный камердинер согласился доложить о нем в другой раз. Потом он вошел в высокую, темную и пустынную залу, крайне скучную, как еще бывает в старинных, уцелевших от времени фамильных, барских домах, и увидел в ней старичка, увешанного орденами и украшенного сединой, друга и сослуживца его отца и опекуна своего.

Старичок вручил ему щепоточку денег. Сумма оказалась очень ничтожною; это был остаток проданного с молотка за долги прадедовского наследия. Ордынов равнодушно вступил во владение, навсегда откланялся опекуну своему и вышел на улицу. Вечер был осенний, холодный и мрачный; молодой человек был задумчив, и какая-то бессознательная грусть надрывала его сердце. В глазах его был огонь; он чувствовал лихорадку, озноб и жар попеременно. Он рассчитал дорогою, что может прожить своими средствами года два-три, даже с голодом пополам и четыре. Смерклось, накрапывал дождь. Он сторговал первый встречный угол и через час переехал. Там он как будто заперся в монастырь, как будто отрешился от света. Через два года он одичал совершенно.

Он одичал, не замечая того; ему покамест и в голову не приходило, что есть другая жизнь - шумная, гремящая, вечно волнующаяся, вечно меняющаяся, вечно зовущая и всегда, рано ли, поздно ли, неизбежная. Он, правда, не мог не слыхать о ней, но не знал и не искал ее никогда. С самого детства он жил исключительно; теперь эта исключительность определилась. Его пожирала страсть самая глубокая, самая ненасытимая, истощающая всю жизнь человека и не выделяющая таким существам, как Ордынов, ни одного угла в сфере другой, практической, житейской деятельности. Эта страсть была - наука. Она снедала покамест его молодость, медленным, упоительным ядом отравляла ночной покой, отнимала у него здоровую пищу и свежий воздух, которого никогда не бывало в его душном углу, и Ордынов в упоении страсти своей не хотел замечать того. Он был молод и покамест не требовал бо'льшего. Страсть сделала его младенцем для внешней жизни и уже навсегда неспособным заставить посторониться иных добрых людей, когда придет к тому надобность, чтоб отмежевать себе между них хоть какой-нибудь угол. Наука иных ловких людей - капитал в руках; страсть Ордынова была обращенным на него же оружием.

В нем было более бессознательного влечения, нежели логически отчетливой причины учиться и знать, как и во всякой другой, даже самой мелкой деятельности, доселе его занимавшей. Еще в детских летах он прослыл чудаком и был непохож на товарищей. Родителей он не знал; от товарищей за свой странный, нелюдимый характер терпел он бесчеловечность и грубость, отчего сделался действительно нелюдим и угрюм и мало-помалу ударился в исключительность. Но в уединенных занятиях его никогда, даже и теперь, не было порядка и определенной системы; теперь был один только первый восторг, первый жар, первая горячка художника. Он сам создавал себе систему; она выживалась в нем годами, и в душе его уже мало-помалу восставал еще темный, неясный, но как-то дивно-отрадный образ идеи, воплощенной в новую, просветленную форму, и эта форма просилась из души его, терзая эту душу; он еще робко чувствовал оригинальность, истину и самобытность ее: творчество уже сказывалось силам его; оно формировалось и крепло. Но срок воплощения и создания был еще далек, может быть, очень далек, может быть, совсем невозможен!

Теперь он ходил по улицам, как отчужденный, как отшельник, внезапно вышедший из своей немой пустыни в шумный и гремящий город. Все ему казалось ново и странно. Но он до того был чужд тому миру, который кипел и грохотал кругом него, что даже не подумал удивиться своему странному ощущению. Он как будто не замечал своего дикарства; напротив, в нем родилось какое-то радостное чувство, какое-то охмеление, как у голодного, которому после долгого поста дали пить и есть; хотя, конечно, странно было, что такая мелочная новость положения, как перемена квартиры, могла отуманить и взволновать петербургского жителя, хотя б и Ордынова; но правда и то, что ему до сих пор почти ни разу не случалось выходить по делам.

Все более и более ему нравилось бродить по улицам. Он глазел на все, как фланер.

Но и теперь, верный своей всегдашней настроенности, он читал в ярко раскрывавшейся перед ним картине, как в книге между строк. Все поражало его; он не терял ни одного впечатления и мыслящим взглядом смотрел на лица ходящих людей, всматривался в физиономию всего окружающего, любовно вслушивался в речь народную, как будто поверяя на всем свои заключения, родившиеся в тиши уединенных ночей. Часто какая-нибудь мелочь поражала его, рождала идею, и ему впервые стало досадно за то, что он так заживо погреб себя в своей келье. Здесь все шло скорее; пульс его был полон и быстр, ум, подавленный одиночеством, изощряемый и возвышаемый лишь напряженною, экзальтированной деятельностью, работал теперь скоро, покойно и смело. К тому же ему как-то бессознательно хотелось втеснить как-нибудь и себя в эту для него чуждую жизнь, которую он доселе знал, или, лучше сказать, только верно предчувствовал инстинктом художника. Сердце его невольно забилось тоскою любви и сочувствия. Он внимательнее вглядывался в людей, мимо него проходивших; но люди были чужие, озабоченные и задумчивые... И мало-помалу беспечность Ордынова стала невольно упадать; действительность уже подавляла его, вселяла в него какой-то невольный страх уважения. Он стал уставать от наплыва новых впечатлений, доселе ему неведомых, как больной, который радостно встал в первый раз с болезненного одра своего и упал, изнеможенный светом, блеском, вихрем жизни, шумом и пестротою пролетавшей мимо него толпы, отуманенный, закруженный движением. Ему стало тоскливо и грустно. Он начал бояться за всю свою жизнь, за всю свою деятельность и даже за будущность. Новая мысль убивала покой его. Ему вдруг пришло в голову, что всю жизнь свою он был одинок, что никто не любил его, да и ему никого не удавалось любить. Иные из прохожих, с которыми он случайно вступал в разговоры в начале прогулки, смотрели на него грубо и странно. Он видел, что его принимали за сумасшедшего или за оригинальнейшего чудака, что, впрочем, было совсем справедливо. Он вспомнил, что и всегда всем было как-то тяжело в его присутствии, что еще и в детстве все бежали его за его задумчивый, упорный характер, что тяжело, подавленно и неприметно другим проявлялось его сочувствие, которое было в нем, но в котором как-то никогда не было приметно нравственного равенства, что мучило его еще ребенком, когда он никак не походил на других детей, своих сверстников. Теперь он вспомнил и сообразил, что и всегда, во всякое время, все оставляли и обходили его.

Неприметно зашел он в один отдаленный от центра города конец Петербурга. Кое-как пообедав в уединенном трактире, он вышел опять бродить. Опять прошел он много улиц и площадей. За ними потянулись длинные желтые и серые заборы, стали встречаться совсем ветхие избенки вместо богатых домов и вместе с тем колоссальные здания под фабриками, уродливые, почерневшие, красные, с длинными трубами. Всюду было безлюдно и пусто; все смотрело как-то угрюмо и неприязненно: по крайней мере так казалось Ордынову. Был уже вечер. Одним длинным переулком он вышел на площадку, где стояла приходская церковь.

Он вошел в нее рассеянно. Служба только-что кончилась; церковь была почти совсем пуста, и только две старухи стояли еще на коленях у входа. Служитель, седой старичок, тушил свечи. Лучи заходящего солнца широкою струею лились сверху сквозь узкое окно купола и освещали морем блеска один из приделов; но они слабели все более и более, и чем чернее становилась мгла, густевшая под сводами храма, тем ярче блистали местами раззолоченные иконы, озаренные трепетным заревом лампад и свечей. В припадке глубоко волнующей тоски и какого-то подавленного чувства Ордынов прислонился к стене в самом темном углу церкви и забылся на мгновение. Он очнулся, когда мерный, глухой звук двух вошедших прихожан раздался под сводами храма. Он поднял глаза, и какое-то невыразимое любопытство овладело им при взгляде на двух пришельцев. Это были старик и молодая женщина. Старик был высокого роста, еще прямой и бодрый, но худой и болезненно бледный. С вида его можно было принять за заезжего откуда-нибудь издалека купца. На нем был длинный, черный, очевидно праздничный, кафтан на меху, надетый нараспашку. Из-под кафтана виднелась какая-то другая длиннополая русская одежда, плотно застегнутая снизу до верха. Голая шея была небрежно повязана ярким красным платком; в руках меховая шапка. Длинная, тонкая, полуседая борода падала ему на грудь, и из-под нависших, хмурых бровей сверкал взгляд огневой, лихорадочно воспаленный, надменный и долгий. Женщина была лет двадцати и чудно прекрасна. На ней была богатая, голубая, подбитая мехом шубейка, а голова покрыта белым атласным платком, завязанным у подбородка. Она шла, потупив глаза, и какая-то задумчивая важность, разлитая во всей фигуре ее, резко и печально отражалась на сладостном контуре детски-нежных и кротких линий лица ее. Что-то странное было в этой неожиданной паре.

Старик остановился посреди церкви и поклонился на все четыре стороны, хотя церковь была совершенно пуста; то же сделала и его спутница. Потом он взял ее за руку и повел к большому местному образу богородицы, во имя которой была построена церковь, сиявшему у алтаря ослепительным блеском огней, отражавшихся на горевшей золотом и драгоценными камнями ризе. Церковнослужитель, последний оставшийся в церкви, поклонился старику с уважением; тот кивнул ему головою. Женщина упала ниц перед иконой. Старик взял конец покрова, висевшего у подножия иконы, и накрыл ее голову. Глухое рыдание раздалось в церкви.

Ордынов был поражен торжественностью всей этой сцены и с нетерпением ждал ее окончания. Минуты через две женщина подняла голову, и опять яркий свет лампады озарил прелестное лицо ее. Ордынов вздрогнул и ступил шаг вперед. Она уже подала руку старику, и оба тихо пошли из церкви. Слезы кипели в ее темных синих глазах, опушенных длинными, сверкавшими на млечной белизне лица ресницами, и катились по побледневшим щекам. На губах ее мелькала улыбка; но в лице заметны были следы какого-то детского страха и таинственного ужаса. Она робко прижималась к старику, и видно было, что она вся дрожала от волнения.

Пораженный, бичуемый каким-то неведомо сладостным и упорным чувством, Ордынов быстро пошел вслед за ними и на церковной паперти перешел им дорогу. Старик поглядел на него неприязненно и сурово; она тоже взглянула на него, но без любопытства и рассеянно, как будто другая, отдаленная мысль занимала ее. Ордынов пошел вслед за ними, сам не понимая своего движения. Уже совершенно смерклось; он шел поодаль. Старик и молодая женщина вошли в большую, широкую улицу, грязную, полную разного промышленного народа, мучных лабазов и постоялых дворов, которая вела прямо к заставе, и повернули из нее в узкий, длинный переулок с длинными заборами по обеим сторонам его, упиравшийся в огромную почерневшую стену четырехэтажного капитального дома, сквозными воротами которого можно было выйти на другую, тоже большую и людную улицу. Они уже подходили к дому; вдруг старик оборотился и с нетерпением взглянул на Ордынова. Молодой человек остановился как вкопанный; ему самому показалось странным его увлечение. Старик оглянулся другой раз, как будто желая увериться, произвела ли действие угроза его, и потом оба, он и молодая женщина, вошли чрез узкие ворота во двор дома. Ордынов вернулся назад.

Он был в самом неприятном расположении духа и досадовал на самого себя, соображая, что потерял день напрасно, напрасно устал и вдобавок кончил глупостью, придав смысл целого приключения происшествию более чем обыкновенному.

Как ни досадовал он на себя поутру за свою одичалость, но в инстинкте его было бежать от всего, что могло развлечь, поразить и потрясти его во внешнем, не внутреннем, художественном мире его. Теперь с грустью и с каким-то раскаянием подумал он о своем безмятежном угле; потом напала на него тоска и забота о неразрешенном положении его, о предстоявших хлопотах, и вместе с тем стало досадно, что такая мелочь могла его занимать. Наконец, усталый и не в состоянии связать двух идей, добрел он уже поздно до квартиры своей и с изумлением спохватился, что прошел было, не замечая того, мимо дома, в котором жил. Ошеломленный и покачивая головою на свою рассеянность, он приписал ее усталости и, подымаясь на лестницу, вошел наконец на чердак, в свою комнату. Там он зажег свечу - и через минуту образ плачущей женщины ярко поразил его воображение. Так пламенно, так сильно было впечатление, так любовно воспроизвело его сердце эти кроткие, тихие черты лица, потрясенного таинственным умилением и ужасом, облитого слезами восторга или младенческого покаяния, что глаза его помутились и как будто огонь пробежал по всем его членам. Но видение продолжалось недолго. После восторга настало размышление, потом досада, потом какая-то бессильная злость; не раздеваясь, завернулся он в одеяло и бросился на жесткую постель свою...

Ордынов проснулся уже довольно поздно утром в раздраженном, робком и подавленном состоянии духа, собрался наскоро, почти насильно стараясь думать о насущных заботах своих, и отправился в сторону, противоположную вчерашнему своему путешествию; наконец он отыскал себе квартиру где-то в светелке у бедного немца, по прозвищу Шпис, жившего с дочерью Тинхен. Шпис, получив задаток, тотчас же снял ярлык, прибитый на воротах и приглашавший наемщиков, похвалил Ордынова за любовь к наукам и обещал сам усердно позаняться с ним. Ордынов сказал, что переедет к вечеру. Оттуда он пошел было домой, но раздумал и поворотил в другую сторону; бодрость воротилась к нему, и он сам мысленно улыбнулся своему любопытству. Дорога в нетерпении

6

показалась ему чрезвычайно длинною; наконец он дошел до церкви, в которой был вчера вечером. Служили обедню. Он выбрал место, с которого мог видеть почти всех молящихся; но тех, которых он искал, не было. После долгого ожидания он вышел краснея. Упорно подавляя в себе какое-то невольное чувство, упрямо и насильно старался он переменить ход мыслей своих. Раздумывая об обыденном, житейском, он вспомнил, что ему пора обедать, и, почувствовав, что действительно голоден, зашел в тот же самый трактир, в котором обедал вчера. Он уже и не помнил после, как вышел оттуда. Долго и бессознательно бродил он по улицам, по людным и безлюдным переулкам и наконец зашел в глушь, где уже не было города и где расстилалось пожелтевшее поле; он очнулся, когда мертвая тишина поразила его новым, давно неведомым ему впечатлением. День был сухой и морозный, какой нередко бывает в петербургском октябре. Неподалеку была изба; возле нее два стога сена; маленькая круторебрая лошаденка, понуря голову, с отвислой губой, стояла без упряжи подле двуколесной таратайки, казалось об чем-то раздумывая. Дворная собака ворча грызла кость вблизи разбитого колеса, и трехлетний ребенок в одной рубашонке, почесывая свою белую мохнатую голову, с удивлением глядел на зашедшего одинокого горожанина. За избой тянулись поля и огороды. На краю синих небес чернелись леса, а с противоположной стороны находили мутные снежные облака, как будто гоня перед собою стаю перелетных птиц, без крика, одна за другою, пробиравшихся по небу. Все было тихо и как-то торжественно-грустно, полно какого-то замиравшего, притаившегося ожидания... Ордынов пошел было дальше и дальше; но пустыня только тяготила его. Он повернул назад, в город, из которого вдруг понесся густой гул колоколов, сзывавших к вечернему богослужению, удвоил шаги и через несколько времени опять вошел в храм, так знакомый ему со вчерашнего дня.

Незнакомка его была уже там.

Она стояла на коленях у самого входа между толпой молившихся. Ордынов протеснился сквозь густую массу нищих, старух в лохмотьях, больных и калек, ожидавших у церковных дверей милостыни, и стал на колени возле незнакомки. Одежда его касалась ее одежды, и он слышал порывистое дыхание, вылетавшее из ее уст, шептавших горячую молитву. Черты лица ее по-прежнему были потрясены чувством беспредельной набожности, и слезы опять катились и сохли на горячих щеках ее, как будто омывая какое-нибудь страшное преступление. В том месте, где стояли они оба, было совершенно темно, и только по временам тусклое пламя лампады, колеблемое ветром, врывавшимся через отворенное узкое стекло окна, озаряло трепетным блеском лицо ее, которого каждая черта врезалась в память юноши, мутила зрение его и глухою, нестерпимою

7

болью надрывала его сердце. Но в этом мучении было свое исступленное упоение. Наконец он не мог выдержать; вся грудь его задрожала и изныла в одно мгновение в неведомо сладостном стремлении, и он, зарыдав, склонился воспаленной головой своей на холодный помост церкви. Он не слыхал и не чувствовал ничего, кроме боли в сердце своем, замиравшем в сладостных муках.

Одиночеством ли развилась эта крайняя впечатлительность, обнаженность и незащищенность чувства; приготовлялась ли в томительном, душном и безвыходном безмолвии долгих, бессонных ночей, среди бессознательных стремлений и нетерпеливых потрясений духа, эта порывчатость сердца, готовая, наконец, разорваться или найти излияние; и так должно было быть ей, как внезапно в знойный, душный день вдруг зачернеет все небо и гроза разольется дождем и огнем на взалкавшую землю, повиснет перлами дождя на изумрудных ветвях, сомнет траву, поля, прибьет к земле нежные чашечки цветов, чтоб потом, при первых лучах солнца, все, опять оживая, устремилось, поднялось навстречу ему и торжественно, до неба послало ему свой роскошный, сладостный фимиам, веселясь и радуясь обновленной своей жизни... Но Ордынов не мог бы теперь и подумать, что с ним делается: он едва сознавал себя...

Он почти не заметил, как кончилось богослужение, и очнулся, продираясь за своей незнакомкой сквозь сплотившуюся у входа толпу. Порой он встречал ее удивленный и светлый взгляд. Останавливаемая поминутно выходившим народом, она не раз оборачивалась к нему; видно было, как все сильнее и сильнее росло ее удивление, и вдруг она вся вспыхнула, будто заревом. В эту минуту вдруг из толпы явился опять вчерашний старик и взял ее за руку. Ордынов опять встретил желчный и насмешливый взгляд его, и какая-то странная злоба вдруг стеснила ему сердце. Наконец, он потерял их в темноте из вида; тогда, в неестественном усилии, он рванулся вперед и вышел из церкви. Но свежий вечерний воздух не мог освежить его: дыхание спиралось и сдавливалось в его груди, и сердце стало биться медленно и крепко, как будто хотело пробить ему грудь. Наконец, он увидел, что действительно потерял своих незнакомцев: ни в улице, ни в переулке их уже не было. Но в голове Ордынова уже явилась мысль, сложился один из тех решительных, странных планов, которые хотя и всегда сумасбродны, но зато почти всегда успевают и выполняются в подобных случаях; назавтра в восемь часов утра он подошел к дому со стороны переулка и вошел на узенький, грязный и нечистый задний дворик, нечто вроде помойной ямы в доме. Дворник, что-то делавший на дворе, приостановился, уперся подбородком на ручку своей лопаты, оглядел Ордынова с ног до головы и спросил его, что ему надо.

Дворник был молодой малый, лет двадцати пяти, с чрезвычайно старообразным лицом, сморщенный, маленький, татарин породою.

- Ищу квартиру, - отвечал с нетерпением Ордынов.

- Которая? - спросил дворник с усмешкою. Он смотрел на Ордынова так, как будто знал все его дело

- Нужно от жильцов, - отвечал Ордынов.

- На том дворе нет, - отвечал загадочно дворник.

- А здесь?

- И здесь нет. - Тут дворник принялся за лопату.

- А может быть, и уступят, - сказал Ордынов, давая дворнику гривенник.

Татарин взглянул на Ордынова, взял гривенник, потом опять взялся за лопату и после некоторого молчания объявил, что "нет, нету квартира". Но молодой человек уже не слушал его; он шел по гнилым, трясучим доскам, лежавшим в луже, к единственному выходу на этот двор из флигеля дома, черному, нечистому, грязному, казалось захлебнувшемуся в луже. В нижнем этаже жил бедный гробовщик. Миновав его остроумную мастерскую, Ордынов по полуразломанной, скользкой, винтообразной лестнице поднялся в верхний этаж, ощупал в темноте толстую, неуклюжую дверь, покрытую рогожными лохмотьями, нашел замок и приотворил ее. Он не ошибся. Перед ним стоял ему знакомый старик и пристально, с крайним удивлением смотрел на него.

- Что тебе? - спросил он отрывисто и почти шепотом.

- Есть квартира?.. - спросил Ордынов, почти забыв все, что хотел сказать. Он увидал из-за плеча старика свою незнакомку.

Старик молча стал затворять дверь, вытесняя ею Ордынова.

- Есть квартира, - раздался вдруг ласковый голос молодой женщины.

Старик освободил дверь.

- Мне нужен угол, - сказал Ордынов, поспешно входя в комнату и обращаясь к красавице.

Но он остановился в изумлении как вкопанный, взглянув на будущих хозяев своих; в глазах его произошла немая, поразительная сцена. Старик был бледен как смерть, как будто готовый лишиться чувств. Он смотрел свинцовым, неподвижным, пронзающим взглядом на женщину. Она тоже побледнела сначала; но потом вся кровь бросилась ей в лицо и глаза ее как-то странно сверкнули. Она повела Ордынова в другую каморку.

Вся квартира состояла из одной довольно обширной комнаты, разделенной двумя перегородками на три части; из сеней прямо входили в узенькую, темную прихожую; прямо была дверь за перегородку, очевидно в спальню хозяев. Направо, через прихожую, проходили в комнату, которая отдавалась внаймы. Она была узенькая и тесная, приплюснутая

9

перегородкою к двум низеньким окнам. Все было загромождено и заставлено необходимыми во всяком житье предметами; было бедно, тесно, но по возможности чисто. Мебель состояла из простого белого стола, двух простых стульев и залавка по обеим сторонам стен. Большой старинный образ с позолоченным венчиком стоял над полкой в углу, и перед ним горела лампада. В отдаваемой комнате, и частию в прихожей, помещалась огромная, неуклюжая русская печь. Ясно было, что троим в такой квартире нельзя было жить.

Они стали уговариваться, но бессвязно и едва понимая друг друга. Ордынов за два шага от нее слышал, как стучало ее сердце; он видел, что она вся дрожала от волнения и как будто от страха. Наконец кое-как сговорились. Молодой человек объявил, что он сейчас переедет, и взглянул на хозяина. Старик стоял в дверях все еще бледный; но тихая, даже задумчивая улыбка прокрадывалась на губах его. Встретив взгляд Ордынова, он опять нахмурил брови.

- Есть паспорт? - спросил он вдруг громким, отрывистым голосом, отворяя ему дверь в сени.

- Да! - отвечал Ордынов, немного озадаченный.

- Кто ты таков?

- Василий Ордынов, дворянин, не служу, по своим делам, - отвечал он, подделываясь под тон старика.

- И я тоже, - отвечал старик. - Я Илья Мурин, мещанин; довольно с тебя? Ступай...

Через час Ордынов уже был на новой квартире, к удивлению своему и своего немца, который уже начинал подозревать, вместе с покорною Тинхен, что навернувшийся жилец обманул его. Ордынов же сам не понимал, как все это сделалось, да и не хотел понимать...

II

Сердце его так билось, что в глазах зеленело и голова шла кругом. Машинально занялся он размещением своего скудного имущества в новой квартире, развязал узел с разным необходимым добром, отпер сундук с книгами и стал укладывать их на стол; но скоро вся эта работа выпала из рук его. Поминутно сиял в его глазах образ женщины, встреча с которою взволновала и потрясла все его существование, который наполнял его сердце таким неудержимым, судорожным восторгом, - столько счастья прихлынуло разом в скудную жизнь его, что мысли его темнели и дух замирал в тоске и смятении. Он взял свой паспорт и понес к хозяину в надежде взглянуть на нее. Но Мурин едва приотворил дверь, взял у него бумагу, сказал ему: "Хорошо, живи с миром", и снова заперся в своей комнате. Какое-то неприятное чувство овладело Ордыновым. Неизвестно почему, ему стало тяжело глядеть на этого старика. В его взгляде было что-то презрительное и злобное. Но неприятное впечатление скоро рассеялось. Уж третий день, как Ордынов жил в каком-то вихре в сравнении с прежним затишьем его жизни; но рассуждать он не мог и даже боялся. Все сбилось и перемешалось в его существовании; он глухо чувствовал, что вся его жизнь как будто переломлена пополам; одно стремление, одно ожидание овладело им, и другая мысль его не смущала.

В недоумении воротился он в свою комнату. Там, у печки, в которой стряпалось кушанье, хлопотала маленькая сгорбленная старушонка, такая грязная и в таком отвратительном отребье, что жалко было смотреть на нее. Она, казалось, была очень зла и по временам что-то ворчала, шамкая губами, себе под нос. Это была хозяйская работница. Ордынов попробовал было заговорить с нею, но она промолчала, очевидно со зла. Наконец, настал час обеда; старуха вынула из печи щи, пироги и говядину и понесла к хозяевам. Того же подала и Ордынову. После обеда в квартире настала мертвая тишина.

Ордынов взял в руки книгу и долго переворачивал листы, стараясь доискаться смысла в том, что читал уже несколько раз. В нетерпении он отбросил книгу и опять попробовал было прибирать свои пожитки; наконец взял фуражку, надел шинель и вышел на улицу. Идя наудачу, не видя дороги, он все старался, по возможности, сосредоточиться духом, свести свои разбитые мысли и хоть немного рассудить о своем положении. Но усилие только повергало его в страдание, в пытку. Озноб и жар овладевали им попеременно, и по временам сердце начинало вдруг стучать так, что приходилось прислоняться к стене. "Нет, лучше смерть, - думал он, - лучше смерть", - шептал он воспаленными, дрожащими губами, мало думая о том, что говорит. Он ходил очень долго; наконец, почувствовав, что промок до костей, и заметив в первый раз, что дождь идет ливнем, воротился домой. Неподалеку от дома он увидел своего дворника. Ему показалось, что татарин несколько времени пристально и с любопытством смотрел на него и потом пошел своею дорогою, когда заметил, что его увидали.

- Здравствуй, - сказал Ордынов, нагнав его. - Как тебя зовут?

- Дворник зовут, - отвечал тот, скаля зубы.

- Ты давно здесь дворником?

- Давно.

- Хозяин мой мещанин?

- Мещанин, коли сказывал.

- Что ж он делает?

- Больна; живет, бога молит, - вот.

- А это жена его?

- Какая жена?

- Что с ним живет?

- Жена, коли сказывал. Прощай, барин.

Татарин тронул шапку и вошел в конуру свою.

Ордынов вошел в свою квартиру. Старуха, шамкая и что-то ворча про себя, отворила ему дверь, опять заперла ее на щеколду и полезла на печь, на которой доживала свой век. Уже смеркалось. Ордынов пошел достать огня и увидел, что дверь к хозяевам заперта на замок. Он кликнул старуху, которая, приподнявшись на локоть, зорко смотрела на него с печки, казалось раздумывая, что бы ему нужно было у хозяйского замка; она молча сбросила ему пачку спичек. Он воротился в комнату и принялся опять, в сотый раз, за свои вещи и книги. Но мало-помалу, недоумевая, что с ним делается, присел на лавку, и ему показалось, что он заснул. По временам приходил он в себя и догадывался, что сон его был не сон, а какое-то мучительное, болезненное забытье. Он слышал, как стукнула дверь, как отворилась она, и догадался, что это воротились хозяева от вечерни. Тут ему пришло в голову, что нужно было пойти к ним зачем-то. Он привстал, и показалось что он уже идет к ним, но оступился и упал на кучу дров, брошенных старухою среди комнаты. Тут он совершенно забылся и, раскрыв глаза после долгого-долгого времени, с удивлением заметил, что лежит на той же лавке, так, как был, одетый, и что над ним с нежною заботливостью склонялось лицо женщины, дивно прекрасное и как будто все омоченное тихими, материнскими слезами. Он слышал, как положили ему под голову подушку и одели чем-то теплым и как чья-то нежная рука легла на горячий лоб его. Он хотел поблагодарить, он хотел взять эту руку, поднести к запекшимся губам своим, омочить ее слезами и целовать, целовать целую вечность. Ему хотелось что-то много сказать, но что такое - он сам не знал того; ему захотелось умереть в эту минуту. Но руки его были как свинцовые и не двигались; он как будто онемел и слышал только, как разлетается кровь его по всем жилам, как будто приподымая его на постели. Кто-то дал ему воды... Наконец он впал в беспамятство.

Он проснулся поутру часов в восемь. Солнце сыпало золотым снопом лучи свои сквозь зеленые, заплесневелые окна его комнаты; какое-то отрадное ощущение нежило все члены больного. Он был спокоен и тих, бесконечно счастлив. Ему казалось, что кто-то был сейчас у его изголовья.

12

Он проснулся, заботливо ища вокруг себя это невидимое существо; ему так хотелось обнять своего друга и сказать первый раз в жизни: "Здравствуй, добрый день тебе, мой милый".

- Как же ты долго спишь! - сказал нежный женский голос. Ордынов оглянулся, и к нему склонилось с приветливою и светлою, как солнце, улыбкою лицо красавицы хозяйки его.

- Как ты долго был болен, - говорила она, - полно, вставай; что неволишь себя? Волюшка хлеба слаще, солнца краше. Вставай, голубь мой, вставай.

Ордынов схватил и крепко сжал ее руку. Ему казалось, что он все еще видит сон.

- Подожди, я тебе чаю готовила; хочешь чаю? Захоти; тебе лучше будет. Я сама хворала и знаю.

- Да, дай мне пить, - сказал Ордынов слабым голосом и стал на ноги. Он еще был очень слаб. Озноб пробежал по спине его, все члены его болели и как будто были разбиты. Но на сердце его было ясно, и лучи солнца, казалось, согревали его какою-то торжественною, светлою радостью. Он чувствовал, что новая, сильная, невидимая жизнь началась для него. Голова его слегка закружилась.

- Ведь тебя зовут Васильем? - спросила она, - я иль ослышалась, иль, сдается, тебя хозяин так вчера назвал.

- Да, Василий. А тебя как зовут? - сказал Ордынов, приближаясь к ней и едва устояв на ногах. Он покачнулся. Она схватила его за руки, поддержала и засмеялась.

- Меня Катериной, - сказала она, смотря ему в глаза своими, большими, ясными, голубыми глазами. Оба держали друг друга за руки.

- Ты мне хочешь что-то сказать? - проговорила она наконец.

- Не знаю, - отвечал Ордынов. У него помутилось зрение.

- Видишь какой. Полно, голубь мой, полно; не горюй, не тужи; садись сюда, к солнцу, за стол; сиди смирно, а за мной не ходи, - прибавила она, видя, что молодой человек сделал движение, как будто удерживая ее, - я сейчас сама к тебе буду; успеешь на меня наглядеться. - Через минуту она принесла чаю, поставила на стол и села напротив его.

- На, напейся, - сказала она. - Что, болит твоя голова?

- Нет, теперь не болит, - сказал он. - Не знаю, может быть, и болит... я не хочу... полно, полно !.. Я и не знаю, что со мною, - говорил он, задыхаясь и отыскав наконец ее руку, - будь здесь, не уходи от меня; дай, дай мне опять твою руку... У меня в глазах темнеет; я на тебя как на солнце смотрю, - сказал он, как будто отрывая от сердца слова свои, замирая от восторга, когда их говорил. Рыдания сдавливали ему горло.

- Бедный какой! Знать, не жил ты с человеком хорошим. Ты один-одинешенек; нет у тебя родичей?

13

- Нет никого; я один... ничего, пусть! теперь лучше... хорошо мне теперь! - говорил Ордынов, будто в бреду. Комната как будто ходила кругом него.

- Я сама много лет людей не видала. Ты так глядишь на меня... - проговорила она после минутного молчания.

- Ну... что же?

- Как будто греют тебя мои очи! Знаешь, когда любишь кого... Я тебя с первых слов в сердце мое приняла. Заболеешь, опять буду ходить за тобой. Только ты не болей, нет. Встанешь, будем жить, как брат и сестра. Хочешь?. Ведь сестру трудно нажить, как бог родив не дал.

- Кто ты? откуда ты? - проговорил Ордынов слабым голосом.

- Я не здешняя... что тебе! Знаешь, люди рассказывают, как жили двенадцать братьев в темном лесу и как заблудилась в том лесу красная девица. Зашла она к ним и прибрала им все в доме, любовь свою на всем положила. Пришли братья и спознали, что сестрица у них день прогостила. Стали ее выкликать, она к ним вышла. Нарекли ее все сестрой, дали ей волюшку, и всем она была ровня. Знаешь ли сказку?

- Знаю, - прошептал Ордынов.

- Жить хорошо; любо ль тебе на свете жить?

- Да, да; век жить, долго жить, - отвечал Ордынов.

- Не знаю, - сказала задумчиво Катерина, - я бы и смерти хотела. Хорошо жизнь любить и добрых людей любить, да... Смотри, ты опять, как мука, побелел!

- Да, голова кругом ходит...

- Постой, я тебе мою постель принесу и подушку - другую; здесь и постелю. Заснешь, обо мне приснится; недуг отойдет. Наша старуха тоже больна...

Она еще говорила, как уже начала готовить постель, по временам с улыбкой смотря через плечо на Ордынова.

- Сколько у тебя книг! - сказала она, сдвигая сундук.

Она подошла к нему, схватила его правой рукой, подвела к постели, уложила и одела одеялом.

- Говорят, книги человека портят, - говорила она, задумчиво покачивая головою. - Ты любишь в книгах читать?

- Да, - отвечал Ордынов, не зная, спит он или нет, и крепче сжимая руку Катерины, чтоб уверить себя, что не спит.

- У хозяина моего много книг; видишь какие! он говорит, что божественные. Он мне все читает из них. Я потом тебе покажу; ты мне расскажешь после, что он мне в них все читает?

- Расскажу, - прошептал Ордынов, неотступно смотря на нее.

- Ты любишь молиться? - спросила она после минутного молчания. - Знаешь что? Я все боюсь, все боюсь...

14

Она не договорила, казалось размышляя о чем-то. Ордынов поднес наконец ее руку к губам своим.

- Что ты мою руку целуешь? (И щеки ее слегка заалели.) На, целуй ее, - продолжала она, смеясь и подавая ему обе руки; потом высвободила одну и приложила ее к горячему лбу его, потом стала расправлять и приглаживать его волосы. Она краснела более и более; наконец, присела на полу у постели его и приложила свою щеку к его щеке; теплое, влажное дыхание ее шелестило по его лицу... Вдруг Ордынов почувствовал, что горячие слезы градом полились из ее глаз и падали, как растопленный свинец, на его щеки. Он слабел более и более; он уже не мог двинуть рукою. В это время раздался стук в дверь и загремела задвижка. Ордынов еще мог слышать, как старик, его хозяин, вошел за перегородку. Он слышал потом, что Катерина привстала, не спеша и не смущаясь, взяла свои книги, слышал, как она перекрестила его уходя; он закрыл глаза. Вдруг горячий, долгий поцелуй загорелся на воспаленных губах его, как будто ножом его ударили в сердце. Он слабо вскрикнул и лишился чувств...

Потом началась для него какая-то странная жизнь.

Порой, в минуту неясного сознания, мелькало в уме его, что он осужден жить в каком-то длинном, нескончаемом сне, полном странных, бесплодных тревог, борьбы и страданий. В ужасе он старался восстать против рокового фатализма, его гнетущего, и в минуту напряженной, самой отчаянной борьбы какая-то неведомая сила опять поражала его, и он слышал, чувствовал ясно, как он снова теряет память, как вновь непроходимая, бездонная темень разверзается перед ним и он бросается в нее с воплем тоски и отчаяния. Порой мелькали мгновения невыносимого, уничтожающего счастья, когда жизненность судорожно усиливается во всем составе человеческом, яснеет прошедшее, звучит торжеством, весельем настоящий светлый миг и снится наяву неведомое грядущее; когда невыразимая надежда падает живительной росой на душу; когда хочешь вскрикнуть от восторга; когда чувствуешь, что немощна плоть пред таким гнетом впечатлений, что разрывается вся нить бытия, и когда вместе с тем поздравляешь всю жизнь свою с обновлением и воскресением. Порой он опять впадал в усыпление, и тогда все, что случилось с ним в последние дни, снова повторялось и смутным, мятежным роем проходило в уме его; но видение представлялось ему в странном, загадочном виде. Порой больной забывал, что с ним было, и удивлялся, что он не на старой квартире, не у старой хозяйки своей. Он недоумевал, отчего старушка не подходила, как бывало всегда в поздний сумеречный час, к потухавшей печке, обливавшей по временам слабым, мерцающим заревом весь темный угол комнаты, и в ожидании, как

15

погаснет огонь, не грела, по привычке, своих костлявых, дрожащих рук на замиравшем огне, всегда болтая и шепча про себя, и изредка в недоумении поглядывала на него, чудного жильца своего, которого считала помешанным от долгого сидения за книгами. Другой раз он вспоминал, что переехал на другую квартиру; но как это сделалось, что с ним было и зачем пришлось переехать, он не знал того, хотя замирал весь дух его в беспрерывном, неудержимом стремлении... Но куда, что звало и мучило его и кто бросил этот невыносимый пламень, душивший, пожиравший всю кровь его? - он опять не знал и не помнил. Часто жадно ловил он руками какую-то тень, часто слышались ему шелест близких, легких шагов около постели его и сладкий, как музыка, шепот чьих-то ласковых, нежных речей; чье-то влажное, порывистое дыхание скользило по лицу его, и любовью потрясалось все его существо; чьи-то горючие слезы жгли его воспаленные щеки, и вдруг чей-то поцелуй, долгий, нежный, впивался в его губы; тогда жизнь его изнывала в неугасимой муке; казалось, все бытие, весь мир останавливался, умирал на целые века кругом него и долгая, тысячелетняя ночь простиралась над всем...

То как будто наступали для него опять его нежные, безмятежно прошедшие годы первого детства, с их светлою радостию, с неугасимым счастием, с первым сладостным удивлением к жизни, с роями светлых духов, вылетавших из-под каждого цветка, который срывал он, игравших с ним на тучном зеленом лугу перед маленьким домиком, окруженным акациями, улыбавшихся ему из хрустального необозримого озера, возле которого просиживал он по целым часам, прислушиваясь, как бьется волна о волну, и шелестивших кругом него крыльями, любовно усыпая светлыми, радужными сновидениями маленькую его колыбельку, когда его мать, склоняясь над нею, крестила, целовала и баюкала его тихою колыбельною песенкой в долгие, безмятежные ночи. Но тут вдруг стало являться одно существо, которое смущало его каким-то недетским ужасом, которое вливало первый медленный яд горя и слез в его жизнь; он смутно чувствовал, как неведомый старик держит во власти своей все его грядущие годы, и, трепеща, не мог он отвести него глаз своих. Злой старик за ним следовал всюду. Он выглядывал и обманчиво кивал ему головою из-под каждого куста в роще, смеялся и дразнил его, воплощался в каждую куклу ребенка, гримасничая и хохоча в руках его, как злой, скверный гном; он подбивал на него каждого из его бесчеловечных школьных товарищей или, садясь с малютками на школьную скамью, гримасничая, выглядывал из-под каждой буквы его грамматики. Потом, во время сна, злой старик садился у его изголовья... Он отогнал рои светлых духов, шелестивших своими золотыми и сапфирными крыльями кругом его колыбели, отвел от него навсегда его бедную мать и стал по

16

целым ночам нашептывать ему длинную, дивную сказку, невнятную для сердца дитяти, но терзавшую, волновавшую его ужасом и недетскою страстью. Но злой старик не слушал рыданий и просьб и все продолжал ему говорить, покамест он не впадал в оцепенение, в беспамятство. Потом малютка просыпался вдруг человеком; невидимо и неслышно пронеслись над ним целые годы. Он вдруг сознавал свое настоящее положение, вдруг стал понимать, что он одинок и чужд всему миру, один в чужом углу, меж таинственных, подозрительных людей, между врагов, которые все собираются и шепчутся по углам его темной комнаты и кивают старухе, сидевшей у огня на корточках, нагревавшей свои дряхлые, старые руки и указывавшей им на него. Он впадал в смятение, в тревогу; ему все хотелось узнать, кто таковы эти люди, зачем они здесь, зачем он сам в этой комнате, и догадывался, что забрел в какой-то темный, злодейский притон, будучи увлечен чем-то могучим, но неведомым, не рассмотрев прежде, кто и каковы жильцы и кто именно его хозяева. Его начинало мучить подозрение, - и вдруг среди ночной темноты опять началась шепотливая, длинная сказка, и начала ее тихо, чуть внятно, про себя, какая-то старуха, печально качая перед потухавшим огнем своей белой, седой головой. Но - и опять ужас нападал на него: сказка воплощалась перед ним в лица и формы. Он видел, как все, начиная с детских, неясных грез его, все мысли и мечты его, все, что он выжил жизнью, все, что вычитал в книгах, все, об чем уже и забыл давно, все одушевлялось, все складывалось, воплощалось, вставало перед ним в колоссальных формах и образах, ходило, роилось кругом него; видел, как раскидывались перед ним волшебные, роскошные сады, как слагались и разрушались в глазах его целые города, как целые кладбища высылали ему своих мертвецов, которые начинали жить сызнова, как приходили, рождались и отживали в глазах его целые племена и народы, как воплощалась, наконец, теперь, вокруг болезненного одра его, каждая мысль его, каждая бесплотная греза, воплощалась почти в миг зарождения; как, наконец, он мыслил не бесплотными идеями, а целыми мирами, целыми созданиями, как он носился, подобно пылинке, во всем злом бесконечном, странном, невыходимом мире и как вся эта жизнь, своею мятежною независимостью, давит, гнетет его и преследует его вечной, бесконечной иронией; он слышал, как он умирает, разрушается в пыль и прах, без воскресения, на веки веков; он хотел бежать, но не было угла во всей вселенной, чтоб укрыть его. Наконец, в припадке отчаяния, он напряг свои силы, вскрикнул и проснулся...

Он проснулся, весь облитый холодным, ледяным потом. Кругом него стояла мертвая тишина; была глубокая ночь. Но все ему казалось, что где-то продолжается его дивная сказка, что чей-то хриплый голос действительно заводит долгий рассказ о чем-то как будто ему знакомом. Он слышал, что говорят про темные леса, про каких-то лихих разбойников, про какого-то удалого молодца, чуть-чуть не про самого Стеньку Разина, про веселых пьяниц бурлаков, про одну красную девицу и про Волгу-матушку. Не сказка ли это? наяву ли он слышит ее? Целый час пролежал он, открыв глаза, не шевеля ни одним членом, в мучительном оцепенении. Наконец он привстал осторожно и с веселием ощутил в себе силу, не истощившуюся в лютой болезни. Бред прошел, начиналась действительность. Он заметил, что еще был одет так, как был во время разговора с Катериной, и что, следовательно, немного времени прошло с того утра, как она ушла от него. Огонь решимости пробежал по его жилам. Машинально отыскал он руками большой гвоздь, вбитый для чего-то в верху перегородки, возле которой постлали постель его, схватился за него и, повиснув на нем всем телом, кое-как добрался до щели, из которой выходил едва заметный свет в его комнату. Он приложил глаз к отверстию и стал глядеть, едва переводя дух от волнения.

В углу хозяйской каморки стояла постель, перед постелью стол, покрытый ковром, заваленный книгами большой старинной формы, в переплетах, напоминавших священные книги. В углу стоял образ, такой же старинный, как и в его комнате; перед образом горела лампада. На постели лежал старик Мурин, больной, изможденный страданием и бледный как полотно, закрытый меховым одеялом. На коленях его была раскрытая книга. На скамье возле постели лежала Катерина, охватив рукою грудь старика и склонившись к нему на плечо головою. Она смотрела на него внимательными, детски-удивленными глазами и, казалось, с неистощимым любопытством, замирая от ожидания, слушала то, что ей рассказывал Мурин. По временам голос рассказчика возвышался, одушевление отражалось на бледном лице его; он хмурил брови, глаза его начинали сверкать, и Катерина, казалось, бледнела от страха и волнения. Тогда что-то похожее на улыбку являлось на лице старика, и Катерина начинала тихо смеяться. Порой слезы загорались в глазах ее; тогда старик нежно гладил ее по голове, как ребенка, и она еще крепче обнимала его своею обнаженною, сверкающею, как снег, рукою и еще любовнее припадала к груди его.

По временам Ордынов думал, что все это еще сон, даже был в этом уверен; но кровь ему бросилась в голову, и жилы напряженно, с болью, бились на висках его. Он выпустил гвоздь, встал с постели и, качаясь, пробираясь, как лунатик, сам не понимая своего побуждения, вспыхнувшего целым пожаром в крови его, подошел к хозяйским дверям и с силой толкнулся в них; ржавая задвижка отлетела разом, и он вдруг с шумом и треском очутился среди хозяйской спальни. Он видел, как вся вспорхнулась и вздрогнула Катерина, как злобно засверкали глаза старика из-под тяжело сдавленных вместе бровей и как внезапно ярость исказила все лицо его. Он видел, как старик, не спуская с него своих глаз, блуждающей рукой наскоро ищет ружье, висевшее на стене; видел потом, как сверкнуло дуло ружья, направленное неверной, дрожащей от бешенства рукой прямо в грудь его... Раздался выстрел, раздался потом дикий, почти нечеловеческий крик, и когда разлетелся дым, страшное зрелище поразило Ордынова. Дрожа всем телом, он нагнулся над стариком. Мурин лежал на полу; его коробило в судорогах, лицо его было искажено в муках, и пена показывалась на искривленных губах его. Ордынов догадался, что несчастный был в жесточайшем припадке падучей болезни. Вместе с Катериной он бросился помогать ему...

III

Вся ночь прошла в тревоге. На другой день Ордынов вышел рано поутру, несмотря на свою слабость и на лихорадку, которая все еще не оставляла его. На дворе он опять встретил дворника. В этот раз татарин еще издали приподнял фуражку и с любопытством поглядел на него. Потом, как будто опомнясь, принялся за свою метлу, искоса взглядывая на медленно приближавшегося Ордынова.

- Что? ты ничего не слыхал ночью? - спросил Ордынов.

- Да, слыхал.

- Что это за человек? кто он такой?

- Сама нанимала, сама и знай; а моя чужая.

- Да будешь ли ты когда говорить! - закричал Ордынов вне себя от припадка какой-то болезненной раздражительности.

- А моя что сделала? Виновата твоя, - твоя жильцов пугала. Внизу гробовщик жил: он глух, а все слышал, и баба его глухая, и та слышала. А на другом дворе, хоть и далеко, а тоже слышала - вот. Я к надзирателю пойду.

- Я сам туда же пойду, - отвечал Ордынов и пошел к воротам.

- А хоть как хошь; сама нанимала... Барин, барин, постой!

Ордынов оглянулся; дворник из учтивости тронул за шапку.

- Ну!

- Коль пойдешь, я к хозяину пойду.

- Что ж?

- Лучше съезжай.

19

- Ты глуп, - проговорил Ордынов и опять пошел было прочь.

- Барин, барин, постой! - Дворник опять тронул за шапку и оскалил зубы.

- Слушай, барин: ты сердце держи; за что бедного гнать? Бедного гонять - грех. Бог не велит - слышь?

- Слушай же и ты: вот возьми это. Ну, кто ж он таков?

- Кто таков?

- Да.

- Я и без денег скажу.

Тут дворник взял метлу, махнул раз-два, потом остановился, внимательно и важно посмотрев на Ордынова.

- Ты барин хороший. А не хошь жить с человеком хорошим, как хошь; моя вот как сказала.

Тут татарин посмотрел еще выразительнее и, как будто осердясь, опять принялся за метлу. Показав наконец вид, что кончил какое-то дело, он таинственно подошел к Ордынову и, сделав какой-то очень выразительный жест, произнес:

- Она вот что !

- Чего? Как?

- Ума нет.

- Что?

- Улетела. Да! улетела! - повторил он еще более таинственным тоном. - Она больна. У него барка была, большая была, и другая была, и третья была, по Волге ходила, а я сам из Волги; еще завод была, да сгорела, и он без башка.

- Он помешанный?

- Ни!.. Ни! - отвечал с расстановкой татарин. - Не мешана. Он умный человек. Она все знает, книжка много читала, читала, читала, все читала и другим правда сказывала. Так, пришла кто: два рубля, три рубля, сорок рубля, а не хошь, как хошь; книжка посмотрит, увидит и всю правду скажет. А деньга на стол, тотчас на стол - без деньга ни!

Тут татарин, с излишком сердца входивший в интересы Мурина, даже засмеялся от радости.

- Что ж, он колдовал, гадал кому-нибудь?

- Гм... - промычал дворник, скоро кивнув головою, - она правду сказывала. Она бога молит, много молит. А то так, находит на него.

Тут татарин опять повторил свой выразительный жест.

В эту минуту кто-то кликнул дворника с другого двора, а вслед затем показался какой-то маленький, согбенный, сенький человек в тулупе. Он шел кряхтя, спотыкаясь, смотрел в землю и что-то нашептывал про себя. Можно было подумать, что он от старости выжил из ума.

20

- Хозяева, хозяева! - прошептал впопыхах дворник, наскоро кивнув головою Ордынову, и, сорвав шапку, бросился бегом к старичку, которого лицо было как-то знакомо Ордынову; по крайней мере он где-то встретил его очень недавно. Сообразив, впрочем, что тут нет ничего удивительного, он пошел со двора. Дворник показался ему мошенником и наглецом первой руки. "Бездельник точно торговался со мной! - думал он, - бог знает что тут такое!"

Он уже произнес это на улице.

Мало-помалу его начали одолевать другие мысли. Впечатление было неприятное: день серый и холодный, порхал снег. Молодой человек чувствовал, как озноб снова начинает ломать его; чувствовал тоже, что как будто земля начинала под ним колыхаться. Вдруг один знакомый голос неприятно сладеньким, дребезжащим тенором пожелал ему доброго утра.

- Ярослав Ильич! - сказал Ордынов.

Перед ним стоял бодрый, краснощекий человек, с виду лет тридцати, невысокого роста, с серенькими маслеными глазками, с улыбочкой, одетый... как и всегда бывает одет Ярослав Ильич. и приятнейшим образом протягивал ему руку. Ордынов познакомился с Ярославом Ильичом тому назад ровно год совершенно случайным образом, почти на улице. Очень легкому знакомству способствовала, кроме случайности, необыкновенная наклонность Ярослава Ильича отыскивать всюду добрых, благородных людей, прежде всего образованных и по крайней мере талантом и красотою обращения достойных принадлежать высшему обществу. Хотя Ярослав Ильич имел чрезвычайно сладенький тенор, но даже в разговорах с искреннейшими друзьями в настрое его голоса проглядывало что-то необыкновенно светлое, могучее и повелительное, не терпящее никаких отлагательств, что было, может быть, следствием привычки.

- Каким образом? - вскрикнул Ярослав Ильич с выражением искреннейшей, восторженной радости.

- Я здесь живу.

- Давно ли? - продолжал Ярослав Ильич, подымая ноту все выше и выше. - И я не знал этого! Но я с вами сосед! Я теперь уже в здешней части. Я уже месяц как воротился из Рязанской губернии. Поймал же вас, старинный и благороднейший друг! - И Ярослав Ильич рассмеялся добродушнейшим образом.

- Сергеев! - закричал он вдохновенно, - жди меня у Тарасова. да чтоб без меня не шевелили кулей. Да турни олсуфьевского дворника; скажи, чтоб тот же час явился в контору. Я приду через час....

Наскоро отдавая кому-то этот приказ, деликатный Ярослав Ильич взял Ордынова под руку и повел в ближайший трактир.

- Не успокоюсь без того, пока не перебросим двух слов наедине после такой долгой разлуки. Ну, что ваши занятия? - прибавил он, почти благоговейно к таинственно понизив голос. - Всегда в науках?

- Да, я попрежнему, - отвечал Ордынов, у которого мелькнула одна светлая мысль.

- Благородно, Василий Михайлович, благородно! - Тут Ярослав Ильич крепко пожал руку Ордынова. - Вы будете украшением нашего общества. Подай вам господь счастливого пути на вашем поприще... Боже! Как я рад, что вас встретил! Сколько раз я вспоминал об вас, сколько раз говорил: где-то он, наш добрый, великодушный, остроумный Василий Михайлович?

Они заняли особую комнату. Ярослав Ильич заказал закуску, велел подать водки и с чувством взглянул на Ордынова.

- Я много читал без вас, - начал он робким, немного вкрадчивым голосом. - Я прочел всего Пушкина...

Ордынов рассеянно посмотрел на него.

- Удивительно изображение человеческой страсти-с. Но прежде всего позвольте мне быть вам благодарным. Вы так много сделали для меня благородством внушений справедливого образа мыслей...

- Помилуйте!

- Нет, позвольте-с. Я всегда люблю воздать справедливость и горжусь, что по крайней мере хоть это чувство не замолкло во мне.

- Помилуйте, вы несправедливы к себе, и я, право...

- Нет, совершенно справедлив-с, - возразил с необыкновенным жаром Ярослав-Ильич. - Что я такое в сравнении с вами-с? Не правда ли?

- Ах, боже мой!

- Да-с...

Тут последовало молчание.

- Следуя вашим советам, я прервал много грубых знакомств к смягчил отчасти грубость привычек, - начал опять Ярослав Ильич несколько робким и вкрадчивым голосом. - В свободное от должности время большею частию сижу дома; по вечерам читаю какую-нибудь полезную книгу, и... у меня одно желание, Василий Михайлович, приносить хоть посильную пользу отечеству...

- Я всегда считал вас за благороднейшего человека, Ярослав Ильич.

- Вы всегда приносите бальзам... благородный молодой человек.

Ярослав Ильич горячо пожал руку Ордынову.

- Вы не пьете? - заметил он, немного утишив свое волнение.

- Не могу; я болен.

- Больны? да, в самом деле! Давно ли, как, каким образом вы изволили заболеть? Угодно, я скажу... какой медик вас лечит? Угодно, я сейчас скажу вашему частному доктору. Я сам, лично, к нему побегу. Искуснейший человек!

Ярослав Ильич уже брался за шляпу.

- Покорно благодарю. Я не лечусь и не люблю лекарей...

- Что вы? можно ли этак? Но это искуснейший, образованнейший человек, - продолжал Ярослав Ильич, умоляя, - намедни, - но позвольте вам это рассказать, дорогой Василий Михайлович, - намедни приходит один бедный слесарь: "я вот, говорит, наколол себе руку моим орудием; излечите меня..." Семен Пафнутьич, видя, что несчастному угрожает антонов огонь, принял меру отрезать зараженный член. Он сделал это при мне. Но это было так сделано, таким благор... то есть таким восхитительным образом, что, признаюсь, если б не сострадание к страждущему человечеству, то было бы приятно посмотреть так просто, из любопытства-с. Но где и как изволили заболеть?

- Переезжая на квартиру... Я только что встал.

- Но вы еще очень нездоровы, и вам бы не следовало выходить. Стало быть, вы уже не там, где прежде, живете? Но что побудило вас?

- Моя хозяйка уехала из Петербурга.

- Домна Саввишна? Неужели?.. Добрая, истинно благородная старушка! Знаете ли? Я чувствовал к ней почти сыновнее уважение. Что-то возвышенное прадедовских лет светилось в этой почти отжившей жизни; и, глядя на нее, как будто видишь перед собой воплощение нашей седой, величавой старинушки... то есть из этого... что-то тут, знаете, этак поэтическое!.. - заключил Ярослав Ильич, совершенно оробев и покраснев до ушей.

- Да, она была добрая женщина.

- Но позвольте узнать, где вы теперь изволили поселиться?

- Здесь, недалеко, в доме Кошмарова.

- Я с ним знаком. Величавый старик! Я с ним, смею сказать, почти искренний друг. Благородная старость!

Уста Ярослава Ильича почти дрожали от радости умиления. Он спросил еще рюмку водки и трубку.

- Сами по себе нанимаете?

- Нет, у жильца.

- Кто таков? Может быть, я тоже знаком.

- У Мурина, мещанина; старик высокого роста...

- Мурин, Мурин; да, позвольте-с, это на заднем дворе, над гробовщиком?

- Да, да, на самом заднем дворе.

- Гм... вам покойно жить-с?

- Да я только что переехал.

23

- Гм... я только хотел сказать, гм... впрочем, но вы не заметили ль чего особенного?

- Право...

- То есть я уверен, что вам будет жить у него хорошо, если останетесь довольны помещением... я и не к тому говорю, готов предупредить; но, зная ваш характер... Как вам показался этот старик мещанин?

- Он, кажется, совсем больной человек.

- Да, он очень страждущ... Но вы такого ничего не заметили? Вы говорили с ним?

- Очень мало; он такой нелюдимый ы желчный...

- Гм... - Ярослав Ильич задумался.

- Несчастный человек! - сказал он, помолчав.

- Он?

- Да, несчастный и вместе с тем до невероятности странный ы занимательный человек. Впрочем, если он вас не беспокоит... Извините, что я обратил внимание на такой предмет, но я полюбопытствовал...

- И, право, возбудили и мое любопытство... Я бы очень желал знать, кто он таков. К тому же я с ним живу...

- Видите ли-с: говорят, этот человек был прежде очень богат. Он торговал, как вам, вероятно, удавалось слышать. По разным несчастным обстоятельствам он обеднел; у него в бурю разбило несколько барок с грузом. Завод, вверенный, кажется, управлению близкого и любимого родственника, тоже подвергся несчастной участи и сгорел, причем в пламени пожара погиб и сам его родственник. Согласитесь, потеря ужасная! Тогда Мурин, рассказывают, впал в плачевное уныние; стали опасаться за его рассудок, и действительно, в одной ссоре с другим купцом, тоже владетелем барок, ходивших по Волге, он вдруг выказал себя с такой странной и неожиданной точки зрения, что все происшедшее не иначе отнесли, как к сильному его помешательству, чему и я готов верить. Я подробно слышал о некоторых его странностях; наконец, вдруг случилось одно очень странное, так сказать, роковое обстоятельство, которое уж никак нельзя объяснить иначе, как враждебным влиянием прогневанной судьбы.

- Какое? - спросил Ордынов.

- Говорят, что в болезненном припадке сумасшествия он посягнул на жизнь одного молодого купца, которого прежде чрезвычайно любил. Он был так поражен, когда очнулся после припадка, что готов был лишить себя жизни: так по крайней мере рассказывают. Не знаю наверное, что произошло за этим, но известно то, что он находился несколько лет под покаянием... Но что с вами, Василий Михайлович, не утомляет ли вас мой простой рассказ?

24

- О нет, ради бога... Вы говорите, что он был под покаянием; но он не один.

- Не знаю-с. Говорят, что был один. По крайней мере никто другой не замешан в том деле. А впрочем, не слыхал о дальнейшем; знаю только...

- Ну-с.

- Знаю только, - то есть я собственно ничего особенного не имел в мыслях прибавить... я хочу только сказать, если вы находите в нем что-то необыкновенное я выходящее из обыкновенного уровня вещей, то все это произошло не иначе, как следствием бед, обрушившихся на него одна за другою...

- Да, он такой богомольный, большой святоша.

- Не думаю, Василий Михайлович; он столько пострадал; мне кажется, он чист своим сердцем.

- Но ведь теперь он не сумасшедший; он здоров.

- О нет, нет ; в этом я вам могу поручиться, готов присягнуть; он в полном владении всех своих умственных способностей. Он только, как вы справедливо заметили мельком, чрезвычайно чудной и богомольный. Очень даже разумный человек. Говорит бойко, смело и очень хитро-с. Еще виден след прошлой бурной жизни на лице его-с. Любопытный человек-с и чрезвычайно начитанный.

- Он, кажется, читает все священные книги?

- Да-с, он мистик-с.

- Что?

- Мистик. Но я вам говорю это по секрету. По секрету скажу вам еще, что за ним был некоторое время сильный присмотр. Этот человек имел ужасное влияние на приходивших к нему.

- Какое же?

- Но вы не поверите; видите ли-с: тогда еще он не жил в здешнем квартале; Александр Игнатьич, почетный гражданин, человек сановитый и пользующийся общим уважением, ездили к нему с каким-то поручиком из любопытства. Приезжают они к нему; их принимают, и странный человек начинает им вглядываться в лица. Он обыкновенно вглядывался в лица, если соглашался быть полезным; в противном случае отсылал приходящих назад, и даже, говорят, весьма неучтиво. Спрашивает он их : что вам угодно, господа? Так и так, отвечает Александр Игнатьич: дар ваш может сказать вам это и без нас. Пожалуйте ж, говорит, со мной в другую комнату; тут он назначил именно того из них, который до него имел надобность. Александр Игнатьич не рассказывал, что с ним было потом, но он вышел от него бледный как платок. То же самое случилось и с одной знатной дамой высшего общества: она тоже вышла от него бледна как платок, вся в слезах и в изумлении от его предсказания и красноречия.

25

- Странно. Но теперь он не занимается этим?

- Строжайше запрещено-с. Были чудные примеры-с. Один молодой корнет, цвет и надежда высшего семейства, глядя на него, усмехнулся. "Чего ты смеешься? - сказал, рассердившись, старик. - Через три дня ты сам будешь вот что!" - и он сложил крест руки, означая таким знаком труп мертвеца.

- Ну?

- Не смею верить, но, говорят, предсказание сбылось. Он имеет дар, Василий Михайлович... Вы изволили улыбнуться на мой простодушный рассказ. Знаю, что вы далеко упредили меня в просвещении; но я верю ему: он не шарлатан. Сам Пушкин упоминает о чем-то подобном в своих сочинениях.

- Гм. Не хочу вам противоречить. Вы, кажется, сказали, что он живет не один.

- Я не знаю... с ним, кажется, дочь его.

- Дочь?

- Да-с, или, кажется, жена его; я знаю, что живет с ним какая-то женщина. Я видел мельком и внимания не обратил.

- Гм. Странно...

Молодой человек впал в задумчивость, Ярослав Ильич - в нежное созерцание. Он был растроган и тем, что видел старого друга, и тем, что удовлетворительно рассказал интереснейшую вещь. Он сидел, не спуская глаз с Василья Михайловича и потягивая из трубки; но вдруг вскочил и засуетился.

- Целый час прошел, а я и забыл. Дорогой Василий Михайлович, еще раз благодарю судьбу за то, что свела нас вместе, но мне пора. Дозволите ли мне посетить вас в вашем ученом жилище?

- Сделайте одолжение, буду вам очень рад. Навещу и сам вас, когда выпадет время.

- Верить ли приятному известию? Обяжете, несказанно обяжете ! Не поверите, в какой восторг вы меня привели!

Они вышли из трактира. Сергеев уже летел им навстречу и скороговоркой рапортовал Ярославу Ильичу, что Вильм Емельянович изволят проезжать. Действительно, в перспективе показалась пара лихих саврасок, впряженных в лихие пролетки. Особенно замечательна была необыкновенная пристяжная. Ярослав Ильич сжал, словно в тисках, руку лучшего из друзей своих, приложился к шляпе и пустился встречать налетавшие дрожки. Дорогою он раза два обернулся и прощальным образом кивнул головою Ордынову.

Ордынов чувствовал такую усталость, такое изнеможение во всех членах, что едва волочил ноги. Кое-как добрался он до дому. В воротах его опять встретил дворник, прилежно наблюдавший все его прощание с Ярославом Ильичом, и еще издали сделал ему какой-то пригласительный знак. Но молодой человек прошел мимо. В дверях квартиры он плотно столкнулся с маленькой седенькой фигуркой, выходившей, потупив очи, от Мурина.

- Господи, прости мои прегрешения! - прошептала фигурка, отскочив в сторону с упругостью пробки.

- Не ушиб ли я вас?

- Нет-с, нижайше благодарю за внимание... О, господи, господи!

Тихий человечек, кряхтя, охая и нашептывая что-то назидательное себе под нос, бережно пустился по лестнице. Это был хозяин дома, которого так испугался дворник. Тут только Ордынов вспомнил, что видел его в первый раз здесь же, у Мурина, когда переезжал на квартиру.

Он чувствовал, что был раздражен и потрясен; он знал, что фантазия и впечатлительность его напряжены до крайности, и решил не доверять себе. Мало-помалу он впал в какое-то оцепенение. В грудь его залегло какое-то тяжелое, гнетущее чувство. Сердце его ныло, как будто все изъязвленное, и вся душа была полна глухих, неиссякаемых слез.

Он опять припал на постель, которую она постлала ему, и стал снова слушать. Он слышал два дыхания: одно тяжелое, болезненное прерывистое, другое тихое, но неровное и как будто тоже взволнованное, как будто там билось сердце одним и тем же стремлением, одною и тою же страстью. Он слышал порою шум ее платья, легкий шелест ее тихих, мягких шагов, и даже этот шелест ноги ее отдавался глухою, но мучительно-сладостною болью в его сердце. Наконец он как будто расслушал рыдания, мятежный вздох и, наконец, опять ее молитву. Он знал, что она стоит на коленях перед образом, ломая руки в каком-то исступленном отчаянии!.. Кто же она? За кого она просит? Какою безвыходною страстью смущено ее сердце? Отчего оно так болит и тоскует и выливается в таких жарких и безнадежных слезах?..

Он начал припоминать ее слова. Все, что она говорила ему, еще звучало в ушах его, как музыка, и сердце любовно отдавалось глухим, тяжелым ударом на каждое воспоминание, на каждое набожно повторенное ее слово... На миг мелькнуло в уме его, что он видел все это во сне. Но в тот же миг весь состав его изныл в замирающей тоске, когда впечатление ее горячего дыхания, ее слов, ее поцелуя наклеймилось снова в его воображении. Он закрыл глаза и забылся. Где-то пробили часы; становилось поздно; падали сумерки.

Ему вдруг показалось, что она опять склонилась над ним, что глядит в его глаза своими чудно-ясными глазами, влажными от сверкающих слез безмятежной, светлой радости, тихими и ясными, как бирюзовый нескончаемый купол неба в жаркий полдень. Таким торжественным спокойствием сияло лицо ее, таким обетованием нескончаемого блаженства теплилась ее улыбка, с таким сочувствием, с таким младенческим увлечением преклонилась она на плечо его, что стон вырвался из его обессиленной груди от радости. Она хотела ему что-то сказать; она ласково что-то повторяла ему. Опять как будто сердце пронзающая музыка поразила слух его. Он жадно впивал в себя воздух, нагретый, назлектризованный ее близким дыханием. В тоске он простер свои руки, вздохнул, открыл глаза... Она стояла перед ним, нагнувшись к лицу его, вся бледная. как от испуга, вся в слезах, вся дрожа от волнения. Она что-то говорила ему, об чем-то молила его, складывая и ломая свои полуобнаженные руки. Он обвил ее в своих объятиях, она вся трепетала на его груди...

ЧАСТЬ ВТОРАЯ

I

    - Что ты? что с тобою? - говорил Ордынов, очнувшись совсем, все еще сжимая ее в своих крепких и горячих объятиях, - что с тобой, Катерина? что с тобою, любовь моя?

    Она тихо рыдала, потупив глаза и пряча разгоревшееся лицо у него на груди. Долго еще она не могла говорить и вся дрожала, как будто в испуге.

    - Не знаю, не знаю, - проговорила она наконец едва слышным голосом, задыхаясь и почти не выговаривая слов, - не помню, как и к тебе зашла я сюда... - Тут она еще крепче, еще с большим стремлением прижалась к нему и в неудержимом, судорожном чувстве целовала ему плечо, руки, грудь; наконец, как будто в отчаянье, закрылась руками, припала на колени и скрыла в его коленях свою голову. Когда же Ордынов, в невыразимой тоске, нетерпеливо приподнял и посадил ее возле себя, то целым заревом стыда горело лицо ее, глаза ее плакали о помиловании и насильно пробивавшаяся на губе ее улыбка едва силилась подавить неудержимую силу нового ощущения. Теперь она была как будто снова чем-то испугана, недоверчиво отталкивала его рукой, едва взглядывала на него и отвечала на его ускоренные вопросы, потупив голову, боязливо и шепотом.

    - Ты, может быть, видела страшный сон, - говорил Ордынов, - может быть, тебе привиделось что-нибудь... да? Может быть, он испугал тебя...

28

Он в бреду и без памяти... Может быть, он что-нибудь говорил, что не тебе было слушать?.. Ты слышала что-нибудь? да?

- Нет, я не спала, - отвечала Катерина, с усилием подавляя свое волнение. - Сон и не шел ко мне. Он все молчал и только раз позвал меня. Я подходила, окликала его, говорила ему; мне стало страшно; он не просыпался и не слышал меня. Он в тяжелом недуге, подай господь ему помощи! Тогда мне на сердце стала тоска западать, горькая тоска! Я ж все молилась, все молилась, и вот это и нашло на меня.

- Полно, Катерина полно, жизнь моя, полно! Это ты вчера испугалась...

- Нет, я не пугалась вчера!..

- Бывает это с тобою другой раз?

- Да, бывает. - И она вся задрожала и опять в испуге стала прижиматься к нему, как дитя. - Видишь, - сказала она, прерывая рыдания, - я не напрасно пришла к тебе, не напрасно, тяжело было одной, - повторяла она, благодарно сжимая его руки. - Полно же, полно о чужом горе слезы ронять! Прибереги их на черный день, когда самому, одинокому, тяжело будет и не будет с тобой никого!.. Слушай, была у тебя твоя люба?

- Нет... до тебя я не знал ни одной...

- До меня... ты меня своей любой зовешь?

Она вдруг посмотрела на него, как будто с удивлением, что-то хотела сказать, но потом утихла и потупилась. Мало-помалу все лицо ее снова зарделось внезапно запылавшим румянцем; ярче, сквозь забытые, еще не остывшие на ресницах слезы, блеснули глаза, и видно было, что какой-то вопрос шевелился на губах ее. С стыдливым лукавством взглянула она раза два на него в потом вдруг снова потупилась.

- Нет, не бывать мне твоей первой любой, - сказала она, - нет, нет, - повторяла она, покачивая головою, задумавшись, тогда как улыбка опять тихо прокладывалась по лицу ее, - нет, - сказала она наконец, рассмеявшись, - не мне, родной, быть твоей любушкой.

Тут она взглянула на него; но столько грусти отразилось вдруг на лице ее, такая безвыходная печаль поразила разом все черты ее, так неожиданно закипело изнутри, из сердца ее отчаяние, что непонятное, болезненное чувство сострадания к горю неведомому захватило дух Ордынова, и он с невыразимым мучением глядел на нее.

- Слушай, что я скажу тебе, - говорила она голосом, пронзающим сердце, сжав его руки в своих руках, усиливаясь подавить свои рыдания. - Слушай меня хорошо, слушай, радость моя! Ты укроти свое сердце и не люби меня так, как теперь полюбил. Тебе легче будет, сердцу станет легче и радостнее, и от лютого врага себя сбережешь, и любу-сестрицу себе наживешь. Буду к тебе приходить, коль захочешь, миловать тебя буду и стыда на себя не возьму, что спозналась с тобой. Была же с тобою два дня, как лежал ты в злом недуге! Спознай сестрицу! Недаром же мы братались с тобой, недаром же я за тебя богородицу слезно молила! другой такой не нажить тебе! Мир изойдешь кругом, поднебесную узнаешь - не найти тебе другой такой любы, коли любы твое сердце просит. Горячо тебя полюблю, все, как теперь, любить буду, и за то полюблю, что душа твоя чистая, светлая, насквозь видна; за то, что как я взглянула впервой на тебя, так тотчас спознала, что ты моего дома гость, желанный гость и недаром к нам напросился; за то полюблю, что, когда глядишь, твои глаза любят и про сердце твое говорят, и когда скажут что, так я тотчас же обо всем, что ни есть в тебе, знаю, и за то тебе жизнь отдать хочется на твою любовь, добрую волюшку, затем что сладко быть и рабыней тому, чье сердце нашла... да жизнь-то моя не моя, а чужая, и волюшка связана! Сестрицу ж возьми, и сам будь мне брат, и меня в свое сердце прими, когда опять тоска, злая немочь нападет на меня; только сам сделай так, чтоб мне стыда не было к тебе приходить и с тобой долгую ночь, как теперь, просидеть. Слышал меня? Открыл ли мне сердце свое? Взял ли в разум, что я тебе говорила?.. - Она хотела еще что-то сказать, взглянула на него, положила на плече ему свою руку и наконец в бессилии припала к груди его. Голос ее замер в судорожном, страстном рыдании, грудь волновалась глубоко, и лицо вспыхнуло, как заря вечерняя.

- Жизнь моя! - прошептал Ордынов, у которого зрение помутилось и дух занялся. - Радость моя! - говорил он, не зная слов своих, не помня их, не понимая себя, трепеща, чтоб одним дуновением не разрушить обаяния, не разрушить всего, что было с ним и что скорее он принимал за видение, чем за действительность: так отуманилось все перед ним! - Я не знаю, не понимаю тебя, я не помню, что ты мне теперь говорила, разум тускнеет мой, сердце поет в груди, владычица моя!..

Тут голос его опять пресекся от волнения. Она все крепче, все теплее, горячее прижималась к нему. Он привстал с места и, уже не сдерживая себя более, разбитый, обессиленный восторгом, упал на колени. Рыдания судорожно, с болью прорвались наконец из груди его, и пробившийся прямо из сердца голос задрожал, как струна, от всей полноты неведомого восторга и блаженства.

- Кто ты, кто ты, родная моя? откуда ты, моя голубушка? - говорил он, силясь подавить свои рыдания. - Из какого неба ты в мои небеса залетела? Точно сон кругом меня; я верить в тебя не могу. Не укоряй меня... дай мне говорить, дай мне все, все сказать тебе!.. Я долго хотел говорить... Кто ты, кто ты, радость моя?.. Как ты нашла мое сердце? Расскажи мне, давно ли ты сестрица моя?.. Расскажи мне все про себя, где ты была до сих пор, - расскажи, как звали место, где ты жила, что ты там полюбила сначала, чем рада была и о чем тосковала?.. Был ли там тепел воздух, чисто ли небо

30

было?.. кто тебе были милые, кто любили тебя до меня, к кому там впервые твоя душа запросилась?.. Была ль у тебя мать родная, и она ль тебя дитятей лелеяла, или, как я, одинокая, ты на жизнь оглянулась? Скажи мне, всегда ль ты была такова? Что снилось, о чем гадала ты вперед, что сбылось и что не сбылось у тебя, - все скажи... По ком заныло первый раз твое девичье сердце и за что ты его отдала? Скажи, что же мне отдать тебе за него, что мне отдать тебе за тебя? Скажи мне, любушка, свет мой, сестрица моя, скажи мне, чем же мне твое сердце нажить?

Тут голос его снова иссяк, и он склонил голову. Но когда поднял глаза, то немой ужас оледенил его всего разом и волосы встали дыбом на голове его.

Катерина сидела бледная как полотно. Она неподвижно смотрела в воздух, губы ее были сини, как у мертвой, и глаза заволоклись немой, мучительной мукой. Она медленно привстала, ступила два шага и с пронзительным воплем упала пред образом... Отрывистые несвязные слова вырывались из груди ее. Она лишилась чувств. Ордынов, весь потрясенный страхом, поднял ее и донес до своей кровати; он стоял над нею не помня себя. Спустя минуту она открыла глаза, приподнялась на постели, осмотрелась кругом и схватила его руку. Она привлекла его к себе , силилась что-то прошептать все еще бледными губами, но голос все еще изменял ей. Наконец она разразилась градом слез; горячие капли жгли похолодевшую руку Ордынова.

- Тяжело, тяжело мне теперь, час мой приходит последний! - проговорила она наконец, тоскуя в безысходной муке.

Она силилась еще что-то проговорить, но окостенелый язык ее не мог произнести ни одного слова. С отчаянием глядела она на Ордынова, не понимавшего ее. Он нагнулся к ней ближе и вслушивался... Наконец он услышал, как она прошептала явственно:

- Я испорчена, меня испортили, погубили меня!

Ордынов поднял голову и с диким изумлением взглянул на нее. Какая-то безобразная мысль мелькнула в уме его. Катерина видела судорожное, болезненное сжатие его лица.

- Да! испортили, - продолжала она, - меня испортил злой человек, - он, погубитель мой!.. Я душу ему продала... Зачем, зачем об родной ты помянул? что тебе было мучить меня? Бог тебе, бог тебе судья!..

Через минуту она тихо заплакала; сердце Ордынова билось и ныло в смертной тоске.

- Он говорит, - шептала она сдерживаемым, таинственным голосом, - что когда умрет, то придет за моей грешной душой... Я его, я ему душой продалась... Он мучил меня, он мне в книгах читал... На, смотри, смотри его книгу! вот его книга. Он говорит, что я сделала смертный грех... Смотри, смотри...

И она показывала ему книгу; Ордынов не заметил, откуда взялась она. Он машинально взял ее, всю писанную, как древние раскольничьи книги, которые ему удавалось прежде видеть. Но теперь он был не в силах смотреть и сосредоточить внимание свое на чем-нибудь другом. Книга выпала из рук его. Он тихо обнимал Катерину, стараясь привести ее в разум.

- Полно, полно! - говорил он, - тебя испугали; я с тобою; отдохни со мною, родная, любовь моя, свет мой!

- Ты не знаешь ничего, ничего! - говорила она, крепко сжимая его руки. - Я такая всегда!.. Я все боюсь... Полно, полно тебе меня мучить!..

- Я тогда к нему иду, - начала она через минуту, переводя дух. - Иной раз он просто своими словами меня заговаривает, другой раз берет свою книгу, самую большую, и читает надо мной. Он все грозное, суровое такое читает! Я не знаю, что, и понимаю не всякое слово; но меня берет страх, и когда я вслушиваюсь в его голос, то словно это не он говорит, а кто-то другой, недобрый, кого ничем не умягчишь, ничем не замолишь, и тяжело-тяжело станет на сердце, горит оно... Тяжелей, чем когда начиналась тоска!

- Не ходи к нему! Зачем же ты ходишь к нему? - говорил Ордынов, едва сознавая слова свои.

- Зачем я к тебе пришла? Спроси - тоже не знаю... А он мне говорит: молись, молись! Иной раз я встаю в темную ночь и молюсь долго, по целым часам; часто и сон меня клонит; но страх будит, все будит меня, и мне все чудится тогда, что гроза кругом меня собирается, что худо мне будет, что разорвут и затерзают меня недобрые, что не замолить мне угодников и что не спасут они меня от лютого горя. Вся душа разрывается, словно распаяться все тело хочет от слез... Тут я опять стану молиться, и молюсь, и молюсь до той поры, пока владычица не посмотрит на меня с иконы любовнее. Тогда я встаю и отхожу на сон, как убитая; иной раз и засну на полу, на коленях пред иконой. Тогда, случится, он проснется, подзовет меня, начнет меня голубить, ласкать, утешать, и тогда уж мне и легче становится, и приди хоть какая беда, я уж с ним не боюсь. Он властен! Велико его слово!

- Но какая ж беда, какая ж беда у тебя?.. - И Ордынов ломал руки в отчаянии.

Катерина страшно побледнела. Она смотрела на него, как приговоренная к смерти, не чая помилования.

- Меня?.. я дочь проклятая, я душегубка; меня мать прокляла! Я родную мать загубила!..

Ордынов безмолвно обнял ее. Она трепетно прижалась к нему. Он чувствовал, как судорожная дрожь пробегала по всему ее телу, и, казалось, душа ее расставалась с телом.

- Я ее в сырую землю зарыла, - говорила она вся в тревоге своих воспоминаний, вся в видениях своего безвозвратно прошедшего, - я давно хотела говорить, он все заказывал мне молением, укором и словом гневливым, а порой сам на меня же подымет тоску мою, точно мой враг и супостат. А мне все, - как и теперь ночью - все приходит на ум... Слушай, слушай! Это давно уже было, очень давно, я и не помню когда, а все как будто вчера передо мною, словно сон вчерашний, что сосал мне сердце всю ночь. Тоска надвое время длиннит. Сядь, сядь здесь возле меня я все мое горе тебе расскажу; разрази меня, прокляту'ю, проклятием матерним... Я тебе жизнь мою предаю...

Ордынов хотел остановить ее, но она сложила руки, моля его любовь на внимание, и потом снова, еще с большей тревогой начала говорить. Рассказ ее был бессвязен, в словах слышалась буря душевная, но Ордынов все понимал, затем что жизнь ее стала его жизнию, горе ее - его горем и затем что враг его уже въявь стоял перед ним, воплощался и рос перед ним в каждом ее слове и как будто с неистощимой силой давил его сердце и ругался над его злобой. Кровь его волновалась, заливала сердце и путала мысли. Злой старик его сна (в это верил Ордынов) был въявь перед ним.

- Вот такая же ночь была, - начала говорить Катерина, - только грознее, и ветер выл по нашему лесу, как никогда еще не удавалось мне слышать... или уж в эту ночь началась погибель моя! Под нашим окном дуб сломило, а к нам приходит старый, седой старик нищий, и он говорил, что еще малым дитей помнил этот дуб и что он был такой же, как и тогда, когда ветер осилил его... В эту же ночь - как теперь все помню! - у отца барки на реке бурей разбило, и он, хоть и немочь ломала его, поехал на место, как только прибежали к нам на завод рыбаки. Мы с матушкой сидели одни, я дремала, она об чем-то грустила и горько плакала... да, я знала о чем! Она только что хворала, была бледна и все говорила мне, чтоб я ей саван готовила.... Вдруг слышен в полночь стук у ворот; я вскочила, кровь залила мне сердце; матушка вскрикнула... я не взглянула на нее, я боялась, взяла фонарь, пошла сама отпирать ворота... Это был он! Мне стало страшно, затем что мне всегда страшно было, как он приходил, и с самого детства так было, как только память во мне родилась! У него тогда еще не было белого волоса; борода его была как смоль черна, глаза горели, словно угли, и ни разу до той поры он ласково на меня не взглянул. Он спросил: "дома ли мать?" Я затворяю калитку, говорю, что "отца нету дома". Он сказал: "знаю" - и вдруг гля'нул над меня, так гля'нул... первый раз он так глядел на меня. Я шла, а он все стоит. "Что ты не идешь?" - "Думу думаю". Мы уж в светелку всходим. "А зачем ты сказала, что отца нету дома, когда я спрашивал, дома ли мать?" Я молчу... Матушка обмерла - к нему бросилась... он чуть взглянул, - я все видела. Он был весь мокрый, издрогший: буря гнала его двадцать верст, - а откуда и где он бывает, ни я, ни матушка никогда не знали; мы его уж девять недель не видали... бросил шапку, скинул рукавицы - образам не молится, хозяевам не кланяется - сел у огня...

Катерина провела рукою по лицу, как будто что-то гнело и давило ее, но через минуту опять подняла голову ы опять начала:

- Он стал с матерью говорить по-татарски. Мать умела, Я не понимала ни слова. Другой раз, как он приходил, меня отсылали; а теперь мать родному детищу слова сказать не посмела. Нечистый купил мою душу, и я, сама себе хвалясь, смотрела на матушку. Вижу, на меня смотрят, обо мне говорят; она стала плакать; вижу, он за нож хватается, а уж не один раз, с недавнего времени, он при мне за нож хватался, когда с матерью говорил. Я встала и схватилась за его пояс, хотела у него нож его вырвать нечистый. Он скрипнул зубами, вскрикнул и хотел меня отбить - в грудь ударил, да не оттолкнул. Я думала, тут и умру, глаза заволокло, падаю наземь - да не вскрикнула. Смотрю, сколько сил было видеть, снимает он пояс, засучивает руку, которой ударил меня, нож вынимает, мне дает: "На, режь ее прочь, натешься над ней, во сколько обиды моей к тебе было, а я, гордый, зато до земи тебе поклонюсь". Я нож отложила: кровь меня душить начала, на него не глянула, помню, усмехнулась, губ не разжимая, да прямо матушке в печальные очи смотрю, грозно смотрю, а у самой смех с губ не сходит бесстыдный; а мать сидит бледная, мертвая...

Ордынов с напряженным вниманием слушал несвязный рассказ; но мало-помалу тревога ее стихла на первом порыве; речь стала покойнее; воспоминания увлекли совсем бедную женщину и разбили тоску ее по всему своему безбрежному морю.

- Он взял шапку не кланяясь. Я опять взяла фонарь его провожать, вместо матушки, которая, хоть больная сидела, а хотела за ним идти. Дошли мы с ним до ворот: я молчу, калитку ему отворила, собак прогнала. Смотрю - снимает он шапку и мне поклон. Вяжу, идет к себе за пазуху, вынимает коробок красный, сафьянный, задвижку отводит; смотрю: бурмицкие зерна - мне на поклон. "Есть, говорит, у меня в пригородье красавица, ей вез на поклон, да не к ней завез; возьми, красная девица, полелей свою красоту, хоть ногой растопчи, да возьми". Я взяла, а ногой топтать не хотела, чести много не хотела давать, а взяла, как ехидна, не сказала ни слова на что. Пришла и поставила на стол перед матерью - для того и брала. Родимая с минуту молчала, вся как платок бела, говорить со мной словно боится. "Что ж это, Катя?" А я отвечаю: "Тебе, родная, купец приносил, я не ведаю". Смотрю, у ней слезы выдавились, дух захватило. "Не мне, Катя; не мне, дочка злая, не мне". Помню, так горько, так горько сказала, словно всю душу выплакала. Я глаза подняла, хотела ей в ноги

34

броситься, да вдруг окаянный подсказал: "Ну.. не тебе, верно, батюшке; ему передам, коль воротится; скажу: купцы были, товар позабыли..." Тут как всплачет она, родная моя... "Я сама скажу, что за купцы приезжали и за каким товаром приехали... Уж я скажу ему, чья ты дочь, беззаконница! Ты же не дочь мне теперь, ты мне змея подколодная! Ты детище мое проклятое!" Я молчу, слезы не идут у меня... ах! словно все во мне вымерло... Пошла я к себе в светлицу и всю-то ноченьку бурю прослушала да под бурей свои мысли слагала.

А между тем пять дён прошло. Вот ввечеру приезжает через пять ден батюшка, хмурый и грозный, да немочь-то дорогой сломила его. Смотрю, рука у него подвязана; смекнула я, что дорогу ему враг его перешел; а враг тогда утомил его и немочь наслал на него. Знала я тоже, кто его враг, все знала. С матушкой слова не молвил, про меня не спросил, всех людей созвал, завод остановить приказал и дом от худого глаза беречь. Я почуяла сердцем в тот час, что дома у нас нездорово. Вот ждем, прошла ночь, тоже бурная, вьюжная, и тревога мне в душу запала. Отворила я окно - горит лицо, плачут очи, жжет сердце неугомонное; сама как в огне: так и хочется мне вон из светлицы, дальше, на край света, где молонья' и буря родятся. Грудь моя девичья ходенем ходит... вдруг, уж поздно, - я как будто вздремнула, иль туман мне на душу запал, разум смутил, - слышу, стучат в окно: "отвори!" Смотрю, человек в окно по веревке вскарабкался. Я тотчас узнала, кто в гости пожаловал, отворила окно и впустила его в светлицу свою одинокую. А был он! Шапки не снял, сел на лавку, запыхался, еле дух переводит, словно погоня была. Я стала в угол и сама знаю, как вся побледнела. "Дома отец?" - "Дома". - "А мать?" - "Дома и мать". - "Молчи же теперь; слышишь!" - "Слышу". - "Что?" - "Свист под окном!" - "Ну, хочешь теперь, красная девица, с недруга голову снять, батюшку родимого кликнуть, душу мою загубить? Из твоей девичьей воли не выйду; вот и веревка, вяжи, коли сердце велит за обиду свою заступиться". Я молчу. "Что ж? промолви, радость моя?" - "Чего тебе нужно?" - "А нужно мне ворога уходить, с старой любой подобру-поздорову проститься, а новой, молодой, как ты, красная девица, душой поклониться..." Я засмеялась; и сама не знаю, как его нечистая речь в мое сердце дошла. "Пусти ж меня, красная девица, прогуляться вниз, свое сердце изведать, хозяевам поклон отнести". Я вся дрожу, стучу зубом об зуб, а сердце словно железо каленое. Пошла, дверь ему отворила, впустила в дом, только на пороге через силу промолвила: "На вот! возьми свои зерна и не дари меня другой раз никогда", и сама ему коробок вослед бросила.

Тут Катерина остановилась перевести дух; - она то вздрагивала, как лист, и бледнела, то кровь всходила ей в голову, и теперь, когда она остановилась, щеки ее пылали огнем, глаза блистали сквозь слезы, и тяжелое прерывистое дыхание колебало грудь ее. Но вдруг она опять побледнела, и голос ее упал, задрожав тревожно и грустно.

- Тогда я осталась одна, и будто буря меня кругом обхватила. Вдруг слышу крик, слышу, по двору люди до завода бегут, слышу говор: "Завод горит". Я притаилась, из дома все убежали; осталась я с матушкой. Знала я, что она с жизнью расстается, третьи сутки на смертной постели лежит, знала я, окаянная дочь!... Вдруг слышу крик под моей светлицей, слабый, словно ребенок вскрикнул, когда во сне испугается и потом все затихло. Я задула свечу, сама леденею, закрылась руками, гля'нуть боюсь. Вдруг слышу крик подле меня, слышу с завода люди бегут. Я в окно свесилась: вижу, несут батюшку мертвого, слышу, говорят меж собою: "оступился, с лестницы в котел раскаленный упал; знать, нечистый его туда подтолкнул". Я припала на постель; жду, сама вся замерла и не знаю, чего и кого ждала; только тяжело у меня было в этот час. Не помню, сколько ждала; помню, что меня вдруг всю колыхать начало, голове тяжело стало, глаза выедало дымом; и рада была я, что близка моя гибель! Вдруг, слышу кто-то меня за плеча подымает. Смотрю, сколько глядеть могу: он весь опаленный, и кафтан его, горячий на ощупь, дымится.

"За тобой пришел, красная девица; уводи ж меня от беды, как прежде на беду наводила; душу свою я за тебя сгубил. Не отмолить мне этой ночи проклятой! Разве вместе будем молиться!" Смеялся он, злой человек! "Покажи, говорит, как пройти, чтоб не мимо людей!" Я взяла его за руку и повела за собой. Прошли мы в коридор - со мной ключи были - отворила я дверь в кладовую и показала ему на окно. А окно наше в сад выходило. Он схватил меня на могучие руки, обнял и выпрыгнул со мною вон из окна. Мы побежали с ним рука в руку, долго бежали. Смотрим, густой, темный лес. Он стал слушать: "Погоня, Катя, за нами! погоня за нами, красная девица, да не в этот час нам животы свои положить! Поцелуй меня, красная девица, на любовь да на вечное счастье!" - "А отчего у тебя руки в крови?" - "Руки в крови, моя родимая? а ваших собак порезал; разлаялись больно на позднего гостя. Пойдем!" Мы опять побежали; видим, на тропинке батюшкин конь, узду перервал, из конюшни выбежал; знать, ему гореть не хотелось! "Садись, Катя, со мной! Бог наш нам помочь послал!" Я молчу. "Аль не хочешь? я ведь не нехристь какой, не нечистый; вот перекрещусь, коли хочешь", и тут он крест положил. Я села, прижалась к нему и забылась совсем у него на груди, словно сон какой нашел на меня, а как очнулась, вижу, стоим у широкой-широкой реки. Он слез, меня с лошади снял и пошел в тростник: там он лодку свою затаил. Мы уж садились. "Ну, прощай, добрый конь, ступай до нового хозяина, а старые все тебя покидают!" Я бросилась к коню батюшкину и крепко, на разлуку, обняла его. Потом мы сели, он весла взял, и мигом стало нам берегов не

36

видать. И когда стало нам берегов не видать, смотрю, он весла сложил и кругом, по всей воде, осмотрелся.

"Здравствуй, - промолвил, - матушка, бурная реченька, божьему люду поилица, а моя кормилица! Скажи-ка, берегла ль ты мое добро без меня, целы ль товары мои!" Я молчу, очи на грудь опустила; лицо стыдом, как полымем, пышет. А он: "Уж и все б ты взяла, бурная, ненасытная, а дала б мне обет беречь и лелеять жемчужину мою многоценную! Урони ж хоть словечко, красная девица, просияй в бурю солнцем, разгони светом темную ночь!" Говорит, а сам усмехается; жгло его сердце по мне, да усмешки его, со стыда, мне стерпеть не хотелось; хотелось слово сказать, да сробела, смолчала. "Ну, ин быть так!" - отвечает он на мою думу робкую, говорит будто с горя, самого будто горе берет. "Знать, с силы ничего не возьмешь. Бог же с тобой, спесивая, голубица моя, красная девица! Видно, сильна ко мне твоя ненависть, иль уж так не любо я твоим светлым очам приглянулся". Слушала я, и зло меня взяло, зло с любви взяло; я сердце осилила, промолвила: "Люб иль не люб ты пришелся мне, знать, не мне про то знать, а, верно, другой какой неразумной, бесстыжей, что светлицу свою девичью в темную ночь опозорила, за смертный грех душу свою продала да сердца своего не сдержала безумного; да знать про то, верно, моим горючим слезам да тому, кто чужой бедой воровски похваляется, над девичьим сердцем насмехается!" Сказала, да не стерпела, заплакала... Он помолчал, поглядел на меня так, что я, как лист, задрожала. "Слушай же, - говорит мне, - красная девица, - а у самого чудно очи горят, - не праздное слово скажу, а дам тебе великое слово: на сколько счастья мне подаришь, на столько буду и я тебе господин, а невзлюбишь когда - и не говори, слов не роняй, не трудись, а двинь только бровью своей соболиною, поведи черным глазом, мизинцем одним шевельни, и отдам тебе назад любовь твою с золотою волюшкой; только будет тут, краса моя гордая, несносимая, и моей жизни конец!" И тут вся плоть моя на его слова усмехнулась.

Тут глубокое волнение прервало было рассказ Катерины; она перевела дух, усмехнулась новой думе своей и хотела было продолжать, но вдруг сверкающий взгляд ее встретил воспаленный, прикованный к ней взгляд Ордынова. Она вздрогнула, хотела было что-то сказать, но кровь залила ей лицо... Словно в беспамятстве закрылась она руками ы бросилась лицом на подушки. Все потряслось в Ордынове! Какое-то мучительное чувство, смятение безотчетное, невыносимое, разливалось, как яд, по всем его жилам и росло с каждым словом рассказа Катерины: безвыходное стремление, страсть, жадная и невыносимая, захватила думы его, мутила его чувства. Но грусть, тяжелая, бесконечная, в то же время все более и более давила его сердце. Минутами он хотел кричать Катерине, чтоб она

37

замолчала, хотел броситься к ногам ее и молить своими слезами, чтоб она возвратила ему его прежние муки любви, его прежнее, безотчетное, чистое стремление, и ему жаль стало давно уже высохших слез своих. Сердце его ныло, болезненно обливаясь кровью и не давая слез уязвленной душе его. Он не понял, что говорила ему Катерина, и любовь его пугалась чувства, волновавшего бедную женщину. Он проклял страсть свою в эту минуту: она душила, томила его, и он слышал, как растопленный свинец вместо крови потек в его жилах.

- Ах, не в том мое горе, - сказала Катерина, вдруг приподняв свою голову, - что я тебе говорила теперь; не в том мое горе, - продолжала она голосом, зазвеневшем, как медь, от нового нежданного чувства, тогда как вся душа ее разрывалась от затаившихся, безвыходных слез, - не в том мое горе, не в том мука, забота моя! Что, что мне до родимой моей, хоть и не нажить мне на всем свете другой родной матушки! что мне до того, что прокляла она меня в час свой тяжелый, последний! что мне до золотой прежней жизни моей, до теплой светлицы, до девичьей волюшки! что мне до того, что продалась я нечистому и душу мою отдала погубителю, за счастие вечный грех понесла! Ах, не в том мое горе, хоть и на этом велика погибель моя! А то мне горько и рвет мне сердце, что я рабыня его опозоренная, что позор и стыд мой самой, бесстыдной, мне люб.. что любо жадному сердцу и вспоминать свое горе, словно радость и счастье, - в том горе, что нет силы в нем и нет гнева за обиду свою!..

Дух занялся в груди бедной женщины, и судорожное, истерическое рыдание пресекло слова ее. Горячее, порывистое дыхание палило ее губы, грудь подымалась и опускалась глубоко, и непонятным негодованием сверкнули глаза ее. Но столько очарования озолотило лицо ее в эту минуту, таким страстным потоком чувства, такой невыносимой, неслыханной красотою задрожала каждая линия, каждый мускул его, что разом угасла черная дума и замолкла чистая грусть в груди Ордынова. Сердце его рвалось прятаться к ее сердцу и страстно в безумном волнении забыться в нем вместе, застучать в лад тою же бурею, тем же порывом неведомой страсти и хоть замереть с ним вместе. Катерина встретила помутившийся взор Ордынова и улыбнулась так, что удвоенным потоком огня обдало его сердце. Он едва помнил себя.

- Пожалей меня, пощади меня! - шептал он ей, сдерживая дрожащий свой голос, наклоняясь к ней, опершись рукою на ее плечо и близко, близко так, что дыхание их слышалось в одно, смотря ей в глаза. - Ты сгубила меня! Я твоего горя не знаю, и душа моя смутилась...Что мне до того, об чем плачет твое сердце! Скажи, что ты хочешь... я сделаю. Пойдем же со мной, пойдем, не убей меня, не мертви меня!..

Катерина смотрела на него неподвижно; слезы высохли на горячих щеках ее. Она хотела прервать его, взяла его за руку, хотела сама что-то говорить и как будто не находила слов. Какая-то странная улыбка медленно появилась на ее губах, словно смех пробивался сквозь эту улыбку.

- Не все ж я, знать, тебе рассказала, - проговорила она наконец прерывистым голосом. - Еще расскажу; только будешь ли, будешь ли слушать меня, горячее сердце? Послушай сестрицу свою! Знать, мало спознал ты ее лютого горя! Хотела б я рассказать, как я с ним год прожила, да не стану... А минул год, ушел он с товарищами вниз по реке, и осталась я у названой матушки его во пристани ждать. Жду его месяц - другой - и повстречалась я в пригородье с молодым купцом, взглянула на него и вспомнила про былые годы золотые. "Любушка-сестрица! - говорит он, как два слова перемолвил со мной. - Я Алеша, твой названый суженый, нас детьми старики на словах повенчали; забыла меня, вспомни-ка, я из вашего места..." - "А что говорят обо мне в вашем месте?" - "А говорит людской толк, что ты нечестно пошла, девичий стыд позабыла, с разбойником, душегубцем спозналась", - говорит мне Алеша, смеясь. - "А ты что про меня говорил?" - "Много хотел говорить, как сюда подъезжал, - и смутилось в нем сердце, - много сказать захотелось, а теперь душа у меня помертвела, как завидел тебя; сгубила ты меня! - говорит. - Купи ж и мою душу, возьми ее, хоть насмейся над сердцем, любовью моей, красная девица. Я теперь сиротинушка, хозяин свой, и душа-то моя своя, не чужая, не продавал ее никому, как иная, что память свою загасила, а сердце не покупать стать, даром отдам, да, видно, дело оно наживное!" Я засмеялась; и не раз и не два говорил - целый месяц в усадьбе живет, бросил товары, своих отпустил, один-одинешенек. Жаль мне стало его сиротских слез. Вот и сказала я ему раз поутру: "Жди меня, Алеша, как стемнеет ночь, пониже у пристани; поедем с тобой в твое место! опостылела мне жизнь моя горемычная!" Вот ночь пришла, я узелок навязала, и душа заныла, заиграла во мне. Смотрю, входит хозяин мой нежданно, неведомо. "Здравствуй; пойдем; на реке будет буря, а время не ждет". Я пошла за ним; к реке подошли, а до своих было далеко плыть; смотрим: лодка и знакомый в ней гребец сидит, словно поджидает кого."Здравствуй, Алеша, бог в помочь тебе! Что? аль на пристани запоздал, суда свои поспешаешь? Довези-ка, добрый человек, вот меня, с хозяюшкой, к своим в наше место; лодку свою я отпустил, а вплавь пойти не умею". - "Садись, - сказал Алеша, а у меня вся душа изныла, как заслышала я голос его. - Садись и с хозяюшкой; ветер для всех, а в моем терему и для вас будет место". Сели; ночь была темная, звезды попрятались, ветер завыл, встала волна, а от берега мы с версту отъехали. Все трое молчим.

"Буря! - говорит мой хозяин. - И не к добру эта буря! Такой бури я сродясь еще на реке не видал, какая теперь разыграется! Тяжело нашей

39

лодке! не сносить ей троих!" -"Да, не сносить, - отвечает Алеша, - и один из нас, знать, лишний выходит"; говорит, а у самого голос дрожит, как струна. "А что, Алеша? знал я тебя малым дитей, братался с твоим родным батюшкой, хлеб-соль вместе водили, - скажи мне, Алеша, дойдешь без лодки до берега или сгинешь ни за что, душу погубишь свою?" - "Не дойду!" - "А ты, добрый человек, как случится, неровен час, и тебе порой водицы испить, дойдешь или нет?" - "Не дойду; тут и конец моей душеньке, не сносить меня бурной реке!" - "Слушай же ты теперь, Катеринушка, жемчужина моя многоценная! помню я одну такую же ночь, только тогда не колыхалась волна, звезды сияли и месяц светил... Хочу тебя так, спроста, спросить, не забыла ли ты?" - "Помню" - я говорю... "А как не забыла ее, так и уговора не забыла, как учил один молодец одну красну девицу волюшку свою похитить назад у немилова, - - а?" - "Нет, и того не забыла", - говорю, а сама ни жива ни мертва. "А не забыла! так вот теперь в лодке нам тяжело. Уж не пришло ли чье время? Скажи, родная, скажи, голубица, проворкуй нам по-голубиному свое слово ласковое..."

- Я слова моего не сказала тогда! - прошептала Катерина, бледнея... Она не докончила.

- Катерина! - раздался над ними глухой, хриплый голос.

Ордынов вздрогнул. В дверях стоял Мурин. Он был едва закрыт меховым одеялом, бледен как смерть и смотрел на них почти обезумевшим взглядом. Катерина бледнела больше и больше и тоже смотрела на него неподвижно, как-будто очарованная.

- Иди ко мне, Катерина! - прошептал больной едва слышным голосом и вышел из комнаты. Катерина все еще смотрела неподвижно в воздух, все будто бы еще старик стоял перед нею. Но вдруг кровь мгновенно опалила ее бледные щеки, и она медленно приподнялась с постели. Ордынов вспомнил первую встречу.

- Так до завтра же, слезы мои! - сказала она, как-то странно усмехаясь. - До завтра! Помни ж, на чем перестала я: "Выбирай из двух: кто люб или не люб тебе, красная девица!" Будешь помнить, подождешь одну ночку? - повторила она, положив ему свои руки на плеча и нежно смотря на него.

- Катерина, не ходи, не губи себя! Он сумасшедший! - шептал Ордынов, дрожа за нее.

- Катерина! - раздался голос за перегородкой.

- Что ж? зарежет небось? - отвечала, смеясь, Катерина. - Доброй ночи тебе, сердце мое ненаглядное, голубь горячий мой, братец родной! - говорила она, нежно прижав его голову к груди своей, тогда как слезы оросили вдруг лицо ее. - Это последние слезы. Переспи ж свое горе, любезный мой, проснешься завтра на радость. - И она страстно поцеловала его.

- Катерина! Катерина! - шептал Ордынов, упав перед ней на колени и порываясь остановить ее. - Катерина!

Она обернулась, улыбаясь кивнула ему головою и вышла из комнаты. Ордынов слышал, как она вошла к Мурину; он затаил дыхание, прислушиваясь; но ни звука не услышал он более. Старик молчал или, может быть, опять был без памяти... Он хотел было идти к ней туда, но ноги его подкашивались... Он ослабел и присел на постели...

II

Долго не мог он узнать часа, когда очнулся. Были рассвет или сумерки: в комнате все еще было темно. Он не мог означить именно, сколько времени спал, но чувствовал, что сон его был сном болезненным. Опомнясь, он провел рукой по лицу, как будто снимая с себя сон и ночные видения. Но когда он хотел ступить на пол, то почувствовал, что как будто все тело его было разбито и истомленные члены отказывались повиноваться. Голова его болела и кружилась, и все тело обдавало то мелкою дрожью, то пламенем. Вместе с сознанием воротилась и память, и сердце его дрогнуло, когда в один миг пережил он воспоминанием всю прошлую ночь. Сердце его сильно билось в ответ на его раздумье, так горячи, свежи были его ощущения, что как будто не ночь, не долгие часы, а одна минута прошла по уходе Катерины. Он чувствовал, что глаза его еще не обсохли от слез, - или новые, свежие слезы брызнули как родник из горячей души его? И, чудное дело! ему даже сладостны были муки его, хотя он глухо слышал всем составом своим, что не вынесет более такого насилия. Была минута, когда он почти чувствовал смерть и готов был встретить ее как светлую гостью: так напряглись его впечатления, таким могучим порывом закипела по пробуждении вновь его страсть, таким восторгом обдало душу его, что жизнь, ускоренная напряженною деятельностью, казалось, готова была перерваться, разрушиться, истлеть в один миг и угаснуть навеки. Почти в эту ж минуту, как бы в ответ на тоску его, в ответ его задрожавшему сердцу, зазвучал знакомый, - как та внутренняя музыка, знакомая душе человека в час радости о жизни своей, в час безмятежного счастья, - густой, серебряный голос Катерины. Близко, возле, почти над изголовьем его, началась песня, сначала тихо и заунывно... Голос то возвышался, то опадал, судорожно замирая, словно тая' про себя и нежно лелея свою же мятежную муку ненасытимого, сдавленного желания, безвыходно затаенного в тоскующем сердце; то снова разливался соловьиною трелью и, весь дрожа, пламенея уже

41

несдержимою страстью, разливался в целое море восторгов, в море могучих, беспредельных, как первый миг блаженства любви, звуков. Ордынов отличал и слова: они были просты, задушевны, сложенные давно, прямым, спокойным, чистым и ясным самому себе чувством. Но он забывал их, он слышал лишь одни звуки. Сквозь простой, наивный склад песни ему сверкали другие слова, гремевшие всем стремлением, которое наполняло его же грудь, давшие отклик сокровеннейшим, ему же неведомым, изгибам страсти его, прозвучавшим ему же ясно, целым сознанием, о ней. И то слышался ему последний стон безвыходно замершего в страсти сердца, то радость воли и духа, разбившего цепи свои и устремившегося светло и свободно в неисходное море невозбранной любви; то слышалась первая клятва любовницы с благоуханным стыдом за первую краску в лице, с молениями, со слезами, с таинственным, робким шепотом; то желание вакханки, гордое и радостное силой своей, без покрова, без тайны, с сверкающим смехом обводящее кругом опьяневшие очи...

Ордынов не выдержал окончания песни и встал с постели. Песня тотчас затихла.

- Доброе утро с добрым днем прошли, мой желанный! - зазвучал голос Катерины, - добрый вечер тебе! Встань, приди к нам, пробудись на светлую радость; ждем тебя, я да хозяин, люди все добрые, твоей воле покорные; загаси любовью ненависть, коли все еще сердце обидой болит. Скажи слово ласковое!...

Ордынов уже вышел из комнаты на первый оклик ее, и едва понял он, что входит к хозяевам. Перед ним отворилась дверь, и, ясна как солнце, заблестела ему золотая улыбка чудной его хозяйки. В этот миг он не видал, не слыхал никого, кроме ее. Мгновенно вся жизнь, вся радость его слились в одно в его сердце - в светлый образ его Катерины.

- Две зари прошло, - сказала она, подавая ему свои руки, - как мы попрощались с тобой; вторая гаснет теперь, посмотри в окно. Словно две зари души красной девицы, - промолвила, смеясь, Катерина, - одна, что первым стыдом лицо разрумянит, как впервинки скажется в груди одинокое девичье сердце, а другая, как забудет первый стыд красная девица, горит словно полымем, давит девичью грудь и гонит в лицо румяную кровь... Ступай, ступай в наш дом, добрый молодец! Что стоишь на пороге? Честь тебе да любовь, да поклон от хозяина!

С звонким, как музыка, смехом взяла она руку Ордынова ввела его в комнату. Робость вошла в его сердце. Все пламя, весь пожар, пламеневший в груди его, словно истлели и угасли в один миг и на один миг; он с смущением опустил глаза и боялся смотреть на нее. Он чувствовал, что она так чудно прекрасна, что не сносить его сердцу знойного ее взгляда.

42

Никогда еще он не видал так своей Катерины. Смех и веселье в первый раз засверкали в лице ее и иссушили грустные слезы на ее черных ресницах. Его рука дрожала в ее руке. И если б он поднял глаза, то увидел бы, что Катерина с торжествующей улыбкой приковала светлые очи к лицу его, отуманенному смущением и страстью.

- Встань же, старый! - сказала она наконец, как будто сама только опомнившись, - скажи гостю слово приветливое. Гость что брат родной! Встань же, непоклонный, спесивый старинушка, встань, поклонись, гостя за белые руки возьми, посади за стол!

Ордынов поднял глаза и как будто теперь лишь опомнился. Он теперь только подумал о Мурине. Глаза старика, словно потухавшие в предсмертной тоске, смотрели на него неподвижно; и с болью в душе вспомнил он этот взгляд, сверкнувший ему в последний раз из-под нависших черных, сжатых, как и теперь, тоскою и гневом бровей. Голова его слегка закружилась. Он огляделся кругом и теперь только сообразил все ясно, отчетливо. Мурин все еще лежал на постели, но он был почти одет и как будто уже вставал и выходил в это утро. Шея была обвязана, как и прежде, красным платком, на ногах были туфли. Болезнь, очевидно, прошла, только лицо все еще было страшно бледно и желто. Катерина стояла возле постели, опершись рукою на стол, и внимательно смотрела на обоих. Но приветливая улыбка не сходила с лица ее. Казалось, все делалось по ее мановению.

- Да! Это ты, - сказал Мурин, приподымаясь и садясь на постели. - Ты мой жилец. Виноват я перед тобою, барин, согрешил и обидел тебя незнамо-неведомо, пошалил намедни с ружьем. Кто ж те знал, что на тебя тоже находит черная немочь? А со мною случается, - прибавил он хриплым, болезненным голосом, хмуря брови свои и невольно отводя глаза от Ордынова.- Беда идет - не стучит в ворота, как вор подползет! Я и ей чуть ножа ономнясь в грудь не всадил... - промолвил он, кивнув головой на Катерину. - Болен я, припадок находит, ну, и довольно с тебя! Садись - будешь гость!.

Ордынов все еще пристально смотрел на него.

- Садись же, садись! - крикнул старик в нетерпении, - садись, коли ей это любо! Ишь вы, побратались, единоутробные! Слюбились, словно любовники!

Ордынов сел.

- Видишь, сестрица какая, - продолжал старик, засмеявшись и показав два ряда своих белых, целых до единого зубов. - Милуйтесь, родные мои! Хороша ль у тебя сестрица, барин? скажи, отвечай! На, смотри-ка, как щеки ее полымем пышат. Да оглянись же, почествуй всему свету красавицу! Покажи, что болит по ней ретивое!

43

Ордынов нахмурил брови и злобно посмотрел на старика. Тот вздрогнул от его взгляда. Слепое бешенство закипело в груди Ордынова. Он каким-то животным инстинктом чуял близ себя врага насмерть. Он сам не мог понять, что с ним делается, рассудок отказывался служить ему.

- Не смотри! - раздался голос сзади его. Ордынов оглянулся.

- Не смотри же, не смотри, говорю, коли бес наущает, пожалей свою любу, - говорила, смеясь, Катерина и вдруг сзади закрыла рукою глаза его; потом тотчас же отняла свои руки и закрылась сама. Но краска лица как будто пробивалась сквозь ее пальцы. Она отняла руки и, вся горя, как огонь, попробовала светло и нетрепетно встретить их смех и любопытные взгляды. Но оба молча глядели на нее - Ордынов с каким-то изумлением любви, как будто в первый раз такая страшная красота пронзила сердце его; старик внимательно, холодно. Ничего не выражалось на его бледном лице; только губы синели и слегка трепетали.

Катерина подошла к столу, уже не смеясь более, и стала убирать книги, бумаги, чернилицу, все, что было на столе, и сложила все на окно. Она дышала скоро, прерывисто и по временам жадно впивала в себя воздух, как будто ей сердце теснило. Тяжело, словно волна прибрежная, опускалась и вновь подымалась ее полная грудь. Она потупила глаза, и черные, смолистые ресницы, как острые иглы, заблистали на светлых щеках ее...

- Царь-девица! - сказал старик.

- Владычица моя! - прошептал Ордынов, дрогнув всем телом. Он опомнился, заслышав на себе взгляд старика: как молния, сверкнул этот взгляд на мгновение - жадный, злой, холодно-презрительный. Ордынов привстал было с места, но как будто невидимая сила сковала ему ноги. Он снова уселся. Порой он сжимал свою руку, как будто не доверяя действительности. Ему казалось, что кошмар его душит и что на глазах его все еще лежит страдальческий, болезненный сон. Но чудное дело! Ему не хотелось проснуться...

Катерина сняла со стола старый ковер, потом открыла сундук, вынула из него драгоценную скатерть, всю расшитую яркими шелками и золотом, и накрыла ею на стол; потом вынула из шкафа старинный, прадедовский, весь серебряный поставец, поставила его на середину стола и отделила от него три серебряные чарки - хозяину, гостю и чару себе; потом важным, почти задумчивым взглядом посмотрела на старика и на гостя.

- Кто ж из нас кому люб иль не люб? - сказала она. - Кто не люб кому, тот мне люб и со мной будет пить свою чару. А мне всяк из вас люб, всяк родной: так пить всем на любовь и согласье!

- Пить да черную думу в вине топить! - сказал старик изменившимся голосом. - Наливай, Катерина!

- А ты велишь наливать? - спросила Катерина, смотря на Ордынова. Ордынов молча подвинул свою чарку.

- Стой! У кого какая загадка и думушка, пусть по его же хотенью и сбудется! - сказал старик, подняв свою чару.

Все стукнули чарками ы выпили.

- Давай же мы теперь выпьем с тобой, старина! - сказала -Катерина, обращаясь к хозяину. - Выпьем, коли ласково твое сердце ко мне! выпьем за прожитое счастье, ударим поклон прожитым годам, сердцем за счастье да любовью поклонимся! Вели ж наливать, коли горячо твое сердце но мне!

- Винцо твое крепко, голубица моя, а сама только губки помочишь! - сказал старик, смеясь и подставляя вновь свою чару.

- Ну, я отхлебну, а ты пей до дна!.. Что жить, старинушка, тяжелую думу за собой волочить; а только сердце поет с думы тяжелой! Думушка с горя идет, думушка горе зовет, а при счастье зовется без думушки! Пей, старина ! Утопи свою думушку!

- Много ж, знать, горя у тебя накипело, коли так на него ополчаешься! Знать, разом хочешь покончить, белая голубка моя. Пью с тобой, Катя! А у тебя есть ли горе, барин, коль позволишь спросить?

- Что есть, то есть про себя, - прошептал Ордынов, не сводя глаз с Катерины.

- Слышал, старинушка? Я и сама себя долго не знала, не помнила, а пришло время, все спознала и вспомнила; все, что прошло, ненасытной душой опять прожила.

- Да, горько, коль на бывалом одном пробиваться начнешь, - сказал старик задумчиво. - Что прошло, как вино пропито! Что в прошлом счастье? Кафтан износил, и долой...

- Новый надо! - подхватила Катерина, засмеявшись с натуги, тогда как две крупные слезинки повисли, как алмазы, на сверкнувших ресницах. - Знать, веку минутой одной не прожить, да и девичье сердце живуче, не угоняешься в лад! Спознал, старина? Смотри, я в твоей чаре слезинку мою схоронила!

- А за много ль счастья ты свое горе купила? - сказал Ордынов, и голос его задрожал от волнения.

- Знать, у тебя, барин, своего много продажного! - отвечал старик, - что суешься непрошеный. - И он злобно и неслышно захохотал, нагло смотря на Ордынова.

- А за что продала, то и было, - отвечала Катерина как будто недовольным, обиженным голосом. - Одному кажется много, другому мало. Один все отдать хочет, взять нечего, другой ничего не сулит, да за ним идет сердце послушное! А ты не кори человека, - промолвила она, грустно смотря на Ордынова, - один такой человек, другой не тот человек, а будто знаешь, зачем к кому душа просится! Наливай же свою чару, старик! Выпей за счастье твоей дочки любезной, рабыни твоей тихой, покорной, как впервинки была, как с тобой спозналась. Подымай свою чару!

- Ин быть так! Наливай же свою! - сказал старик, взяв вяло.

- Стой, старина! подожди пить, дай прежде слово сказать!..

Катерина облокотилась руками на стол и пристально разгоревшимися, страстными очами смотрела в глаза старику. Какая-то странная решимость сияла в глазах ее. Но все движения ее были беспокойны, жесты отрывисты, неожиданны, скоры. Она была вся словно в огне, и чудно делалось это. Но как будто красота ее росла вместе с волнением, с одушевлением ее. Из полуоткрытых улыбкою губ, выказывавших два ряда белых, ровных, как жемчуг, зубов, вылетало порывистое дыхание, слегка приподымая ее ноздри. Грудь волновалась; коса, три раза обернутая на затылке, небрежно слегка упала на левое ухо и прикрыла часть горячей щеки. Легкий пот пробивался у ней на висках.

- Загадай, старина! Загадай мне, родимый мой, загадай прежде, чем ум пропьешь; вот тебе ладонь моя белая! Ведь недаром тебя у нас колдуном люди прозвали. Ты же по книгам учился всякую черную грамоту знаешь! Погляди же, старинушка, расскажи мне всю долю мою горемычную; только, смотри, не солги! Ну, скажи, как сам знаешь, - будет ли счастье дочке твоей, иль не простишь ты ее и накличешь ей на дорогу одну злую долю-кручинушку? Скажи, тепел ли будет мой угол, где обживусь, иль, как пташка перелетная, весь век сиротинушкой буду меж добрых людей своего места искать? Скажи, кто мне недруг, кто любовь мне готовит, кто зло про меня замышляет? Скажи, в одиночку ль моему сердцу, молодому, горячему, век прожить и до века заглохнуть, иль найдет оно ровню себе да в лад с ним на радость забьется... до нового горя! Угадай уж за один раз, старинушка, в каком синем небе, за какими морями-лесами сокол мой ясный живет, где, да и зорко ль, себе соколицу высматривает, да и любовно ль он ждет, крепко ль полюбит, скоро ль разлюбит, обманет иль не обманет меня? Да уж зараз все одно к одному, скажи мне в последний, старинушка, долго ль нам с тобой век коротать, в углу черством сидеть, черные книги читать; да когда мне тебе, старина, низко кланяться, подобру-поздорову прощаться, хлеб-соль благодарить, что поил, кормил, сказки сказывал?.. Да, смотри же, всю правду скажи, не солги; пришло время, постой за себя!

Одушевление ее росло все более и более до последнего слова, как вдруг ее голос пресекся от волнения, будто какой-то вихрь увлекал ее сердце. Глаза ее сверкнули, и верхняя губа слегка задрожала. Слышно было, как злая насмешка змеилась и пряталась в каждом слове ее, но как будто плач звенел в ее смехе. Она наклонилась через стол к старику и

46

пристально, с жадным вниманием смотрела в помутившиеся глаза его. Ордынов слышал, как вдруг застучало ее сердце, когда она кончила; он вскрикнул от восторга, когда взглянул на нее, и привстал было со скамьи. Но беглый, мгновенный взгляд старика опять приковал его к месту. Какая-то странная смесь презренья, насмешки, нетерпеливого, досадного беспокойства и вместе с тем злого, лукавого любопытства светились в этом беглом, мгновенном взгляде, от которого каждый раз вздрагивал Ордынов и который каждый раз наполнял его сердце желчью, досадой и бессильною злобой.

Задумчиво и с каким-то грустным любопытством смотрел старик на свою Катерину, Сердце его было уязвлено, слова были сказаны. Но даже бровь не шевельнулась в лице его! Он только улыбнулся, когда она кончила.

- Много ж ты разом хотела узнать, птенчик мой оперившийся, пташка моя встрепенувшаяся! Наливай же мне скорее чару глубокую; выпьем сначала на размирье да на добрую волю; не то чьим-нибудь глазом черным, нечистым мое пожелание испорчу. Бес силен! далеко ль до греха!

Он поднял свою чару и выпил. Чем больше пил он вина, тем становился бледнее. Глаза его стали красны, как угли. Видно было, что лихорадочный блеск их и внезапная, мертвенная синева лица предвещала скоро новый припадок болезни. Вино ж было крепкое, так что с одной выпитой чарки все более и более мутились глаза Ордынова. Лихорадочно воспаленная кровь его не могла долее выдержать: она заливала его сердце, мутила и путала разум. Беспокойство его росло все сильнее и сильнее. Он налил и отхлебнул еще, сам не зная, что делает, чем помочь возраставшему волнению своему, и кровь еще быстрее полетела по его жилам. Он был как в бреду и едва мог следить, напрягая все внимание, за тем, что происходило между странных хозяев его.

Старик звонко стукнул серебряной чаркой об стол.

- Наливай, Катерина! - вскричал он. - Наливай еще, злая дочка, наливай до упаду! Уложи старика на покой, да и полно с него! Вот так, наливай еще, наливай мне, красавица! Выпьем с тобой! Что ж ты мало пила? Али я не видал...

Катерина что-то отвечала ему, но Ордынов не расслышал, что именно: старик не дал ей кончить; он схватил ее за руку, как бы не в силах более сдержать всего, что теснилось в груди его. Лицо его было бледно; глаза то мутились, то вспыхивали ярким огнем; побелевшие губы дрожали, и неровным, смятенным голосом, в котором сверкал минутами какой-то странный восторг, он сказал ей:

- Давай ручку, красавица! давай загадаю, всю правду скажу. Я и впрямь колдун; знать, не ошиблась ты, Катерина! знать, правду сказало сердечко твое золотое, что один я ему колдун, и правды не потаю от него, простого, нехитрого! Да одного не спознала ты: не мне, колдуну, тебя учить уму-разуму! Разум не воля для девицы, и слышит всю правду, да словно не знала, не ведала! У самой голова - змея хитрая, хоть и сердце слезой обливается! Сама путь найдет, меж бедой ползком проползет, сбережет волю хитрую! Где умом возьмет, а где умом не возьмет, красой затуманит, черным глазом ум опьянит, - краса силу ломит; и железное сердце, да пополам распаяется! Уж и будет ли у тебя печаль со кручинушкой? Тяжела печаль человеческая! Да на слабое сердце не бывает беды! Беда с крепким сердцем знакомится, втихомолку кровавой слезой отливается да на сладкий позор к добрым людям не просится: твое ж горе, девица, словно след на песке, дождем вымоет, солнцем высушит, буйным ветром снесет, заметет! Пусть и еще скажу, поколдую: кто полюбит тебя, тому ты в рабыни пойдешь, сама волюшку свяжешь, в заклад отдашь, да уж и назад не возьмешь; в пору во-время разлюбить не сумеешь; положишь зерно, а губитель твой возьмет назад целым колосом! Дитя мое нежное, золотая головушка, схоронила ты в чарке моей свою слезинку-жемчужинку, да по ней не стерпела, тут же сто пролила, словцо красное потеряла, да горем-головушкой своей похвалилася! Да по ней, по слезинке, небесной росинке, тебе и тужить-горевать не приходится! Отольется она тебе с лихвою, твоя слезинка жемчужная, в долгую ночь, в горемычную ночь, когда станет грызть тебя злая кручинушка, нечистая думушка - тогда на твое сердце горячее, все за ту же слезинку, капнет тебе чья-то иная слеза, да кровавая, да не теплая, а словно топленый свинец; до крови белу грудь разожжет, и до утра, тоскливого, хмурого, что приходит в ненастные дни, ты в постельке своей прометаешься, алу кровь точа, и не залечишь своей ранки свежей до другого утра! Налей еще, Катерина, налей, голубица моя, налей мне за мудрый совет; а дальше, знать, слов терять нечего...

Голос его ослабел и задрожал: казалось, рыдание готово было прорваться из груди его... Он налил вина и жадно выпил новую чару; потом снова стукнул чаркой об стол. Мутный взгляд его еще раз вспыхнул пламенем.

- А! живи, как живется! - вскричал он. - Что пропало, то уж с плеч долой! Наливай мне, еще наливай, все подноси тяжелую чару, чтобы резала головушку буйную с плеч, чтоб вся душа от нее замертвела! Уложи на долгую ночь, да без утра, да чтобы память совсем отошла. Что пропито, то прожито! Знать, заглох у купца товар, залежался, даром с рук отдает! А не продал бы своей волей-вольною его тот купец ниже своей цены, отлилась бы и вражья кровь, пролилась бы и кровь неповинная да в придачу положил бы тот покупщик свою погибшую душеньку! Наливай, наливай мне еще, Катерина!..

Но рука его, державшая чару, как будто замерла и не двигалась; он

48

дышал тяжело и трудно, голова его невольно склонилась. В последний раз он вперил тусклый взгляд на Ордынова, но и этот взгляд потух наконец, и веки его упали, словно свинцовые. Смертная бледность разлилась по лицу его... Еще несколько времени губы его шевелились и вздрагивали, как бы силясь еще что-то промолвить, - и вдруг слеза, горячая, крупная, нависла с ресниц его, порвалась и медленно покатилась по бледной щеке... Ордынов был не в силах выдержать более. Он привстал и, пошатнувшись, ступил шаг вперед, подошел к Катерине и схватил ее за руку; но она и не взглянула на него, как будто его не приметила, как будто не признала его...

Она как будто тоже теряла сознание, как будто одна мысль, одна неподвижная идея увлекла ее всю. Она припала к груди спящего старика, обвила своей белой рукой его шею и пристально, словно приковалась к нему, смотрела на него огневым, воспаленным взглядом. Она будто не слыхала, как Ордынов взял ее за руку. Наконец она повернула к нему свою голову и посмотрела на него долгим, пронзающим взглядом. Казалось, что она поняла наконец его, и тяжелая, удивленная улыбка, тягостно, как будто с болью, выдавилась на губах ее...

- Поди, поди прочь, - прошептала она, - ты пьяный и злой! Ты не гость мне!.. - Тут она снова обратилась к старику и опять приковалась к нему своими очами.

Она как будто стерегла каждое дыхание его и взглядом своим лелеяла его сон. Она как будто боялась сама дохнуть, сдерживая вскипевшее сердце. И столько исступленного любования было в сердце ее, что разом отчаяние, бешенство и неистощимая злоба захватили дух Ордынова...

- Катерина! Катерина! - звал он, сжимая, как в тисках, ее руку.

Чувство боли прошло по лицу ее; она опять подняла свою голову и посмотрела на него с такою насмешкой, так презрительно-нагло, что он едва устоял на ногах. Потом она указала ему на спящего старика и - как будто вся насмешка врага его перешла ей в глаза - терзающим, леденящим взглядом опять взглянула на Ордынова.

- Что? зарежет небось? - проговорил Ордынов, не помня себя от бешенства.

Словно демон его шепнул ему на ухо, что он ее понял... И все сердце его засмеялось на неподвижную мысль Катерины...

- Куплю ж я тебя, красота моя, у купца твоего, коль тебе души моей надобно! Небось не зарезать ему!..

Неподвижный смех, мертвивший все существо Ордынова, не сходил с лица Катерины. Неистощимая насмешка разорвала на части его сердце. Не помня, почти не сознавая себя, он облокотился рукою об стену и снял с гвоздя дорогой, старинный нож старика. Как будто изумление отразилось на лице Катерины; но как будто в то же время злость и презрение впервые с такой силой отразились в глазах ее. Ордынову дурно становилось, смотря на нее... Он чувствовал, что как будто кто-то вырывал, подмывал потерявшуюся руку его на безумство; он вынул нож... Катерина неподвижно, словно не дыша более, следила за ним..

Он взглянул на старика...

В эту минуту ему показалось, что один глаз старика медленно открывался и, смеясь, смотрел на него. Глаза их встретились. Несколько минут Ордынов смотрел на него неподвижно... Вдруг ему показалось, что все лицо старика засмеялось и что дьявольский, убивающий, леденящий хохот раздался наконец по комнате. Безобразная, черная мысль, как змея, проползла в голове его. Он задрожал; нож выпал из рук его и зазвенел на полу. Катерина вскрикнула, как будто очнувшись от забытья, от кошмара, от тяжелого, неподвижного виденья... Старик, бледный, медленно поднялся с постели и злобно оттолкнул ногой нож в угол комнаты. Катерина стояла бледная, помертвелая, неподвижная; глаза ее закрывались; глухая, невыносимая боль судорожно выдавилась на лице ее; она закрылась руками и с криком, раздирающим душу, почти бездыханная, упала к ногам старика...

- Алеша! Алеша! - вырвалось из стесненной груди ее...

Старик обхватил ее могучими руками и почти сдавил на груди своей.Но когда она спрятала у сердца его свою голову, таким обнаженным, бесстыдным смехом засмеялась каждая черточка на лице старика, что ужасом обдало весь состав Ордынова. Обман, расчет, холодное, ревнивое тиранство и ужас над бедным, разорванным сердцем - вот что понял он в этом бесстыдно не таившемся более смехе...

III

Когда Ордынов, бледный, встревоженный, еще не опомнившийся от вчерашней тревоги, отворил на другой день, часов в семь утра, дверь к Ярославу Ильичу, к которому пришел, впрочем сам не зная зачем, то отшатнулся от изумления и как вкопанный стал на пороге, увидя в комнате Мурина. Старик был еще бледнее Ордынова и, казалось, едва стоял на ногах от болезни; впрочем, сесть не хотел, несмотря ни на какие приглашения вполне счастливого таким посещением Ярослава Ильича. Ярослав Ильич тоже вскрикнул, завидев Ордынова, но почти в ту же минуту радость его прошла, и какое-то замешательство застигло его вдруг, совершенно врасплох, на полдороге от стола к соседнему стулу. Очевидно было, что он не знал, что сказать, что сделать, и вполне сознавал всю неприличность - сосать в такую хлопотливую минуту, оставив гостя в стороне, одного как он есть, свой чубучок, а между тем (так сильно было смущение его) все-таки тянул из чубучка что было силы и даже почти с некоторым вдохновением. Ордынов вошел наконец в комнату. Он бросил беглый взгляд на Мурина. Что-то похожее на вчерашнюю злую улыбку, от которой и теперь бросило в дрожь и в негодование Ордынова, проскользнуло по лицу старика. Впрочем, все враждебное тотчас же скрылось и сгладилось, и выражение лица его приняло вид самый неприступный и замкнутый. Он отвесил пренизкий поклон жильцу своему... Вся эта сцена воскресила наконец сознание Ордынова. Он пристально посмотрел на Ярослава Ильича, желая вникнуть в положение дела. Ярослав Ильич затрепетал и замялся.

- Войдите ж, войдите, - промолвил он наконец, - войдите, драгоценнейший Василий Михайлович, осените прибытием и положите печать... на все эти обыкновенные предметы... - проговорил Ярослав Ильич, показав рукой в один угол комнаты, покраснев, как махровая роза, сбившись, запутавшись в сердцах на то, что самая благородная фраза завязла и лопнула даром, и с громом подвинул стул на самую средину комнаты.

- Я вам не мешаю, Ярослав Ильич, я хотел... на две минуты.

- Помилуйте! возможно ли вам мне помешать-с... Василий Михайлович! Но - позвольте чайку-с! Эй! служба!.. Я уверен, что и вы не откажетесь еще одну чашечку!

Мурин кивнул головою, дав знать таким образом, что совсем не откажется.

Ярослав Ильич закричал на вошедшую службу и наистрожайшим образом потребовал еще три стакана, затем сел возле Ордынова. Несколько времени он вертел свою голову, как гипсовый котенок, то вправо, то влево, от Мурина к Ордынову и от Ордынова к Мурину. Положение его было весьма неприятное. Ему, очевидно, что-то хотелось сказать, по идеям его весьма щекотливое, по крайней мере для одной стороны. Но при всех усилиях своих он решительно не мог вымолвить слова... Ордынов тоже как будто находился в недоумении. Была минута, когда оба они разом вдруг принялись говорить... Молчаливый Мурин, наблюдавший их с любопытством, медленно расправил рот и показал зубы свои все до единого...

- Я пришел объявить вам, - вдруг начал Ордынов, - что по самому неприятному случаю принужден оставить квартиру, и...

- Представьте себе, какой странный случай! - перебил вдруг Ярослав

Ильич. - Я, признаюсь, был вне себя от изумления, когда этот почтенный старик объявил мне сегодня поутру ваше решение. Но...

- Он объявил вам? - спросил с изумлением Ордынов, смотря на Мурина.

Мурин погладил свою бороду и засмеялся в рукав.

- Да-с, - подхватил Ярослав Ильич, - впрочем, я могу еще ошибаться. Но, смело скажу, для вас - честью моею могу вам ручаться, что для вас в словах этого почтенного старика не было ни тени обидного!..

Тут Ярослав Ильич покраснел и через силу подавил свое волнение. Мурин, как будто натешась наконец вдоволь замешательством хозяина и гостя, ступил шаг вперед.

- Я вот про то, ваше благородие, - начал он, с вежливостию поклонившись Ордынову, - их благородие на ваш счет маленько утрудить посмел... Оно, того, сударь, выходит - сами знаете - я и хозяйка, то есть, рады бы душою и волею, и слова бы сказать не посмели... да житье-то мое какое, сами знаете, сами видите, сударь! А право, только что животы господь бережет, за то и молим святую волю его; а то, сами видите, сударь, взвыть мне, что ли, приходится? - Тут Мурин опять утер рукавом свою бороду.

Ордынову почти делалось дурно.

- Да, да, я вам сам про него говорил: больной, то есть это malheur... то есть я было хотел выразиться по-французски, но, извините, я по-французски не так свободно, то есть...

- Да-с...

- Да-с, то есть...

Ордынов и Ярослав Ильич сделали друг другу по полупоклону, каждый с своего стула и несколько набок, и оба прикрыли возникшее недоумение извинительным смехом. Деловой Ярослав Ильич тотчас поправился.

- Я, впрочем, подробно расспрашивал этого честного человека, - начал он, - он мне говорил, что болезнь той женщины...

Тут щекотливый Ярослав Ильич, вероятно желая скрыть маленькое недоумение, опять возникшее на лице его, быстро, вопросительным взглядом устремился на Мурина.

- Да, хозяйки-то нашей...

Деликатный Ярослав Ильич не настаивал.

- Хозяйки, то есть бывшей хозяйки вашей, я как-то, право... ну, да! Она, видите ли, больная женщина. Он говорит, что она вам мешает... в ваших занятиях, да и он сам... вы от меня скрыли одно важное обстоятельство, Василий Михайлович!

- Какое?

- Насчет ружья-с, - промолвил почти шепотом самым снисходительным голосом Ярослав Ильич, с одной мильонной долей упрека, нежно зазвеневшего в его дружеском теноре. - Но, - прибавил он поспешно, - я все знаю, он мне все рассказал, и вы благородно сделали, отпустив ему его невольную вину перед вами. Клянусь, я видел слезы на глазах его!

Ярослав Ильич снова покраснел; глаза его засияли, и он с чувством повернулся на стуле.

- Я, то есть мы, сударь, ваше благородие, то есть я, примером сказать, да и хозяйка моя уж и как за вас бога молим, - начал Мурин, обращаясь к Ордынову, покамест Ярослав Ильич подавлял обычное волнение свое, и пристально смотря на него, - да, сами знаете, сударь, она баба хворая, глупая; меня самого еле ноги носят...

- Да я готов, - сказал в нетерпенье Ордынов, - полноте, пожалуйста; я хоть сейчас!..

- Нет, то есть, сударь, многим вашей милости довольны (Мурин пренизко поклонился). Я, сударь, вам не про то ; я вот хотел слово вымолвить, - ведь она, сударь, мне-то почти из родни, то есть из дальней, примером, как говорится, седьмая вода, то есть уж не побрезгайте словом нашим, сударь, люди мы темные - да сызмалетства такая! Головенка больная, задорная, в лесу росла, мужичкой росла, все меж бурлаков да заводчиков; а тут их дом сгори; мать, сударь, ейная погори; отец свою душу опали - подика-сь, она и невесть что расскажет вам... Я только так не мешаюсь, а ее хи-хир-руггичкой совет на Москве смотрел... то есть, сударь, совсем повредилась, вот что ! Я только у ней и остался, со мной и живет. Живем, бога молим, на всевышнюю силу надеемся; уж я ей и не поперечу совсем...

Ордынов изменился в лице. Ярослав Ильич смотрел то на того, то на другого.

- Да я не про то, сударь... нет! - поправился Мурин, важно покачав головою. - Она, примером сказать, такой ветер, вихорь такой, голова такая любовная, буйная, все милого дружка, - если извинительно будет сказать, - да зазнобушку в сердце ей подавай: на том и помешана. Я уж ее сказками улещаю, то есть как улещаю. А я ведь, сударь, видел, как она - уж простите, сударь, мое глупое слово, - продолжал Мурин, кланяясь и утирая рукавом бороду, - примерно, спознавалась-то с вами; вы, то есть, примером сказать, ваше сиятельство, относительно любви к ней польнуть пожелали...

Ярослав Ильич вспыхнул и с упреком взглянул на Мурина. Ордынов едва усидел на стуле.

- Нет... то есть я, сударь, не про то... я, сударь, спроста, мужик, я из вашей воли... конечно, мы люди темные, мы, сударь, ваши слуги, - промолвил он, низко кланяясь, - а уж как с женой про вашу милость бога будем молить!.. Что нам? Были бы сыты, здоровы, роптать не роптаем; да мне-то, сударь, что ж делать, в петлю лезть, что ли? Сами знаете, сударь, дело житейское, нас пожалейте, а это уж что ж, сударь, будет, как еще с полюбовником!.. Грубое-то, сударь, вы слово простите... мужик, сударь, а вы, барин... вы, сударь, ваше сиятельство, человек молодой, гордый, горячий, а она, сударь, сами знаете, дитя малое, неразумное - долго ль с ней до греха! Баба она ядреная, румяная, милая, а меня, старика, все немочь берет. Ну, что? бес уж, знать, вашу милость попутал! я уж ее сказками все улещаю, право, улещаю. А уж как про вашу милость с женой стали бы бога молить! То есть вот как молить! Да и что вам, ваше сиятельство, хоть она бы и милая, а все ж мужичка она, баба немытая, поневница глупая, мне, мужику, чета! Не вам, примерно, сударь, батюшка барин, по мужичкам якшиться! А уж как с ней стали б про вашу милость бога молить, во' как молить!..

Тут Мурин поклонился низко-низко и долго не разгибал спины, беспрерывно утирая рукавом бороду. Ярослав Ильич не знал, где стоял.

- Да-с, этот добрый человек, - заметил он, весь замешавшись, - говорил мне о каких-то существовавших между вами беспорядках-с; я не осмеливаюсь верить, Василий-Михайлович... Я слышал, вы все еще больны-с, - быстро перебил он со слезящимися от волнения глазами, в неистощимом замешательстве смотря на Ордынова.

- Да-с... Сколько я должен вам? - быстро спросил Ордынов у Мурина.

- Что вы, батюшка барин? полноте! мы ведь не христопродавцы какие-нибудь. Что вы, сударь, нас обиждаете! Постыдились бы, сударь; чем мы с супружницей вас обиждали? Помилуйте-с!

- Но, однако ж, это странно, друг мой; ведь они же у вас нанимали; чувствуете ли вы, что отказом своим вы их обижаете? - вступился Ярослав Ильич, долгом почитая показать Мурину всю странность и щекотливость его поступка.

- Да помилуйте ж, батюшка! что вы, сударь, барин? помилуйте-с! уж и чем мы не угодили про вашу честь? Уж и так старались-старались, животы надорвали, помилуйте-с! Полноте, сударь; полноте, свет-барин, Христос вас помилует! Что мы, неверные, что ли, какие? Пусть бы жил, кушал он у нас наше яство мужицкое на здоровье, пусть бы лежал, - ничего б не сказали, и... слова не молвили б; да нечистый попутал, хворый я человек, да и хозяйка моя хворая, - что будешь делать! Услужить-то бы некому было, а рады бы, душою бы рады были. А уж как мы с хозяйкой будем про вашу милость бога молить, то есть во' как молить!

Мурин поклонился в пояс. Слеза выдавилась из восторженных глаз Ярослава Ильича. С энтузиазмом посмотрел он на Ордынова.

- Скажите, какая благородная черта-с! Какое святое гостеприимство почило-с на русском народе-с!

Ордынов дико взглянул на Ярослава Ильича. Он почти ужаснулся... и осматривал его с головы до ног.

- А и право, сударь, гостеприимство именно чтим, то есть вот как чтим, сударь! - подхватил Мурин, заслоняя всем рукавом свою бороду. - Право, вот теперь дума идет: погостили б вы у нас, сударь, ей-богу б погостили, - продолжал он, подступая к Ордынову, - да и я, сударь, ничего; денек-другой ничего, право б ничего не сказал. Да грех больно попутал, хозяйка-то ишь моя нездорова! Ах, как бы не хозяйка! Вот был бы, примерно, один я: уж и как бы я вашу милость уважил, уж и как бы ходил, то есть во' как ходил! Кого ж нам, коли и не вашу милость, уважить? Уж я бы вас вылечил, право бы вылечил, я и средствие знаю... Право бы, погостили, сударь, ей-богу, вот великое слово, у нас погостили бы!..

- В самом деле, нет ли какого средства? - заметил Ярослав Ильич... да и не докончил.

Ордынов сделал напраслину, с диким изумлением оглядев незадолго до того с ног до головы Ярослава Ильича. Это был, конечно, честнейший и благороднейший человек, но он теперь понял все, и, признаться, положение его было весьма затруднительно! Ему хотелось, что называется, лопнуть со смеха! Будь он один на один вместе с Ордыновым, - два такие друга! - конечно, Ярослав Ильич не вытерпел бы и неумеренно предался порыву веселости. Во всяком случае он сделал бы это весьма благородно, с чувством пожал бы после смеха руку Ордынова, искренно и справедливо уверил бы его, что чувствует удвоенное уважение к нему и что извиняет во всяком случае... да, наконец, и глядеть не будет на молодость. Но теперь, при известной своей деликатности, он был в самом затруднительном положении и почти не знал, куда скрыть себя...

- Средствия, то есть снадобья! - подхватил Мурин, у которого все лицо шевельнулось от неловкого восклицания Ярослава Ильича. - Я, то есть, сударь, по глупости моей мужицкой, вот что сказал бы, - продолжал он, ступив еще шаг вперед, - книжек вы, сударь, больно зачитались; скажу, умны больно стали; оно, то есть как по-русски говорится у нас, по-мужицкому, ум за разум зашел...

- Довольно ! - строго прервал Ярослав Ильич...

- Я иду, - сказал Ордынов, - благодарю вас, Ярослав Ильич; буду, буду у вас непременно, - говорил он на удвоенные вежливости Ярослава Ильича, который был не в силах долее его удерживать. - Прощайте, прощайте...

- Прощайте, ваше благородие; прощайте, сударь; не забудьте нас, навестите нас, грешных.

Ордынов не слыхал ничего более; он вышел как полоумный.

Он не мог вынести более; он был как убитый; сознание его цепенело. Он глухо чувствовал, что его душит болезнь, но холодное отчаяние воцарялось в душе его, и только слышал он, что какая-то глухая боль ломит, томит, сосет ему грудь. Ему хотелось умереть в эту минуту. Ноги его подкосились, и он присел у забора, не обращая более внимания ни на проходивших людей, ни на толпу, начинавшую сбираться возле него, ни на оклики и расспросы любопытных, его окруживших. Но вдруг из множества голосов раздался над ним голос Мурина. Ордынов поднял голову. Старик действительно стоял перед ним; бледное лицо его было важно и задумчиво. Это уж был совсем другой человек, чем тот, который так грубо глумился над ним у Ярослава Ильича. Ордынов привстал; Мурин взял его за руку и вывел из толпы...

- Тебе еще нужно свой скарб захватить, - сказал он, искоса взглянув на Ордынова. - Не горюй, барин! - вскрикнул Мурин. - Ты молод, чего горевать!

Ордынов не отвечал.

- Обижаешься, барин? Знать, больно зло тебя взяло... да нечему; всяк свое холит, всяк свое добро бережет.

- Я не знаю вас, - сказал Ордынов, - я не хочу знать ваших тайн. Но она! она!.. - проговорил он, и слезы градом, в три ручья, потекли из глаз его. Ветер срывал их одну за другой с его щек... Ордынов утирал их рукой. Жест его, взгляд, непроизвольные движения дрожавших посинелых губ - все предсказывало в нем помешательство.

- Я уж тебе толковал, - сказал Мурин, стиснув брови, - она полоумная! Отчего и как помешалась... зачем тебе знать? Только мне она и такая - родная! Возлюбил я ее больше жизни моей и никому не отдам. Понимаешь теперь!

Огонь на мгновение сверкнул в глазах Ордынова.

- Но зачем же я... зачем я теперь словно жизнь потерял? Зачем же болит мое сердце? Зачем я спознал Катерину?

- Зачем? - Мурин усмехнулся и задумался. - Зачем, я и сам не знаю, зачем, - вымолвил он, наконец. - Женский норов не морская пучина, распознать его распознаешь, да хитер он, стоек, живуч! На, дескать, вынь да положь! Знать, и впрямь, барин, она с вами хотела уйти от меня, - продолжал он в раздумье. - Побрезгала старым, изжила с ним все, насколько можно изжить! Приглянулись вы, знать, ей больно сначала! Аль уж так, вы ли, другой ли... Я ведь ей не перечу ни в чем; птичья молока пожелает, и молока птичья достану; птицу такую сам сделаю, коли нет такой птицы! Тщеславна она! За волюшкой гонится, а и сама не знает, о чем сердце блажит. Ан и вышло, что лучше по-старому! Эх, барин! молод ты больно ! Сердце твое еще горячо, словно у девки, что рукавом свои слезы утирает, покинутая! Спознай, барин: слабому человеку одному не сдержаться! Только дай ему все, он сам же придет, все назад отдаст, дай ему полцарства земного в обладание, попробуй - ты думаешь что? Он тебе тут же в башмак тотчас спрячется, так умалится. Дай ему волюшку, слабому человеку, - сам ее свяжет, назад принесет. Глупому сердцу и воля не впрок! Не прожить с таким норовом! Я тебе это все так говорю - молоденек ты больно! Ты что мне? Ты был да пошел - ты иль другой, все равно. Я и сначала знал, что будет одно. А перечить нельзя! слова молвить нельзя поперек, коли хошь свое счастье сберечь. Оно ведь, знашь, барин, - продолжал философствовать Мурин, - только все так говорится: и чего не бывает? За нож возьмется в сердцах, не то безоружный, с голыми руками на тебя, как баран, полезет да зубами глотку врагу перервет. А пусть-те дадут этот нож-от в руки, да враг твой сам перед тобою широкую грудь распахнет, небось и отступишься!

Они вошли во двор. Татарин еще издали завидел Мурина, снял перед ним шапку и лукаво, пристально смотрел на Ордынова.

- Что мать? дома? - закричал ему Мурин.

- Дома.

- Скажи, чтоб ему скарб его перетащить помогли! Да и ты пошел, двигайся!

Они взошли на лестницу. Старуха, служившая у Мурина и оказавшаяся действительно матерью дворника, возилась с пожитками бывшего жильца и ворчливо вязала их в один большой узел.

- Подожди; я-те еще из твоего принесу, там осталась...

Мурин вошел к себе. Через минуту он воротился и подал Ордынову богатую подушку, всю вышитую шелками и гарусом, - ту самую, которую положила ему Катерина, когда он сделался болен.

- Это она тебе шлет, - сказал Мурин. - А теперь ступай подобру-поздорову да, смотри ж, не шатайся, - прибавил он вполголоса, отеческим тоном, - не то худо будет.

Видно было, что ему не хотелось обижать жильца. Но когда он бросил на него последний взгляд, то невольно видно было, как прилив неистощимой злобы закипел на лице его. Почти с отвращением затворил он дверь за Ордыновым.

Через два часа Ордынов переехал к немцу Шпису. Тинхен ахнула, взглянув на него. Она тотчас спросила его о здоровье и, узнав, в чем дело, немедленно расположилась лечить. Старик немец самодовольно показал жильцу своему, что он только что хотел идти к воротам и снова залепить ярлычок, затем что сегодня аккуратно в копейку вышел задаток его, высчитывая из него каждый день найма. Причем старик не преминул дальновидно похвалить немецкую аккуратность и честность. В тот же день Ордынов занемог и только через три месяца мог встать с постели.

Мало-помалу он выздоровел и стал выходить. Жизнь у немца была однообразна, покойна. Немец был без особого норова; хорошенькая Тинхен, не трогая нравственности, была всем, чем угодно, - но как будто жизнь навеки потеряла свой цвет для Ордынова! Он стал задумчив, раздражителен; впечатлительность его приняла направление болезненное, и он неприметно впадал в злую, очерствелую ипохондрию. Книги не раскрывались иногда по целым неделям. Будущее было для него заперто, деньги его выходили, и он опустил руки заранее; он даже не думал о будущем. Иногда прежняя горячка к науке, прежний жар, прежние образы, им самим созданные, ярко восставали перед ним из прошедшего, но они только давили, душили его энергию. Мысль не переходила в дело. Создание остановилось. Казалось, все эти образы нарочно вырастали гигантами в его представлениях, чтоб смеяться над бессилием его, их же творца. Ему невольно приходило в грустную минуту сравнение самого себя с тем хвастливым учеником колдуна, который, украв слово учителя, приказал метле носить воду и захлебнулся в ней, забыв, как сказать: "перестань". Может быть, в нем осуществилась бы целая, оригинальная, самобытная идея. Может быть, ему суждено было быть художником в науке. По крайней мере прежде он сам верил в это. Искренняя вера есть уж залог будущего. Но теперь он сам смеялся в иные минуты над своим слепым убеждением и - не подвигался вперед.

За полгода перед тем он выжил, создал и набросал на бумагу стройный эскиз создания, на котором (по молодости своей) в нетворческие минуты строил самые вещественные надежды. Сочинение относилось к истории церкви, и самые теплые, горячие убеждения легли под пером его. Теперь он перечел этот план, переделал, думал о нем, читал, рылся и наконец отверг идею свою, не построив ничего на развалинах. Но что-то похожее на мистицизм, на предопределение и таинственность начало проникать в его душу. Несчастный чувствовал страдания свои и просил исцеления у бога. Работница немца, из русских, старуха богомольная, с наслаждением рассказывала, как молится ее смирный жилец и каким образом по целым часам лежит он, словно бездыханный, на церковном помосте...

Он никому не говорил ни слова о случившемся с ним. Но порой, особенно в сумерки, в тот час, когда гул колоколов напоминал ему то мгновение, когда впервые задрожала, заныла вся грудь его дотоле неведомым чувством, когда он стал возле нее на коленях в божием храме, забыв обо всем, и только слышал, как стучало ее робкое сердце, когда слезами восторга и радости омыл он новую, светлую надежду, мелькнувшую ему в его одинокой жизни, - тогда буря вставала из уязвленной навеки души его. Тогда содрогался его дух и мучение любви жгучим огнем снова пылало в груди его. Тогда сердце его грустно и страстно болело и, казалось, любовь его возрастала вместе с печалью. Часто по целым часам, забыв себя и всю обыденную жизнь свою, забыв все на свете, просиживал он на одном месте, одинокий, унылый, безнадежно качал головой и, роняя безмолвные слезы, шептал про себя: "Катерина! голубица моя ненаглядная! Сестрица моя одинокая!.."

Какая-то безобразная мысль стала все более и более мучить его. Все сильнее и сильнее преследовала она его и с каждым днем воплощалась перед ним в вероятность, в действительность. Ему казалось, - и он наконец сам поверил во все, - ему казалось, что невредим был рассудок Катерины, но что Мурин был по-своему прав, назвав ее слабым сердцем. Ему казалось, что какая-то тайна связывала ее с стариком, но что Катерина, не сознав преступления, как голубица чистая, перешла в его власть. Кто они? Он не знал того. Но ему беспрерывно снилась глубокая, безвыходная тирания над бедным, беззащитным созданием; и сердце смущалось и трепетало бессильным негодованием в груди его. Ему казалось, что перед испуганными очами вдруг прозревшей души коварно выставляли ее же падение, коварно мучили бедное, слабое сердце, толковали перед ней вкривь и вкось правду, с умыслом поддерживали слепоту, где было нужно, хитро льстили неопытным наклонностям порывистого, смятенного сердца ее и мало-помалу резали крылья у вольной, свободной души, не способной, наконец, ни к восстанию, ни к свободному порыву в настоящую жизнь...

Мало-помалу Ордынов одичал еще более прежнего, в чем, нужно отдать справедливость, его немцы нисколько ему не мешали. Он часто любил бродить по улицам, долго, без цели. Он выбирал преимущественно сумеречный час, а место прогулки - места глухие, отдаленные, редко посещаемые народом. В один ненастный, нездоровый, весенний вечер в одном из таких закоулков встретил он Ярослава Ильича.

Ярослав Ильич приметно похудел, приятные глаза его потускнели, и сам он как будто весь разочаровался. Он бежал впопыхах за каким-то не терпящим отлагательства делом, промок, загрязнился, и дождевая капля, каким-то почти фантастическим образом, уже целый вечер не сходила с весьма приличного, но теперь посиневшего носа его. К тому же он отрастил бакенбарды. Эти бакенбарды, да и то, что Ярослав Ильич взглянул так, как будто избегал встречи с старинным знакомым своим, почти поразило Ордынова... чудное дело! даже как-то уязвило, разобидело его сердце, не нуждавшееся доселе ни в чьем сострадании. Ему, наконец, приятнее был прежний человек, простой, добродушный, наивный - решимся сказать наконец откровенно - немножечко глупый, но без претензий разочароваться и поумнеть. А неприятно, когда глупый человек, которого мы прежде любили, может быть, именно за глупость его, вдруг поумнеет, решительно неприятно. Впрочем, недоверчивость, с которою он смотрел на Ордынова, тотчас же сгладилась. При всем разочаровании своем он вовсе не оставил своего прежнего норова, с которым человек, как известно, и в могилу идет, и с наслаждением полез, так, как был, в дружескую душу Ордынова. Прежде всего он заметил, что у него много дела, потом что они давно не видались; но вдруг разговор опять принял какое-то странное направление. Ярослав Ильич заговорил о лживости людей вообще, о непрочности благ мира сего, о суете сует, мимоходом, даже более чем с равнодушием, не преминул отозваться о Пушкине, с некоторым цинизмом о хороших знакомствах и в заключение даже намекнул на лживость и коварство тех, которые называются в свете друзьями, тогда как истинной дружбы на свете и сродясь не бывало. Одним словом, Ярослав Ильич поумнел. Ордынов не противоречил ни в чем, но несказанно, мучительно грустно стало ему: как будто он схоронил своего лучшего друга!

- Ах! представьте, - я было совсем позабыл рассказать, - молвил вдруг Ярослав Ильич, как будто припомнив что-то весьма интересное, - у нас новость! Я вам скажу по секрету. Помните дом, где вы жили?

Ордынов вздрогнул и побледнел.

- Так вообразите же, недавно открыли в этом доме целую шайку воров, то есть, сударь вы мой, ватагу, притон-с; контрабандисты, мошенники всякие, кто их знает! Иных переловили, за другими еще только гоняются; отданы строжайшие приказания. И можете себе представить: помните хозяина дома, богомольный, почтенный, благородный с виду...

- Ну!

- Судите после этого о всем человечестве! Это и был начальник всей шайки их, коновод! Не нелепо ли это-с?

Ярослав Ильич говорил с чувством и осудил за одного все человечество, потому что Ярослав Ильич и не может иначе сделать; это в его характере.

- А те? а Мурин? - проговорил Ордынов шепотом.

- Ах, Мурин, Мурин! Нет, это почтенный старик, благородный. Но, позвольте, вы проливаете новый свет...

- А что? он тоже был в шайке?

Сердце Ордынова готово было пробить грудь от нетерпенья...

- Впрочем, как же вы говорите... - прибавил Ярослав Ильич, пристально вперив оловянные очи в Ордынова, - признак, что он соображал: - Мурин не мог быть между ними. Ровно за три недели он уехал с женой к себе, в свое место... Я от дворника узнал... Этот татарчонок, помните?

СЛАБОЕ СЕРДЦЕ

Под одной кровлей, в одной квартире, в одном четвертом этаже жили два молодые сослуживца, Аркадий Иванович Нефедевич и Вася Шумков... Автор, конечно, чувствует необходимость объяснить читателю, почему один герой назван полным, а другой уменьшительным именем, хоть бы, например, для того только чтоб не сочли такой способ выражения неприличным и отчасти фамильярным. Но для этого было бы необходимо предварительно объяснить и описать и чин, и лета, и звание, и должность, и, наконец, даже характеры действующих лиц; а так как много таких писателей, которые именно так начинают, то автор предлагамой повести, единственно для того, чтоб не походить на них (то есть, как скажут, может быть, некоторые, вследствие неограниченного своего самолюбия), решается начать прямо с действия. Кончив такое предисловие, он начинает.

Вечером, накануне Нового года, часу в шестом, Шумков воротился домой. Аркадий Иванович, который лежал на кровати проснулся и вполглаза посмотрел на своего приятеля. Он увидал, что тот был в своей превосходнейшей партикулярной паре и в чистейшей манишке. Это, разумеется, его поразило. "Куда бы ходить таким образом Васе? да и не обедал он дома!" Шумков между тем зажег свечку, и Аркадий Иванович немедленно догадался, что приятель собирается разбудить его нечаянным образом. Действительно, Вася два раза кашлянул, два раза прошелся по комнате и, наконец, совершенно нечаянно выпустил из рук трубку, которую было стал набивать в уголку, возле печки. Аркадия Ивановича взял смех про себя.

- Вася, полно хитрить! - сказал он.

- Аркаша, не спишь?

- Право, наверное не могу сказать; кажется мне, что не сплю.

- Ах, Аркаша! здравствуй, голубчик! Ну, брат! ну, брат!.. Ты не знаешь, что я скажу тебе!

- Решительно не знаю; подойди-ка сюда.

Вася, как будто ждал того, немедленно подошел, никак не ожидая, впрочем, коварства от Аркадия Ивановича. Тот как-то преловко схватил его за руки, повернул, подвернул под себя и начал, как говорится, "душить" жертвочку, что, казалось, доставляло неимоверное удовольствие веселому Аркадию Ивановичу.

- Попался! - закричал он, - попался!

- Аркаша, Аркаша, что ты делаешь? Пусти, ради бога, пусти, я фрак замараю!..

- Нужды нет; зачем тебе фрак? зачем ты такой легковерный, что сам в руки даешься? Говори, куда ты ходил, где обедал?

- Аркаша, ради бога, пусти!

- Где обедал?

- Да про это-то я и хочу рассказать.

- Так рассказывай.

- Да ты прежде пусти.

- Так вот нет же, не пущу, пока не расскажешь!

- Аркаша, Аркаша! да понимаешь ли ты, что ведь нельзя, никак невозможно! - кричал слабосильный Вася, выбиваясь из крепких лап своего неприятеля, - ведь есть такие материи!..

- Какие материи?..

- Да такие, что вот о которых начнешь рассказывать в таком положении, так теряешь достоинство; никак нельзя; выйдет смешно - а тут дело совсем не смешное, а важное.

- И ну его, к важному! вот еще выдумал! Ты мне рассказывай так, чтоб я смеяться хотел, вот как рассказывай; а важного я не хочу; а то какой же ты будешь приятель? вот ты мне скажи, какой же ты будешь приятель? а?

- Аркаша, ей-богу, нельзя!

- И слышать не хочу...

- Ну, Аркаша! - начал Вася, лежа поперек кровати и стараясь всеми силами придать как можно более важности словам своим. - Аркаша! я, пожалуй, скажу; только...

- Ну что!..

- Ну, я помолвил жениться!

Аркадий Иванович, не говоря более праздного слова, взял молча Васю на руки, как ребенка, несмотря на то что Вася был не совсем коротенький, но довольно длинный, только худой, и преловко начал его носить из угла в угол по комнате, показывая вид, что его убаюкивает.

- А вот я тебя, жених, спеленаю, - приговаривал он. Но, увидя, что Вася лежит на его руках, не шелохнется и не говорит более ни слова, тотчас одумался и взял в соображение, что шутки, видно, далеко зашли; он поставил его среди комнаты и самым искренним, дружеским образом облобызал его в щеку.

- Вася, не сердишься?

- Аркаша, послушай...

- Ну, для Нового года.

- Да я-то ничего; да зачем же ты сам такой сумасшедший, повеса такой? Сколько я раз тебе говорил: Аркаша, ей-богу, не остро, совсем не остро!

- Ну, да не сердишься?

- Да я ничего; на кого я сержусь когда! Да ты меня огорчил, понимаешь ли ты!

- Да как огорчил? каким образом?

- Я шел к тебе как к другу, с полным сердцем, излить перед тобой свою душу, рассказать тебе мое счастие...

- Да какое же счастие? что ж ты не говоришь?...

- Ну, да я женюсь-то! - отвечал с досадою Вася, потому что действительно немного был взбешен.

- Ты! ты женишься! так и вправду? - закричал благим матом Аркаша. - Нет, нет... да что ж это? и говорит так, и слезы текут!.. Вася, Васюк ты мой, сыночек мой, полно! Да вправду, что ль? - И Аркадий Иванович бросился к нему снова с объятиями.

- Ну, понимаешь, из-за чего теперь вышло? - сказал Вася. - Ведь ты добрый, ты друг, я это знаю. Я иду к тебе с такою радостью, с восторгом душевным, и вдруг всю радость сердца, весь этот восторг я должен был открыть, барахтаясь поперек кровати, теряя достоинство... Ты понимаешь, Аркаша, - продолжал Вася полусмеясь, - ведь это было в комическом виде: ну, а я некоторым образом не принадлежал себе в эту минуту. Я же не мог унижать этого дела... Вот еще б ты спросил меня: как зовут? Вот клянусь, скорей убил бы меня, а я бы тебе не ответил.

- Да, Вася, что же ты молчал! да ты бы мне все раньше сказал, я бы и не стал шалить, - закричал Аркадий Иванович в истинном отчаянии.

- Ну, полно же, полно! я ведь так это... Ведь ты знаешь, отчего это все, - оттого, что у меня доброе сердце. Вот мне и досадно, что я не мог сказать тебе, как хотел, обрадовать, принесть удовольствие, рассказать хорошо, прилично посвятить тебя... Право, Аркаша, я тебя так люблю, что, не будь тебя, я бы, мне кажется, и не женился, да и не жил бы на свете совсем!

Аркадий Иванович, который необыкновенно был чувствителен, и смеялся, и плакал, слушая Васю. Вася тоже. Оба снова бросились в объятия и позабыли о бывшем.

- Как же, как же это? расскажи мне все, Вася! Я, брат, извини меня, я поражен, совсем поражен; вот точно громом сразило, ей-богу! Да нет же, брат, нет, ты выдумал, ей-богу, выдумал, ты наврал! - закричал Аркадий Иванович и даже с неподдельным сомнением взглянул в лицо Васи, но, видя в нем блестящее подтверждение непременного намерения жениться как можно скорее, бросился в постель и начал кувыркаться в ней от восторга, так что стены дрожали.

- Вася, садись сюда! - закричал он, усевшись наконец на кровати.

- Уж я, братец, право, не знаю, как и начать, с чего!

Оба в радостном волнении смотрели друг на друга.

- Кто она, Вася?

- Артемьевы!.. - произнес Вася расслабленным от счастия голосом.

- Нет?

- Ну, да я тебе уши прожужжал об них, потом замолк, а ты ничего и не приметил. Ах, Аркаша, чего стоило мне скрывать от тебя; да боялся, боялся говорить! Думал, что все расстроится, а я ведь влюблен, Аркаша! Боже мой, боже мой! Видишь ли, вот какая история, - начал он, беспрерывно останавливаясь от волнения, - у ней был жених, еще год назад, да вдруг его командировали куда-то; я и знал его - такой, право, бог с ним! Ну, вот, он и не пишет совсем, запал. Ждут, ждут; что бы это значило?.. Вдруг он, четыре месяца назад, приезжает женатый и к ним ни ногой. Грубо! подло! да за них заступиться некому. Плакала, плакала она, бедная, а я и влюбись в нее... да я и давно, всегда был влюблен! Вот стал утешать, ходил, ходил... ну, и я, право, не знаю, как это все произошло, только и она меня полюбила; неделю назад я не выдержал, заплакал, зарыдал и сказал ей все - ну! что люблю ее - одним словом, все!.. "Я вас сама любить готова, Василий Петрович, да я бедная девушка, не насмейтесь надо мной; я и любить-то никого не смею". Ну, брат, понимаешь! понимаешь?.. Мы тут с ней на слове и помолвились; я думал-думал, думал-думал; говорю: как сказать маменьке? Она говорит: трудно, подождите немножко; она боится; теперь еще, пожалуй, не отдаст меня вам; сама плачет. Я, ей не сказавшись, бряк старухе сегодня. Лизанька перед ней на колени, я тоже... ну, и благословила. Аркаша, Аркаша! голубчик ты мой! будем жить вместе. Нет! я с тобой ни за что не расстанусь.

- Вася, как я ни смотрю на тебя, а не верю, ей-богу, как-то не верю, клянусь тебе. Право, мне все что-то кажется... Послушай, как же это ты женишься?.. Как же я не знал, а? Право, Вася, я, уже признаюсь тебе, я сам, брат, думал жениться; а уж как теперь ты женишься, так уж все равно! Ну, будь счастлив, будь счастлив!..

- Брат, теперь так сладко в сердце, так легко на душе... - сказал Вася, вставая и шагая в волнении по комнате. - Не правда ли, не правда ли? ведь ты чувствуешь тоже? Мы будем жить бедно, конечно, но счастливы будем: и ведь это не химера, наше счастье-то ведь не из книжки сказано: ведь это на деле счастливы мы будем!..

- Вася, Вася, послушай!

- Что? - сказал Вася, остановясь перед Аркадием Ивановичем.

- Мне пришла мысль; право, я как-то боюсь и сказать тебе!.. Ты прости меня, ты разреши мои сомнения. Чем же ты жить будешь? Я, знаешь, я в восторге, что ты женишься, конечно, в восторге и владеть собой не могу, но - чем ты жить будешь? а?

- Ах, боже, боже мой! какой ты, Аркаша! - сказал Вася, в глубоком удивлении смотря на Нефедевича. - Да что ты в самом деле? Даже старуха, и та двух минут не подумала, когда я ей представил все ясно. Ты спроси, чем они жили? Ведь пятьсот рублей в год на троих: ведь всего-то пенсиону после покойника столько. Жила она, да старуха, да еще братишка, за которого в школу платят из тех же денег, - ведь вот как живут! Ведь это только мы капиталисты с тобой! А у меня, поди-ка ты, в иной год, в хороший, даже семьсот наберется.

- Послушай, Вася; ты меня извини; я, ей-богу, я так ведь, я все только думаю, как бы это не расстроить, - каких же семьсот? только триста...

- Триста!.. А Юлиан Мастакович? забыл?

- Юлиан Мастакович! да ведь это дело, братец, неверное; это не то, что триста рублей верного жалованья, где всякий рубль как друг неизменный. Юлиан Мастакович, конечно, ну, даже великий он человек, я его уважаю, понимаю его, даром что он так высоко стоит, и, ей-богу, люблю его, потому что он тебя любит и тебе за работу дарит, тогда как мог бы не платить, а командировать себе прямо чиновника - но ведь согласись сам, Вася... Послушай еще: я ведь не вздор говорю; я согласен, во всем Петербурге не найдешь такого почерка, как твой почерк, я готов тебе уступить, - не без восторга заключил Нефедевич, - но вдруг, боже сохрани! ты не понравишься, вдруг ты не угодишь ему, вдруг у него дела прекратятся, вдруг он другого возьмет - ну да, наконец, мало ли что может случиться! Ведь Юлиан-то Мастакович был да сплыл, Вася...

- Послушай, Аркаша, ведь этак, пожалуй, над нами сейчас потолок провалится...

- Ну, конечно, конечно... я ведь ничего...

- Нет, послушай меня, ты выслушай - видишь что: каким он образом может со мною расстаться... Нет, ты только выслушай, выслушай. Ведь я все исполняю рачительно; ведь он такой добрый, ведь он мне, Аркаша, ведь он мне сегодня дал пятьдесят рублей серебром!

- Неужели, Вася? так тебе награждение?

- Какое награждение! из своего кармана. Говорит: уж ты, брат, пятый месяц денег не получал; хочешь, возьми; спасибо, говорит, тебе, спасибо, доволен... ей-богу! не даром же ты мне, говорит, работаешь - право! так и сказал. У меня слезы полились, Аркаша. Господи боже!

- Послушай, Вася, а ты дописал те бумаги?..

- Нет... еще не дописал.

- Ва...синька! ангел мой! что ты сделал?

- Послушай, Аркадий, ничего, еще два дня сроку, успею...

- Как же ты это так не писал?..

- Ну вот, ну вот! ты с таким убитым видом смотришь, что у меня вся внутренность ворочается, сердце болит! Ну, что ж? ты меня всегда этак убиваешь! Так и закричит: а-а-а!!! Да ты рассуждай; ну, что ж такое? ну, кончу, ей-богу, кончу...

- Что если не кончишь? - закричал Аркадий, вскочив. - А он же тебе сегодня дал награждение! Ты же тут женишься... Ай-ай-ай!

- Ничего, ничего, - закричал Шумков, - я сейчас же и сажусь, сию минуту сажусь; ничего!

- Как это ты манкировал, Васютка?

- Ах, Аркаша! ну, мог ли я усидеть? такой ли я был? Да я в канцелярии-то едва сидел; ведь я сердца сносить не мог... Ах! ах! теперь ночь просижу, и завтра ночь просижу, да послезавтра еще, и - докончу!..

- Много осталось?

- Не мешай, ради бога, не мешай, замолчи...

Аркадий Иванович на цыпочках подошел к кровати и уселся; потом вдруг хотел было встать, но потом опять принужден был сесть, вспомнив, что помешать может, хотя и сидеть не мог от волнения: видно было, что его совсем перевернуло известие и первый восторг еще не успел выкипеть в нем. Он взглянул на Шумкова, тот взглянул на него, улыбнулся, погрозил ему пальцем и потом, страшно нахмурив брови (как будто в этом заключалась вся сила и весь успех работы), уставился глазами в бумаги. Казалось, и он тоже еще не пересилил своего волнения, переменял перья, вертелся на стуле, пристроивался, опять принимался писать, но рука его дрожала и отказывалась двигаться.

- Аркаша! Я им говорил об тебе, - закричал он вдруг, как будто только что вспомнил.

- Да? - закричал Аркадий, - а я только спросить хотел; ну!

- Ну! ах да, я тебе после все расскажу! Вот, ей-богу, сам виноват, а совсем из ума вышло, что не хотел ничего говорить, покамест не напишу четырех листов; да вспомнил про тебя и про них. Я, брат, и писать как-то не могу: все об вас вспоминаю... - Вася улыбнулся.

Настало молчание.

- Фу! какое скверное перо! - закричал Шумков, ударив в досаде им по столу. Он взялся за другое.

- Вася! послушай! одно слово...

- Ну! поскорей и в последний раз.

- Много тебе осталось?

- Ах, брат!.. - Вася так поморщился, как будто ничего в свете не было ужаснее и убийственнее такого вопроса. - Много, ужасно много!

- Знаешь, у меня была идея...

- Что?

- Да нет, уж нет, пиши.

- Ну, что? что?

- Теперь седьмой час, Васюк!

Тут Нефедевич улыбнулся и плутовски подмигнул Васе, но, однако ж, все-таки несколько с робостью, не зная, как примет он это.

- Ну, что ж? - сказал Вася, бросив совсем писать, смотря ему прямо в глаза и даже побледнев от ожидания.

- Знаешь что?

- Ради бога, что?

- Знаешь что? Ты взволнован, ты много не наработаешь... Постой, постой, постой, постой - вижу, вижу - слушай! - заговорил Нефедевич, вскочив в восторге с постели и прерывая заговорившего Васю, всеми силами отстраняя возражения. - Прежде всего нужно успокоиться, нужно с духом собраться, так ли?

- Аркаша! Аркаша! - закричал Вася, вскочив с кресел. - Я просижу всю ночь, ей-богу, просижу!

- Ну, да, да! Ты к утру только заснешь...

- Не засну, ни за что не засну..

- Нет, нельзя, нельзя; конечно, заснешь, в пять часов засни. В восемь я тебя бужу. Завтра праздник; ты садишься и строчишь целый день... Потом ночь и - да много ль осталось тебе?..

- Да вот, вот!..

Вася, дрожа от восторга и от ожидания, показал тетрадку.

- Вот!..

- Послушай, брат, ведь это немного...

- Дорогой мой, еще там есть, - сказал Вася, робко-робко смотря на Нефедевича, как будто от него зависело разрешение, идти или нет.

- Сколько?

- Два... листочка...

- Ну, что ж? ну, послушай! Ведь кончить успеем, ей-богу, успеем!

- Аркаша!

- Вася! послушай! Теперь под Новый год все по семействам собираются, мы с тобой только бездомные, сирые... у! Васенька!..

Нефедевич облапил Басю и стиснул в своих львиных объятиях...

- Аркадий, решено!

- Васюк, я только об этом сказать хотел. Видишь, Васюк, косолапый ты мой! слушай! слушай! ведь...

Аркадий остановился с открытым ртом, потому что не мог говорить от восторга. Вася держал его за плечи, глядел ему во все глаза и так двигал губами, как будто сам хотел договорить за него.

- Ну! - проговорил он наконец.

- Представь им сегодня меня!

- Аркадий! идем туда чай пить! Знаешь что? знаешь что? даже до Нового года не посидим, раньше уйдем, - закричал Вася в истинном вдохновенье.

- То есть два часа, ни больше ни меньше!..

- И потом разлука до тех пор, пока не докончу!..

- Васюк!..

- Аркадий!

В три минуты Аркадий был по-парадному. Вася только почистился, затем что и не снимал своей пары: с таким рвением присел он за дело.

Они поспешно вышли на улицу, один радостнее другого.

Путь лежал с Петербургской стороны в Коломну. Аркадий Иванович отмеривал шаги бодро и энергично, так что по одной походке его уже можно было видеть всю его радость о благополучии все более и более счастливого Васи. Вася семенил более мелким шажком, но не теряя достоинства. Напротив, Аркадий Иванович еще никогда не видал его в более выгодном для него свете. Он в эту минуту даже как-то более уважал его, и известный телесный недостаток Васи, о котором до сих пор еще не знает читатель (Вася был немного кривобок), вызывавший всегда глубоко любящее чувство сострадания в добром сердце Аркадия Ивановича, теперь еще более способствовал к глубокому умилению, которое особенно питал к нему друг его в эту минуту и которого Вася, уж разумеется, всячески был достоин. Аркадию Ивановичу даже захотелось заплакать от счастия; но он удержался.

- Куда, куда, Вася? здесь ближе пройдем! - вскричал он, видя, что Вася норовит повернуть к Вознесенскому.

- Молчи, Аркаша, молчи...

- Право, ближе, Вася.

- Аркаша! Знаешь ли что? - начал Вася таинственно, замирающим от радости голосом. - Знаешь ли что? Мне хочется принести подарочек Лизаньке...

- Что ж такое?

- Здесь, брат, на углу мадам Леру, чудесный магазин!

- А, ну!

- Чепчик, душечка, чепчик; сегодня я видел такой чепчоночек миленький; я спрашивал: фасон, говорят, Manon Lescaut называется - чудо! ленты серизовые, и если недорого... Аркаша, да хоть бы и дорого!..

- Ты, по-моему, выше всех поэтов, Вася! идем!..

Они побежали и через две минуты вошли в магазин. Их встретила черноглазая француженка в локонах, которая тотчас же, при первом взгляде на своих покупателей, сделалась так же весела и счастлива, как они сами, даже счастливее, если можно сказать. Вася готов был расцеловать мадам Леру от восторга...

- Аркаша! - сказал он вполголоса, бросив обыкновенный взгляд на все прекрасное и великое, стоявшее на деревянных столбиках на огромном столе магазина. - Чудеса! Что это такое? что это? Вот этот, например, бонбончик, видишь? - прошептал Вася, показывая один миленький крайний чепчик, но вовсе не тот, который купить хотел, потому что уже издалека нагляделся и впился глазами в другой, знаменитый, настоящий, стоявший на противоположном конце. Он так смотрел на него, что можно было подумать, будто его кто-нибудь возьмет да украдет или будто сам чепчик, именно для того чтоб не доставаться Васе, улетит с своего места на воздух.

- Вот, - сказал Аркадий Иванович, указав на один, - вот, по-моему, лучший.

- Ну, Аркаша! это даже делает честь тебе; я тебя, право, особенно уважать начинаю за вкус, - сказал Вася, плутовски схитрив в умилении своего сердца пред Аркашей, - прелесть твой чепчик, но поди-ка сюда!

- Где же, брат, лучше?

- Смотри-ка сюда!

- Этот? - сказал Аркадий с сомнением.

Но когда Вася, не в силах более выдержать, сорвал его с деревяшки, с которой он, казалось, вдруг слетел самовольно, как будто обрадовавшись такому хорошему покупщику после долгого ожидания, когда захрустели все его ленточки, рюши и кружева, неожиданный крик восторга вырвался из мощной груди Аркадия Ивановича. Даже мадам Леру, наблюдавшая все свое несомненное достоинство и преимущество в деле вкуса во все время выбора и только молчавшая из снисхождения, наградила Васю полною улыбкою одобрения, так что все в ней, во взгляде, в жесте и в этой улыбке, разом проговорило - да! вы угадали и достойны счастия, которое вас ожидает.

- Ведь кокетничал, кокетничал в уединении! - закричал Вася, перенеся всю любовь свою на миленький чепчик. - Нарочно прятался, плутишка, голубчик мой! - И он поцеловал его, то есть воздух, который его окружал, потому что боялся дотронуться до своей драгоценности.

- Так скрывает себя истинная заслуга и добродетель, - прибавил Аркадий в восторге, для юмора прибрав фразу из одной остроумной газеты, которую читал поутру. - Ну, Вася, что же?

- Виват, Аркаша! да ты и остришь сегодня, ты сделаешь фурор, как они говорят, между женщинами, предрекаю тебе. Мадам Леру, мадам Леру!

- Что прикажете?

- Голубушка, мадам Леру!

Мадам Леру взглянула на Аркадия Ивановича и снисходительно улыбнулась.

- Вы не поверите, как я вас обожаю в эту минуту... Позвольте поцеловать вас... - и Вася поцеловал магазинщицу.

Решительно, нужно было призвать на минуту все достоинство, чтоб не уронить себя с подобным повесой. Но я утверждаю, что нужно иметь к тому и всю врожденную, неподдельную любезность и грацию, с которою мадам Леру приняла восторг Васи. Она извинила его, и как умно, как грациозно умела она найтись в этом случае! Неужели же можно было рассердиться на Васю?

- Мадам Леру, сколько цена?

- Это пять рублей серебром, - отвечала она, оправившись, с новой улыбкою.

- А этот, мадам Леру, - сказал Аркадий Иванович, указав на свой выбор.

- Этот восемь рублей серебром.

- Ну, позвольте! ну, позвольте! ну, согласитесь, мадам Леру, ну, который лучше, грациознее, милее, который из них более походит на вас?

- Тот богаче, но ваш выбор -c'est plus coquet.

- Ну, так его и берем!

Мадам Леру взяла лист тонкой-тонкой бумаги, зашпилила булавочкой, и, казалось, бумага с завернутым чепчиком сделалась легче, нежели прежде, без чепчика. Вася взял все это бережно, чуть дыша, раскланялся с мадам Леру, что-то еще сказал ей очень любезное и вышел из магазина.

- Я вивёр, Аркаша, я рожден быть вивёром! - кричал Вася, хохоча, заливаясь неслышным, мелким, нервическим смехом и обегая прохожих, которых всех разом подозревал в непременном покушении измять его драгоценнейший чепчик!

- Послушай, Аркадий, послушай! - начал он минуту спустя, и что-то торжественно, что-то донельзя любящее зазвенело в настрое его голоса. - Аркадий, я так счастлив, так счастлив!..

- Васенька! как я-то счастлив, голубчик мой!

- Нет, Аркаша, нет, твоя любовь ко мне беспредельна, я знаю; но ты не можешь ощущать и сотой доли того, что я чувствую в эту минуту. Мое сердце так полно, так полно! Аркаша! Я недостоин этого счастия! Я слышу, я чувствую это. За что мне, - говорил он голосом, полным заглушенных рыданий, - что я сделал такое, скажи мне! Посмотри, сколько людей, сколько слез, сколько горя, сколько будничной жизни без праздника! А я! меня любит такая девушка, меня... но ты сам ее увидишь сейчас, сам оценишь это благородное сердце. Я родился из низкого звания, теперь чин у меня и независимый доход - жалованье. Я родился с телесным недостатком, я кривобок немного. Смотри, она меня полюбила, как я есть. Сегодня Юлиан Мастакович был такой нежный, такой внимательный, такой вежливый; он со мною редко говорит; подошел: "Ну, что, Вася (ей-богу, так-таки Васей и назвал), кутить пойдешь на праздниках, а?" (Сам смеется.)

70

"Так и так, говорю, ваше превосходительство, дело есть, да тут же ободрился и говорю: - и повеселюсь, может быть, ваше превосходительство", - ей-богу, сказал. Он мне тут денег дал, потом еще сказал мне два слова. Я, брат, заплакал, ей-богу, слезы прошибли, а он тоже, кажется, тронут был, потрепал меня по плечу да говорит: "Чувствуй, Вася, чувствуй всегда так, как теперь это чувствуешь.."

Вася замолк на мгновение. Аркадий Иванович отвернулся и тоже отер кулаком слезинку.

- И еще, еще... - продолжал Вася. - Я никогда еще не говорил тебе этого, Аркадий... Аркадий! Ты так счастливишь меня дружбой своею, без тебя я бы не жил на свете, - нет, нет, не говори ничего, Аркаша! Дай мне пожать тебе руку, дай по...благо...дар...ить тебя!.. - Вася опять не докончил.

Аркадий Иванович хотел прямо броситься Васе на шею, но так как они переходили улицу и почти над ушами их раздалось визгливое "падь-падь-пади!" - то оба, испуганные и взволнованные, добежали бегом до тротуара. Аркадий Иванович был даже рад тому. Он извинил излияние благодарности Васи разве только исключительностию настоящей минуты. Самому же ему было досадно. Он чувствовал, что он до сих пор так мало сделал для Васи! Ему даже стыдно стало за себя, когда Вася начал благодарить его за такую малость! Но еще целая жизнь была впереди, и Аркадий Иванович вздохнул свободнее...

Решительно, их совсем перестали ждать! Доказательство - что уж сидели за чаем! А право, иногда стар-человек прозорливее молодежи, да еще какой молодежи! Ведь Лизанька-то пресерьезно уверяла, что не будет; "не будет, маменька; уж сердце чувствует, что не будет"; а маменька все говорила, что ее сердце, напротив, чувствует, что непременно будет, что не усидит, что прибежит, что и занятий-то служебных теперь нет у него, что и под Новый-то год! Лизанька, и отворяя, не ждала совсем - глазам не верила, и встретила их запыхавшись, с забившимся внезапно сердечком, как у пойманной пташки, вся заалев, зарумянившись, словно вишенка, на которую она ужасно как походила. Боже мой, какой сюрприз! какое радостное "ах!" вылетело из ее губок! "Обманщик! Голубчик ты мой!" - вскричала она, обвив шею Васи... Но представьте все удивление ее, весь ее стыд внезапный: прямо за Васей, как будто желая спрятаться сзади его, стоял, немного потерявшись, Аркадий Иванович. Нужно признаться, что он был неловок с женщинами, даже очень неловок, даже однажды случилось, что... Но это потом. Однако ж войдите и в его положение: смешного тут нет ничего; он стоит в передней, в калошах, в шинели, в ушатой шапке, которую поспешил было сдернуть, весь пребезобразно обмотанный желтым вязаным прескверным шарфом, еще для большего эффекта завязанным сзади. Все это нужно распутать, снять поскорее,

71

представиться в более выгодном виде, потому что нет человека, который не желал бы представиться в более выгодном виде. А тут Вася, досадный, несносный, хотя, впрочем, конечно, тот же милый, добрейший Вася, но, наконец, несносный, безжалостный Вася! "Вот, - кричит он, - Лизанька, вот тебе мой Аркадий! Каков? Вот мой лучший друг, обними его, поцелуй его, Лизанька, наперед поцелуй, узнаешь потом лучше, сама расцелуешь..." Ну что? ну что, я спрашиваю, было делать Аркадию Ивановичу? А он еще размотал всего половину шарфа! Право, мне даже иногда совестно за излишнюю восторженность Васи; она, конечно, означает доброе сердце, но... неловко, нехорошо !

Наконец оба вошли. Старушка была несказанно рада познакомиться с Аркадием Ивановичем; она так много слышала, она... Но она не докончила. Радостное "ах!", звонко раздавшееся в комнате, остановило ее на полфразе. Боже мой! Лизанька стояла перед развернутым неожиданно чепчиком, пренаивно сложив свои ручки и улыбаясь, улыбаясь так... Боже мой, да зачем это у madame Леру не было еще лучшего чепчика!

Ах, боже мой, да где ж вы найдете чепчик лучше? Это уж из рук вон! Где же вы сыщете лучше? Я говорю серьезно! Меня, наконец, даже приводит в некоторое негодование, даже огорчает немного такая неблагодарность влюбленных. Ну, посмотрите сами, господа, посмотрите, что может быть лучше этого амурчика-чепчика! Ну, взгляните... Но нет, нет, мои пени напрасны; они уже согласились все со мною; это было минутное заблуждение, туман, горячка чувства; я готов им простить... Да зато посмотрите... вы уж извините, господа, я все об этом чепчике: тюлевый, легонький, широкая серизовая лента, покрытая кружевом, идет между тульею и рюшем и сзади две ленты, широкие, длинные; они будут падать немного ниже затылка, на шею... Нужно только и весь чепчик немного надеть на затылок; ну, посмотрите; ну, я вас спрошу после этого!.. Да вы, я вижу, не смотрите!.. Вам, кажется, все равно! Вы загляделись в другую сторону... Вы смотрите, как две крупные-крупные, словно перлы, слезинки накипело в один миг в черных как смоль глазках, задрожали на мгновение на длинных ресницах и потом канули на этот скорее воздух, чем тюль, из которого состояло художественное произведение madame Леру... И опять мне досадно: ведь почти не за чепчик были эти две слезинки!.. Нет! по-моему, такую вещь нужно дарить хладнокровно. Тогда только можно истинно оценить ее! Я, признаюсь, господа, все за чепчик!

Уселись - Вася с Лизанькой, а старушка с Аркадием Ивановичем; начали разговор, и Аркадий Иванович вполне поддержал себя. Я с радостию отдаю ему справедливость. Даже трудно было ожидать от него. После двух слов об Васе он превосходно успел заговорить об Юлиане Мастаковиче, его благодетеле. Да так умно, так умно заговорил, что разговор, право, не истощился и в час. Нужно было видеть, с каким умением, с каким тактом касался Аркадий Иванович некоторых особенностей Юлиана Мастаковича, имевших прямое или косвенное отношение к Васе. Зато и старушка была очарована, истинно очарована: она сама призналась в этом, она нарочно отозвала Васю в сторону и там сказала ему, что друг его превосходнейший, любезнейший молодой человек и, главное, такой серьезный, солидный молодой человек. Вася чуть не захохотал от блаженства. Он вспомнил, как солидный Аркаша вертел его четверть часа на постели! Потом старушка мигнула Васе и сказала, чтоб он вышел за нею тихонько и осторожнее в другую комнату. Нужно сознаться, она немного дурно поступила относительно Лизаньки: она, конечно от избытка сердца, изменила ей и вздумала показать потихоньку подарок, который готовила Лизанька Васе к Новому году. Это был бумажник, шитый бисером, золотом и с превосходнейшим рисунком: на одной стороне изображен был олень, совершенно как натуральный, который чрезвычайно шибко бежал, и так похоже, так хорошо ! На другой стороне был портрет одного известного генерала, тоже превосходно и весьма похоже отделанный. Я уж не говорю о восторге Васи. Между тем и в зале не прошло даром время. Лизанька прямо подошла к Аркадию Ивановичу. Она взяла его за руки, она за что-то благодарила его, и Аркадий Иванович догадался наконец, что дело идет о том же драгоценнейшем Васе. Лизанька даже была глубоко растрогана: она слышала, что Аркадий Иванович был такой истинный друг ее жениха, так любил его, так наблюдал за ним, напутствовал на каждом шагу спасительными советами, что, право, она, Лизанька, не может не благодарить его, не может удержаться от благодарности, что она надеется, наконец, что Аркадий Иванович полюбит и ее хоть вполовину так, как любит Васю. Потом она стала расспрашивать, бережет ли Вася свое здоровье, изъявила некоторые опасения насчет особенной пылкости его характера, насчет несовершенного знания людей и практической жизни, сказала, что она религиозно будет со временем наблюдать за ним, хранить и лелеять судьбу его и что она надеется, наконец, что Аркадий Иванович не только их не оставит, но даже жить будет с ними вместе.

- Мы будем втроем как один человек! - вскричала она в пренаивном восторге.

Но нужно было идти. Разумеется, стали удерживать, но Вася объявил наотрез, что нельзя. Аркадий Иванович засвидетельствовал то же самое. Опросили, разумеется, почему, и немедленно открылось, что было дело, вверенное Юлианом Мастаковичем Васе, спешное, нужное, ужасное, которое нужно представить послезавтра утром, а что оно не только не кончено, но даже запущено совершенно. Маменька ахнула, как услышала об этом, а Лизанька просто испугалась, встревожилась и даже погнала Васю. Последний поцелуй вовсе не проиграл от этого; он был короче, поспешней, но зато горячее и крепче. Наконец расстались, и оба друга пустились домой.

Немедленно оба взапуски начали поверять друг другу свои впечатления, только что очутились на улице. Да тому так и следовало быть: Аркадий Иванович был влюблен, насмерть влюблен в Лизаньку! И кому ж это лучше поверить, как не самому счастливчику Васе? Он так и сделал: он не посовестился и тотчас же признался Васе во всем. Вася ужасно смеялся и страшно был рад, даже заметил, что это вовсе не лишнее и что теперь они будут еще больше друзьями. "Ты угадал меня, Вася, - сказал Аркадий Иванович, - да! я люблю ее так, как тебя; это будет и мой ангел, так же как твой, затем что и на меня ваше счастие прольется, и меня пригреет оно. Это будет и моя хозяйка, Вася; в ее руках будет счастие мое; пусть хозяйничает как с тобою, так и со мной. Да, дружба к тебе, дружба к ней; вы у меня нераздельны теперь; только у меня будут два такие существа, как ты, вместо одного..." Аркадий замолчал от избытка чувств; а Вася был потрясен до глубины души его словами. Дело в том, что он никогда не ожидал таких слов от Аркадия. Аркадий Иванович вообще говорить не умел, мечтать тоже совсем не любил; теперь же тотчас пустился и в мечтания самые веселые, самые свежие, самые радужные! "Как я буду хранить вас обоих, лелеять вас, - заговорил он опять. - Во-первых, я, Вася, буду у тебя всех детей крестить, всех до единого, а во-вторых, Вася, надобно похлопотать и о будущем. Нужно мебель купить, нужно квартиру нанять, так чтоб и ей, и тебе, и мне были каморки отдельные. Знаешь, Вася, я завтра же побегу смотреть ярлыки на воротах. Три... нет, две комнаты, нам больше не нужно. Я даже думаю, Вася, что я сегодня вздор говорил, денег достанет; чего! я как взглянул в ее глазки, так тотчас расчел, что достанет. Все для нее! Ух, как будем работать! Теперь, Вася, можно рискнуть и заплатить рублей двадцать пять за квартиру. Квартира, брат, все! Хорошие комнаты... да тут и человек весел и мечтания радужные! А во-вторых, Лизанька будет наш общий кассир: ни копейки лишней! Чтоб этак я теперь в трактир побежал! да за кого ты меня принимаешь? ни за что! А тут прибавка, награды будут, потому что мы будем прилежно служить, у! как работать, как волы землю пахать!.. Ну, представь себе, - и голос Аркадия Ивановича ослабел от удовольствия, - вдруг этак совсем неожиданно целковых тридцать иль двадцать пять на голову!.. Ведь что ни награда, то чепчик, то шарфик, булочки какие-нибудь! Она мне непременно должна связать шарф; смотри, какой скверный у меня: желтый, поганый, наделал он мне сегодня беды! Да и ты, Вася, хорош: представляешь, а я в хомуте стою... да не в том вовсе дело! А вот, видишь ли: я все серебро беру на себя! я вам ведь обязан сделать подарочек - это честь, это мое самолюбие!.. А ведь наградные мои не уйдут: Скороходову, что ли, их отдадут? небось не залежатся они у этой

74

цапли в кармане. Я, брат, вам куплю ложек серебряных, ножей хороших - не серебряных ножей, а отличных ножей, и жилетку, то есть жилетку-то себе: я ведь шафером буду! Только уж ты теперь держись у меня, уж держись, уж я над тобой, брат, и сегодня, и завтра, и всю ночь буду с палкой стоять, замучаю на работе: кончай! кончай, брат, скорее! и потом опять на вечер, и потом оба счастливы; в лото пустимся!.. вечера сидеть будем - у, хорошо! фу, черт! как досадно, что не могу тебе помогать. Так бы взял и все бы, все бы писал за тебя... Зачем это у нас не одинаковый почерк?"

- Да! - ответил Вася. - Да! нужно спешить. Я думаю, теперь часов одиннадцать будет; нужно спешить... За работу! - И, проговорив это, Вася, который все время то улыбался, то как-нибудь старался прервать каким-нибудь восторженным замечанием излияние дружеских чувств и, одним словом, оказывал самое полное одушевление, вдруг присмирел, замолчал и пустился чуть не бегом по улице. Казалось, какая-то тяжкая идея вдруг оледенила его пылавшую голову; казалось, все сердце его сжалось.

Аркадий Иванович даже стал беспокоиться; на ускоренные вопросы свои он почти не получал ответов от Васи, который отделывался словцом-другим, иногда восклицанием, часто вовсе не относившимся к делу. "Да что с тобой, Вася? - закричал он наконец, едва догоняя его. - Неужели ты так беспокоишься?" "Ах, брат, полно болтать!" - ответил Вася даже с досадою. "Не унывай, Вася, полно, - прервал Аркадий, - да я видывал, что ты и гораздо больше в меньший срок писывал... чего тебе! у тебя просто талант! В крайнем случае можно даже ускорить перо: ведь не литографировать же на прописи будут. Успеешь!.. вот разве только ты взволнован теперь, рассеян, так работа тяжелее пойдет..." Вася не отвечал или пробормотал что-то под нос, и оба в решительной тревоге добежали домой.

Вася тотчас же сел за бумаги. Аркадий Иванович присмирел и притих, втихомолку разделся и лег на кровать, не спуская глаз с Васи... Какой-то страх нашел на него... "Что с ним? - сказал он про себя, смотря на побледневшее лицо Васи, на разгоревшиеся глаза его, на беспокойство, выказавшееся в каждом движении. - У него и рука дрожит... фу ты, право! да не посоветовать ли ему заснуть часа два; хоть бы он переспал свое раздражение". Вася только что окончил страницу, поднял глаза, нечаянно взглянул на Аркадия и, тотчас же потупившись, схватился опять за перо.

- Послушай, Вася, - начал вдруг Аркадий Иванович, - не лучше ль было бы тебе переспать немножко? Смотри, ты совсем в лихорадке...

Вася с досадой, даже со злостью взглянул на Аркадия и не отвечал.

- Послушай, Вася, что ты над собой делаешь?..

Вася тотчас одумался.

- Не выпить ли чайку, Аркаша? - сказал он.

75

- Как так? зачем?

- Силы придаст. Я спать не хочу, уж я спать не буду! Я все буду писать. А теперь и отдохнул бы за чаем, да и мгновение тяжелое перешло бы.

- Лихо, брат Вася, чудесно! именно так; я сам хотел предложить. Но я дивлюсь, как мне самому не пришло в голову. Только знаешь ли что? Мавра не встанет, ни за что не проснется...

- Да...

- Вздор, ничего! - закричал Аркадий Иванович, вскочив босиком с постели. - Я сам самовар поставлю. Вперво'й, что ли, мне?..

Аркадий Иванович побежал в кухню и пустился хлопотать с самоваром; Вася покамест писал. Аркадий Иванович оделся и сбегал сверх того в булочную, затем, чтоб Вася мог вполне подкрепить себя на ночь. Через четверть часа самовар стоял на столе. Они начали пить, но разговор не клеился. Вася все был рассеян.

- Вот, - сказал он наконец, как будто одумавшись, - нужно завтра пойти поздравлять...

- Тебе вовсе не нужно.

- Нет, брат, нельзя, - сказал Вася.

- Да я за тебя у всех распишусь... чего тебе! ты завтра работай. Сегодня бы ты посидел часов до пяти, как я говорил, а там и заснул бы. А то на что ты завтра будешь похож? Я бы тебя ровно в восемь часов разбудил...

- Да хорошо ли это будет, что ты за меня распишешься? - сказал Вася, полусоглашаясь.

- Да чего же лучше? так делают все!..

- Право, боюсь...

- Да чего же, чего?

- Оно, знаешь, у других ничего, а Юлиан Мастакович - он, Аркаша, мой благодетель; ну, как заметит, что чужая рука...

- Заметит! Ну, какой ты, право, Васюк! ну, как он может заметить?.. Да ведь я, знаешь, твое имя ужасно как похоже подписываю и завиток такой же делаю, ей-богу. Полно; что ты! кому тут заметить?..

Вася не отвечал и поспешно допивал свой стакан... Потом он сомнительно покачал головою.

- Вася, голубчик! ах, кабы нам удалось! Вася, да что с тобою? Ты меня просто пугаешь! Знаешь, я теперь и не лягу, Вася, не засну. Покажи мне, много ль осталось тебе?

Вася так взглянул на него, что у Аркадия Ивановича сердце повернулось и язык осекся.

- Вася! что с тобой? что ты? чего ты так смотришь?

- Аркадий, я, право, пойду завтра поздравить Юлиана Мастаковича.

- Ну, ступай, пожалуй! - говорил Аркадий, смотря на него во все глаза в томительном ожидании.

- Послушай, Вася, ускори перо; я зла тебе не советую, ей-богу же так! Сколько раз говорил сам Юлиан Мастакович, что у тебя в пере ему всего более нравится четкость! Ведь это Скороплёхин только любит, чтоб было четко и красиво, как пропись, чтоб потом как-нибудь зажилить бумажку да детям домой нести переписывать: не может купить, болван, прописей! А Юлиан Мастакович только и говорит, только и требует: четко, четко и четко!.. чего же тебе! право! Вася, я уж не знаю, как и говорить с тобой... Я боюсь даже... Ты меня убиваешь тоскою своей.

- Ничего, ничего! - говорил Вася и в изнеможении упал на стул. Аркадий встревожился.

- Не хочешь ли воды? Вася! Вася!

- Полно, полно, - сказал Вася, сжимая его руку. - Я ничего; мне только стало как-то грустно, Аркадий. Я даже и сам не могу сказать отчего. Послушай, говори лучше о другом; не напоминай мне...

- Успокойся, ради бога, успокойся, Вася. Ты докончишь, ей-богу, докончишь! А хоть бы и не докончил.. так что ж за беда? Точно преступленье какое!

- Аркадий, - сказал Вася, так значительно смотря на своего друга, что тот решительно испугался, ибо никогда Вася не тревожился так ужасно. - Если б я был один, как прежде... Нет! я не то говорю. Мне все хочется тебе сказать, поверить, как другу... Впрочем, зачем же беспокоить тебя?.. Видишь, Аркадий, одним дано многое, другие делают маленькое, как я. Ну, если б от тебя потребовали благодарности, признательности - и ты бы не мог этого сделать?..

- Вася! я решительно не понимаю тебя!

- Я никогда не был неблагодарен, - продолжал Вася тихо, как будто рассуждая сам с собою. - Но если я не в состоянии высказать всего, что чувствую, то оно как будто бы... Оно, Аркадий, выйдет, как будто я и в самом деле неблагодарен, а это меня убивает.

- Да что ж, да что! Неужели же в том вся благодарность, что ты перепишешь к сроку? Подумай, Вася, что ты говоришь! разве в этом выражается благодарность?

Вася вдруг замолчал и посмотрел во все глаза на Аркадия, как будто его неожиданный аргумент разрушил все сомнения. Он даже улыбнулся, но тотчас же принял опять прежнее задумчивое выражение. Аркадий, приняв эту улыбку за окончание всех страхов, а тревогу, опять явившуюся, за решимость на что-нибудь лучшее, крайне обрадовался.

- Ну, брат Аркаша, проснешься, - сказал Вася, - взгляни на меня; неравно я засну, беда будет; а теперь я сажусь за работу... Аркаша?

- Что?

77

- Нет, я так только, я ничего... я хотел.

Вася уселся и замолчал, Аркадий улегся. Ни тот, ни другой не сказали двух слов о коломенских. Может быть, оба чувствовали, что провинились немножко, покутили некстати. Вскоре Аркадий Иванович заснул, все тоскуя об Васе. К удивлению своему, он проснулся ровно в восьмом часу утра. Вася спал на стуле, держа в руке перо, бледный и утомленный; свечка сгорела. В кухне возилась Мавра за самоваром.

- Вася, Вася! - закричал Аркадий в испуге... - Когда ты лег?

Вася открыл глаза и вскочил со стула...

- Ах! - сказал он. - Я так и заснул!..

Он тотчас же бросился к бумагам - ничего: все было в порядке; ни чернилами, ни салом от свечки не капнуло.

- Я думаю, я заснул часов в шесть, - сказал Вася. - Как ночью холодно! Выпьем-ка чаю, и я опять...

- Подкрепился ли ты?

- Да-да, ничего, теперь ничего!..

- С Новым годом, брат Вася.

- Здравствуй, брат, здравствуй; тебя также, милый.

Они обнялись. У Васи дрожал подбородок и повлажнели глаза. Аркадий Иванович молчал: ему стало горько; оба пили чай наскоро...

- Аркадий! Я решил, я сам пойду к Юлиану Мастаковичу...

- Да ведь он не заметит...

- Да меня-то, брат, почти мучит совесть.

- Да ведь ты для него же сидишь, для него же убиваешься... полно! А я, знаешь что, брат, я зайду туда...

- Куда? - спросил Вася.

- К Артемьевым, поздравлю с моей и с твоей стороны.

- Голубчик мой, миленький! Ну! я здесь останусь; да, я вижу, что ты хорошо придумал; ведь я же тут работаю, не в праздности время провожу! Постой на минутку, я тотчас письмо напишу.

- Пиши, брат, пиши, успеешь; я еще умоюсь, побреюсь, фрак почищу. Ну, брат Вася, мы будем довольны и счастливы! Обними меня, Вася!

- Ах, кабы, брат!..

- Здесь живет господин чиновник Шумков? - раздался детский голосок на лестнице...

- Здесь, батюшка, здесь, - проговорила Мавра, впуская гостя.

- Что там? что, что? - закричал Вася, вспрыгнув со стула и бросаясь в переднюю. - Петенька, ты?..

- Здравствуйте, с Новым годом вас честь имею поздравить, Василий Петрович, - сказал хорошенький черноволосый мальчик лет десяти, в кудряшках, - сестрица вам кланяется, и маменька тоже, а сестрица велела вас поцеловать от себя...

Вася вскинул на воздух посланника и влепил в его губки, которые ужасно походили на Лизанькины, медовый, длинный, восторженный поцелуй.

- Целуй, Аркадий! - говорил он, передав ему Петю, и Петя, не касаясь земли, тотчас же перешел в мощные и жадные в полном смысле слова объятия Аркадия Ивановича.

- Голубчик ты мой, хочешь чайку?

- Покорно благодарю-с. Уж мы пили! Сегодня поднялись рано. Наши к обедне ушли. Сестрица два часа меня завивала, напомадила, умыла, панталончики мне зашила, потому что я их разодрал вчера с Сашкой на улице: мы в снежки стали играть...

- Ну-ну-ну-ну!

- Ну, все меня наряжала к вам идти; потом напомадила, а потом зацеловала совсем, говорит: "Сходи к Васе, поздравь да спроси, довольны ли они, покойно ли почивали и еще... и еще что-то спросить - да! и еще, кончено ль дело, об котором вы вчера... там как-то... да вот, у меня записано, - сказал мальчик, читая по бумажке, которую вынул из кармана, - да! беспокоились.

- Будет кончено! будет! так ей и скажи, что будет, непременно кончу, честное слово!

- Да еще... ах! я и забыл; сестрица записочку и подарок прислала, а я и забыл!..

- Боже мой!.. Ах ты, голубчик мой! где... где? вот-а?! Смотри, брат, что мне пишет. Го-лу-бушка, миленькая! Знаешь, я вчера видел у ней бумажник для меня; он не кончен, так вот, говорит, посылаю вам локон волос моих, а то от вас не уйдет. Смотри, брат, смотри!

И потрясенный от восторга Вася показывал локон густейших, чернейших в свете волос Аркадию Ивановичу; потом горячо поцеловал их и спрятал в боковой карман, поближе к сердцу.

- Вася! Я тебе медальон закажу для этих волос! - решительно сказал наконец Аркадий Иванович.

- А у нас жаркое телятина будет, а потом завтра мозги; маменька хочет бисквиты готовить... а пшенной каши не будет, - сказал мальчик, подумав, как заключить свои россказни.

- Фу, какой хорошенький мальчик! - закричал Аркадий Иванович. - Вася, ты счастливейший смертный!

Мальчик кончил чай, получил записочку, тысячу поцелуев и вышел счастливый и резвый по-прежнему.

- Ну, брат, - заговорил обрадованный Аркадий Иванович, - видишь, как хорошо, видишь! Все уладилось к лучшему, не горюй, не робей! вперед! Кончай, Вася, кончай! В два часа я домой; заеду к ним, потом к Юлиану Мастаковичу...

- Ну, прощай, брат, прощай... Ах, кабы!.. Ну, хорошо, ступай, хорошо, - сказал Вася, - я, брат, решительно не пойду к Юлиану Мастаковичу.

- Прощай!

- Стой, брат, стой; скажи им... ну, все, что найдешь; ее поцелуй... да расскажи, братец, все потом расскажи...

- Ну уж, ну уж - известно, знаем что! Это счастье перевернуло тебя! Это неожиданность; ты сам не свой со вчерашнего дня. Ты еще не отдохнул от вчерашних своих впечатлений. Ну, конечно! оправься, голубчик Вася! Прощай, прощай!

Наконец друзья расстались. Все утро Аркадий Иванович был рассеян и думал только об Васе. Он знал слабый, раздражительный характер его. "Да, это счастье перевернуло его, я не ошибся! - говорил он сам про себя. - Боже мой! Он и на меня нагнал тоску. И из чего этот человек способен поднять трагедию! Экая горячка какая! Ах, его нужно спасти! нужно спасти!" - проговорил Аркадий, сам не замечая того, что в своем сердце уже возвел до беды, по-видимому, маленькие домашние неприятности, в сущности ничтожные. Только в одиннадцать часов попал он в швейцарскую Юлиана Мастаковича, чтоб примкнуть свое скромное имя к длинному столбцу почтительных лиц, расписавшихся в швейцарской на листе закапанной и кругом исчерченной бумаги. Но каково было его удивление, когда перед ним мелькнула собственная подпись Васи Шумкова! Это его поразило. "Что с ним делается?" - подумал он. Аркадий Иванович, взыгравший еще недавно надеждой, вышел расстроенный. Действительно, приготовлялась беда; но где? но какая?

В Коломну он приехал с мрачными мыслями, был рассеян сначала, но, поговорив с Лизанькой, вышел со слезами на глазах, потому что решительно испугался за Васю. Домой он пустился бегом и на Неве носом к носу столкнулся с Шумковым.Тот тоже бежал.

- Куда ты? - закричал Аркадий Иванович.

Вася остановился, как пойманный в преступлении.

- Я, брат, так; я прогуляться хотел.

- Не утерпел, в Коломну шел? Ах, Вася, Вася! Ну, зачем ты ходил к Юлиану Мастаковичу?

Вася не отвечал; но потом махнул рукой и сказал:

- Аркадий! я не знаю, что со мной делается! я...

- Полно, Вася, полно! ведь я знаю, что это такое. Успокойся! ты взволнован и потрясен со вчерашнего дня! Подумай: ну, как не снесть этого! Все-то тебя любят, все-то около тебя ходят, работа твоя подвигается, ты ее кончишь, непременно кончишь, я знаю: ты вообразил что-нибудь, у тебя страхи какие-то...

- Нет, ничего, ничего...

- Помнишь, Вася, помнишь, ведь это было с тобою; помнишь, когда ты чин получил, ты от счастья и от благодарности удвоил ревность и неделю только портил работу. С тобой и теперь то же самое...

- Да, да, Аркадий; но теперь другое, теперь совсем не то.

- Да как не то, помилуй! И дело-то, может быть, вовсе но спешное, а ты себя убиваешь...

- Ничего, ничего, я только так. Ну, пойдем!

- Что ж ты домой, а не к ним?

- Нет, брат, с каким я лицом явлюсь?.. Я раздумал. Я только один без тебя не высидел; а вот ты теперь со мной, так я и сяду писать. Пойдем!

Они пошли и некоторое время молчали. Вася спешил.

- Что ж ты меня не расспрашиваешь об них? - сказал Аркадий Иванович.

- Ах, да! Ну, Аркашенька, что ж?

- Вася, ты на себя непохож!

- Ну, ничего, ничего. Расскажи же мне все, Аркаша! - сказал Вася умоляющим голосом, как будто избегая дальнейших объяснений. Аркадий Иванович вздохнул. Он решительно терялся, смотря на Васю.

Рассказ о коломенских оживил его. Он даже разговорился. Они пообедали. Старушка наложила бисквитами полный карман Аркадия Ивановича, и приятели, кушая их, развеселились. После обеда Вася обещал заснуть, чтоб просидеть всю ночь. Он действительно лег. Утром кто-то, перед кем нельзя было отказаться, позвал Аркадия Ивановича на чай. Друзья расстались. Аркадий положил прийти как можно раньше, если можно, даже в восемь часов. Три часа разлуки прошли для него как три года. Наконец он вырвался к Васе. Войдя в комнату, он увидел, что все темно. Васи не было дома. Он спросил Мавру. Мавра сказала, что все писал и не спал ничего, потом ходил по комнате, а потом, час тому назад, убежал, сказав, что через полчаса будет; "а когда, мол, Аркадий Иванович придут, так скажи, мол, старуха, - заключила Мавра, - что гулять я пошел, и три, не то, мол, четыре раза наказывал".

"У Артемьевых он!" - подумал Аркадий Иванович и покачал головой.

Через минуту он вскочил, оживленный надеждой. Он просто кончил, подумал он; вот и все; не утерпел да и убежал туда. Впрочем, нет! Он меня бы дождался... Взгляну-ка я, что там у него! Он зажег свечку и бросился к письменному столу Васи: работа шла, и, казалось, до конца было не так далеко. Аркадий Иванович хотел было исследовать дальше, но вдруг вошел Вася...

- А, ты здесь? - закричал он, вздрогнув от испуга. Аркадий Иванович молчал. Он боялся спросить Васю. Тот потупил глаза и тоже молча начал разбирать бумаги. Наконец глаза их встретились. Взгляд Васи был такой просящий, умоляющий, убитый, что Аркадий вздрогнул, когда встретил его. Сердце его задрожало и переполнилось...

- Вася, брат мой, что с тобой? что ты? - закричал он, бросаясь к нему и сжимая его в объятиях. - Объяснись со мной; я не понимаю тебя и тоски твоей; что с тобой, мученик ты мой? что? Скажи мне все без утайки. Не может быть, чтоб это одно...

Вася крепко прижался к нему и не мог ничего говорить. Дух его захватило.

- Полно, Вася, полно! Ну, не кончить тебе, что ж такое? Я не понимаю тебя; открой мне мучения свои. Видишь ли, я для тебя... Ах, боже мой, боже мой! - говорил он, шагая по комнате и хватаясь за все, что ни попадалось ему под руки, как будто немедленно ища лекарства для Васи. - Я сам завтра, вместо тебя, пойду к Юлиану Мастаковичу, буду просить, умолять его, чтоб дал еще день отсрочки. Я объясню ему все, все, если только это так тебя мучает...

- Боже тебя сохрани! - вскричал Вася и побелел, как стена. Он едва устоял на месте.

- Вася, Вася!..

Вася очнулся. Губы его дрожали; он хотел что-то выговорить и только молча судорожно пожимал руку Аркадия... Рука его была холодна. Аркадий стоял перед ним полный тоскливого и мучительного ожидания. Вася опять поднял на него глаза.

- Вася! бог с тобой, Вася! Ты истерзал мое сердце, друг мой, милый ты мой.

Слезы градом хлынули из глаз Васи; он бросился на грудь Аркадия.

- Я обманул тебя, Аркадий! - говорил он. - Я обманул тебя; прости меня, прости! Я обманул твою дружбу...

- Что, что, Вася? что ж такое? - спросил Аркадий решительно в ужасе.

- Вот!

И Вася с отчаянным жестом выбросил на стол из ящика шесть толстейших тетрадей, подобных той, которую он переписывал.

- Что это?

- Вот что мне нужно приготовить к послезавтрашнему дню. Я и четвертой доли не сделал! Не спрашивай, не спрашивай... как это сделалось! - продолжал Вася, сам тотчас заговорив о том, что так его мучило. - Аркадий, друг мой! Я не знаю сам, что было со мной! Я как будто из какого-то сна выхожу. Я целые три недели потерял даром. Я все... я... ходил к ней... У меня сердце болело, я мучился... неизвестностью... я и не мог писать. Я и не думал об этом. Только теперь, когда счастье настает для меня, я очнулся.

- Вася! - начал Аркадий Иванович решительно. - Вася! я спасу тебя. Я понимаю все это. Это дело не шутка. Я спасу тебя! Слушай, слушай меня: я завтра же иду к Юлиану Мастаковичу... Не качай головой, нет, слушай! Я расскажу ему все, как было; позволь уж мне сделать так... Я объясню ему... я на все пойду! Я расскажу ему, как ты убит, как ты мучишься.

- Знаешь ли, что ты уж теперь убиваешь меня? - проговорил Вася, весь похолодев от испуга.

Аркадий Иванович побледнел было, но одумался и тотчас же рассмеялся.

- Только-то? только это? - сказал он. - Помилуй, Вася, помилуй! не стыдно ли? Ну, послушай! Я вижу, что огорчаю тебя. Видишь, я понимаю тебя: я знаю, что в тебе происходит. Ведь уж мы пять лет вместе живем, слава богу! Ты добрый, нежный такой, но слабый, непростительно слабый. Ведь уж и Лизавета Михайловна это заметила. Ты, кроме того, и мечтатель, а ведь это тоже нехорошо: свихнуться, брат, можно! Послушай, ведь я знаю, чего тебе хочется! Тебе хочется, например, чтоб Юлиан Мастакович был вне себя и еще, пожалуй, задал бы бал от радости, что ты женишься... Ну, постой, постой! Ты морщишься. Видишь, уж от одного моего слова ты обиделся за Юлиана Мастаковича! Я оставлю его. Я ведь и сам его уважаю не меньше твоего! Но уж ты меня не оспоришь и не откажешь мне думать, что ты бы желал, чтоб не было даже и несчастных на земле, когда ты женишься... Да, брат, ты уж согласись, что тебе бы хотелось, чтоб у меня, например, твоего лучшего друга, стало вдруг тысяч сто капитала; чтоб все враги, какие ни есть на свете, вдруг бы, ни с того ни с сего, помирились, чтоб все они обнялись среди улицы от радости и потом сюда к тебе на квартиру, пожалуй, в гости пришли. Друг мой! милый мой! я не смеюсь, это так; ты уж давно мне все почти такое же в разных видах представлял. Потому что ты счастлив, ты хочешь, чтоб все, решительно все сделались разом счастливыми. Тебе больно, тяжело одному быть счастливым! Потому ты хочешь сейчас всеми силами быть достойным этого счастья и, пожалуй, для очистки совести сделать подвиг какой-нибудь! Ну, я и понимаю, как ты готов себя мучить за то, что там, где бы нужно было показать свое радение, уменье... ну, пожалуй, благодарность, как ты говоришь, ты вдруг манкировал! Тебе ужасно горько при мысли, что Юлиан Мастакович поморщится и даже рассердится, когда увидит, что ты не оправдал надежд, которые он возложил на тебя. Тебе больно думать, что ты услышишь упреки от того, кого считаешь своим благодетелем, - и в какую минуту! Когда у тебя радостью переполнено сердце и когда ты не знаешь, на кого излить свою благодарность... Ведь так, не правда ли? Ведь так?

Аркадий Иванович, у которого дрожал голос оканчивая, замолчал и перевел дух.

Вася смотрел с любовью на своего друга. Улыбка скользила по губам его.

Даже как будто ожидание надежды оживило лицо его.

- Ну, так слушай же, - начал снова Аркадий, еще более вдохновленный надеждою, - так и не нужно, чтоб Юлиан Мастакович изменил к тебе свою благосклонность. Так ли, голубчик мой? в этом вопрос? А коль в этом, так я же, - сказал Аркадий, вскочив с места, - я же пожертвую собой для тебя. Я завтра еду к Юлиану Мастаковичу... И не противоречь мне! Ты, Вася, свой проступок до преступленья возводишь. А он, Юлиан Мастакович, великодушен и милосерд, да к тому же не таков, как ты! Он, брат Вася, нас с тобой выслушает и из беды вывезет. Ну! спокоен ли ты?

Вася со слезами на глазах сжал руку Аркадия.

- Полно, Аркадий, полно, - сказал он, - дело решенное. Ну, я не кончил, ну, и хорошо; не кончил, так не кончил. И тебе ходить не нужно: я сам все расскажу, сам пойду. Я теперь успокоился, я совершенно спокоен; только ты не ходи... Да послушай.

- Вася, дорогой ты мой! - вскричал в радости Аркадий Иванович. - Я по твоим словам говорил; я рад, что ты одумался и оправился. Но что бы с тобой ни было, что бы ни случилось, я при тебе, это помни! Я вижу, тебя терзает то, чтоб я не говорил ничего Юлиану Мастаковичу, - и не скажу, ничего не скажу, ты сам скажешь. Видишь ли: ты завтра пойдешь... или нет, ты не пойдешь, ты здесь будешь писать, понимаешь? а я там узнаю, какое это дело, очень ли спешное или нет, нужно ли его к сроку или нет, и если просрочишь, так что может выйти из этого? Потом я к тебе прибегу... Видишь, видишь! уж есть надежда; ну, представь, что дело не спешное - ведь выиграть можно. Юлиан Мастакович может не напомнить, и тогда все спасено.

Вася сомнительно покачал головою. Но благодарный взор его не сходил с лица друга.

- Ну, полно, полно! Я так слаб, так устал, - говорил он задыхаясь, - мне и самому об этом думать не хочется. Ну, поговорим о другом! Я, видишь ли, и писать, пожалуй, не буду теперь, а только так, две странички только окончу, чтоб дойти хоть до какой-нибудь точки. Послушай... я давно хотел спросить тебя: как это ты так хорошо меня знаешь?

Слезы капали из глаз Васи на руки Аркадия.

- Если б ты знал, Вася, до какой степени я люблю тебя, так ты бы не спросил этого, - да!

- Да, да, Аркадий, я не знаю этого, потому... потому что я не знаю, за что ты меня так полюбил! Да, Аркадий, знаешь ли, что даже твоя любовь меня убивала? Знаешь ли, что сколько раз я, особенно ложась спать и думая об тебе (потому что и всегда думаю об тебе, когда засыпаю), я обливался слезами, и сердце мое дрожало оттого, оттого... Ну, оттого, что ты так любил меня, а я ничем не мог облегчить своего сердца, ничем тебя возблагодарить не мог...

84

- Видишь, Вася, видишь, какой ты!..Смотри, как ты расстроен теперь, - говорил Аркадий, у которого душа изныла в эту минуту и который вспомнил про вчерашнюю сцену на улице.

- Полно; ты хочешь, чтоб я успокоился, а я никогда еще не был так спокоен и счастлив! Знаешь ли... Послушай, мне бы хотелось тебе все рассказать, да я все боюсь тебя огорчить... Ты все огорчаешься и кричишь на меня; а я пугаюсь... смотри, как я дрожу теперь, я не знаю отчего. Видишь ли, вот что мне сказать хочется. Мне кажется, не знал себя прежде, - да! да и других тоже вчера только узнал. Я, брат, не чувствовал, не ценил вполне. Сердце... во мне было черство... Слушай, как это случилось, что никому-то, никому я не сделал добра на свете, потому что сделать не мог, - даже и видом-то я неприятен... А всякий-то мне делал добро! Вот ты первый: разве я не вижу. Я только молчал, только молчал!

- Вася, полно!

- Что ж, Аркаша! Что ж!.. Я ведь ничего... - прервал Вася, едва выговаривая слова от слез. - Я тебе говорил вчера про Юлиана Мастаковича. И ведь сам ты знаешь, он строгий, суровый такой, даже ты несколько раз на замечанье к нему попадал, а со мной он вчера шутить вздумал, ласкать и доброе сердце свое, которое перед всеми благоразумно скрывает, открыл мне...

- Ну, что ж, Вася? Это только показывает, что ты достоин своего счастия.

- Ах, Аркаша! Как мне хотелось кончить это все дело!.. Нет, я сгублю свое счастье! У меня есть предчувствие! да нет, не через это, - перебил Вася, затем что Аркадий покосился на стопудовое спешное дело, лежавшее на столе, - это ничего, это бумага писаная... вздор! Это дело решенное... я... Аркаша, был сегодня там, у них... я ведь не входил. Мне тяжело было, горько! Я только простоял у дверей. Она играла на фортепьяно, я слушал. Видишь, Аркадий, - сказал он, понижая голос, - я не посмел войти..

- Послушай, Вася, что с тобой? ты так на меня смотришь?

- Что? ничего? мне немного дурно; ноги дрожат; это оттого, что я ночью сидел. Да! у меня в глазах зеленеет. У меня здесь, здесь...

Он показал на сердце. С ним сделался обморок.

Когда он пришел в себя, Аркадий хотел принять насильственные меры. Он хотел уложить его насильно в постель. Вася не согласился ни за что. Он плакал, ломал себе руки, хотел писать, хотел непременно докончить свои две страницы. Чтоб не разгорячить его, Аркадий допустил его до бумаг.

- Видишь, - сказал Вася, усаживаясь на место, - видишь, и у меня идея пришла, есть надежда.

Он улыбнулся Аркадию, и бледное лицо его действительно как будто оживилось лучом надежды.

- Вот что: я понесу ему послезавтра не все. Про остальное солгу, скажу, что сгорело, что подмокло, что потерял... что, наконец, ну, не кончил, я лгать не могу. Я сам объясню - знаешь что? я объясню ему все; я скажу: так и так, не мог... я расскажу ему про любовь мою; он же сам недавно женился, он поймет меня! Я сделаю это все, разумеется, почтительно, тихо; он увидит слезы мои, он тронется ими...

- Да, разумеется, поди, поди к нему, объяснись... да тут и слез не нужно! из чего? Право, Вася, ты и меня совсем запугал.

- Да, я пойду, пойду. А теперь дай мне писать, дай мне писать, Аркаша. Я никого не трону, дай мне писать!

Аркадий бросился на постель. Он не доверял Васе, решительно не доверял. Вася был способен на все. Но просить прощения, в чем, как? Дело было не в том. Дело было в том, что Вася не исполнил обязанностей, что Вася чувствует себя виноватым сам пред собою, чувствует себя неблагодарным к судьбе, что Вася подавлен, потрясен счастием и считает себя его недостойным, что, наконец, он отыскал себе только предлог повихнуть на эту сторону, а что со вчерашнего дня еще не опомнился от своей неожиданности. "Вот что такое! - подумал Аркадий Иванович. - Нужно спасти его. Нужно помирить его с самим собою. Он сам себя отпевает". Он думал, думал да и решил немедленно идти к Юлиану Мастаковичу, завтра же идти, и рассказать ему все.

Вася сидел и писал. Измученный Аркадий Иванович прилег, чтоб пораздумать о деле опять, и проснулся перед рассветом.

- Ай, черт! опять! - закричал он, посмотрев на Васю; тот сидел и писал.

Аркадий бросился к нему, обхватил его и насильно уложил в постель. Вася улыбался: глаза его смыкались от слабости. Он едва мог говорить.

- Я и сам хотел лечь, - сказал он. - Знаешь, Аркадий, у меня есть идея; я кончу. Я ускорил перо! Дальше сидеть я был неспособен; разбуди меня в восемь часов.

Он не договорил и заснул как убитый.

- Мавра! - шепотом сказал Аркадий Иванович Мавре, вносившей чай, - он просил разбудить его через час. Ни под каким видом! пусть спит хоть десять часов, понимаешь?

- Понимаю, барин-батюшка.

- Обедать не готовь, с дровами не возись, не шуми, беда тебе! Коли спросит меня, скажи, что я в должность ушел, понимаешь?

- Понимаю-ста, батюшка-барин; пусть почивает вволю, что мне! Я рада барскому сну; и барское добро берегу. А намедни, что чашку разбила и попрекать изволили, так это не я, это кошка Машка разбила, а я не догляди за ней; брысь, говорю, проклятая!

- Тсс, молчи, молчи!

Аркадий Иванович выпроводил Мавру в кухню, потребовал ключ и запер ее там на замок. Потом пошел на службу. Дорогою он раздумывал, как бы ему предстать к Юлиану Мастаковичу, и ловко ли, и не дерзко ли будет? В должность пришел он с робостью и робко осведомился, тут ли его превосходительство; ответили, что нет, да и не будет. Аркадий Иванович мигом хотел идти к нему на квартиру, но весьма кстати сообразил, что если Юлиан Мастакович не приехал, так, стало быть, занят и дома. Он остался. Часы казались ему нескончаемыми. Под рукою он выведывал о деле, порученном Шумкову. Но никто не знал ничего. Знали только, что Юлиан Мастакович изволил занимать его особыми поручениями, - какими, не знал никто. Наконец пробило три часа, и Аркадий Иванович бросился домой. В прихожей остановил его один писарь и сказал, что Василий Петрович Шумков приходил, этак будет в первом часу, и спрашивал, прибавил писарь: тут ли вы и не был ли тут Юлиан Мастакович. Услышав это, Аркадий Иванович нанял извозчика и доехал домой вне себя от испуга.

Шумков был дома. Он ходил по комнате чрезвычайно взволнованный. Взглянув на Аркадия Ивановича, он как будто тотчас оправился, одумался и поспешил скрыть свое волнение. Он молча сел за бумаги. Казалось, он избегал вопросов своего друга, тяготился ими, сам задумал кое-что про себя и уже решился не открывать своего решения, затем что и на дружбу более нельзя положиться. Это поразило Аркадия, и сердце его изныло от тяжкой, пронзительной боли. Он сел на кровать и развернул какую-то книжонку, единственную, бывшую в его обладании, а сам не спускал глаз с бедного Васи. Но Вася упорно молчал, писал и не подымал головы. Так прошло несколько часов, и мучения Аркадия возросли до последней степени. Наконец, часу в одиннадцатом, Вася поднял голову и тупым, неподвижным взглядом посмотрел на Аркадия. Аркадий ждал. Прошло две-три минуты; Вася молчал. "Вася! - крикнул Аркадий. Вася не дал ответа. - Вася! - повторил он, вскочив с кровати. - Вася, что с тобой? что ты?" - закричал он, подбегая к нему. Вася поднял голову и опять посмотрел на него тем же тупым, неподвижным взглядом. "На него столбняк нашел!" - подумал Аркадий, весь дрожа от испуга. Он схватил графин с водой, приподнял Васю, налил ему воды на голову, намочил виски, тер руки в своих руках, - и Вася очнулся. "Вася, Вася! - кричал Аркадий, заливаясь слезами, не удерживаясь более. - Вася, не губи себя, вспомни! вспомни!.." Он не договорил и горячо сжимал его в своих объятиях. Какое-то тягостное ощущение прошло по всему лицу Васи; он тер себе лоб и схватился за голову, словно боясь, что она разлетится.

- Не знаю, что это со мною! - проговорил он наконец, - я, кажется, надорвался. Ну, хорошо, хорошо! Полно, Аркадий, не печалься; полно! -

повторял он, смотря на него грустным, изнеможенным взглядом, - чего беспокоиться? полно!

- Ты же, ты же меня утешаешь, - закричал Аркадий, у которого разрывалось сердце. - Вася, - сказал он наконец, - приляг, засни немножко, что? Не мучь себя понапрасну! Лучше потом опять сядешь работать!

- Да, да! - повторял Вася. - Изволь! я лягу; хорошо; да! видишь ли, я хотел кончить, а теперь раздумал, да...

И Аркадий утащил его на постель.

- Слушай, Вася, - сказал он твердо, - нужно окончательно решить это дело! Скажи мне, что ты задумал?

- Ах! - сказал Вася, махнув ослабевшей рукой и повернув на другую сторону голову.

- Полно, Вася, полно! решись! Я не хочу быть убийцей твоим: я не могу больше молчать. Ты не заснешь, коль не решишься, я знаю.

- Как хочешь, как хочешь, - загадочно повторил Вася.

"Сдается!" - подумал Аркадий Иванович.

- Последуй мне, Вася, - сказал он, - вспомни, что я говорил, и я спасу тебя завтра; завтра я решу твою участь! Что я говорю, участь! Ты так напугал меня, Вася, что я сам толкую твоими словами. Какая участь! Просто вздор, пустяки! Тебе не хочется потерять расположение, любовь, если хочешь, Юлиана Мастаковича, да! и не потеряешь, увидишь... Я...

Аркадий Иванович еще долго бы говорил, но Вася прервал его. Он приподнялся на постели, молча обвил обеими руками шею Аркадия Ивановича и поцеловал его.

- Довольно! - сказал он слабым голосом, - довольно! полно об этом!

И он снова повернул к стене свою голову.

"Боже мой! - думал Аркадий, - боже мой! что с ним? Он совсем потерялся; на что он решился такое? Он погубит себя".

Аркадий смотрел на него в отчаянии.

"Если б он заболел, - думал Аркадий, - может быть, лучше бы было. С болезнью прошла бы забота, а там можно бы отличным образом уладить все дело. Но что я вру! Ах, создатель мой!.."

Между тем Вася как будто задремал. Аркадий Иванович обрадовался. "Добрый знак!" - думал он. Он решился сидеть над ним всю ночь. Но сам Вася был неспокоен. Он поминутно вздрагивал, метался на постели и на мгновение открывал глаза. Наконец утомление взяло верх; казалось, он заснул как убитый. Было около двух часов утра; Аркадий Иванович задремал на стуле, облокотясь локтем на стол.

Сон его был тревожен и странен. Ему все казалось, что он не спит и что Вася по-прежнему лежит на постели. Но странное дело! Ему казалось, что Вася притворяется, что он даже обманывает его и вот-вот встает потихоньку, наблюдая его вполглаза, и крадется за письменный стол.

Жгучая боль захватывала сердце Аркадия; ему было и досадно, и грустно, и тяжело видеть Васю, который не доверяет ему, таится от него и кроется. Он хотел обхватить его, закричать, унесть на кровать... Тогда Вася вскрикивал у него на руках, и он уносил на постель один бездыханный труп. Холодный пот проступал на лбу Аркадия, сердце его страшно билось. Он открыл глаза и проснулся. Вася сидел перед ним за столом и писал.

Не доверяя чувствам своим, Аркадий взглянул на постель: там не было Васи. Аркадий вскочил в испуге, еще под влиянием своих сновидений. Вася не шелохнулся. Он все писал. Вдруг Аркадий с ужасом заметил, что Вася водит по бумаге сухим пером, . перевертывает совсем белые страницы и спешит, спешит наполнить бумагу, как будто он делает отличнейшим и успешнейшим образом дело! "Нет, это не столбняк! - подумал Аркадий Иванович и затрясся всем телом. - Вася, Вася! откликнись же мне!" - закричал он, схватив его за плечо. Но Вася молчал и по-прежнему продолжал строчить сухим пером по бумаге.

- Наконец я ускорил перо, - проговорил он, не подымая головы на Аркадия.

Аркадий схватил его за руку и вырвал перо.

Стон вырвался из груди Васи. Он опустил руку и поднял глаза на Аркадия, потом с томительно-тоскливым чувством провел рукою по лбу, как будто желая снять с себя какой-то тяжелый, свинцовый груз, налегший на все существо его, и тихо, как будто в раздумье, опустил на грудь голову.

- Вася, Вася! - вскричал Аркадий Иванович в отчаянии. - Вася!

Через минуту Вася посмотрел на него. Слезы стояли в его больших голубых глазах, и бледное кроткое лицо его выразило бесконечную муку... Он что-то шептал.

- Что, что? - закричал Аркадий, наклоняясь к нему.

- За что же, за что меня? - шептал Вася. - За что? Что я сделал?

- Вася! что ты? чего ты боишься, Вася? чего? - закричал Аркадий, ломая руки в отчаянии.

- За что ж меня в солдаты-то отдавать? - сказал Вася, посмотрев прямо в глаза своего друга. - За что? что я сделал?

Волосы стали дыбом на голове Аркадия; он не хотел верить. Он стоял над ним как убитый.

Через минуту он опомнился. "Это так, это минутное!" - говорил он про себя, весь бледный, с дрожащими, посинелыми губами, и бросился одеваться. Он хотел бежать прямо за доктором. Вдруг Вася кликнул его; Аркадий бросился на него и обнял его, как мать, у которой отнимают родное дитя...

- Аркадий, Аркадий, не говори никому! слышишь; моя беда! Пусть я один и несу...

- Что ты? что ты? опомнись, Вася, опомнись!

Вася вздохнул, и тихие слезы заструились по щекам его.

- За что же ее убивать? чем же она, чем же она виновата!.. - проворчал он мучительным, раздирающим душу голосом. - Мой грех, мой грех!..

Он замолчал на минуту.

- Прощай, моя люба! Прощай, моя люба! - шептал он, качая бедной своей головою. Аркадий вздрогнул, очнулся и хотел броситься за доктором. - Идем! пора! - закричал Вася, увлекшись последним движением Аркадия. - Идем, брат, идем; я готов! Ты меня проводи! - Он замолчал и взглянул на Аркадия убитым, недоверчивым взглядом.

- Вася, не ходи за мной, ради бога! подожди меня здесь. Я сейчас, сейчас ворочусь к тебе, - говорил Аркадий Иванович, сам теряя голову и схватив фуражку, чтобы бежать за доктором. Вася уселся тотчас; он был тих и послушен, только в глазах его сияла какая-то отчаянная решимость. Аркадий воротился, схватил со стола разогнутый перочинный ножичек, последний раз взглянул на беднягу и выбежал из квартиры.

Был восьмой час. Свет уже давно разогнал сумерки в комнате.

Он не нашел никого. Он бегал уже целый час. Все доктора, адресы которых узнавал он у дворников, наведываясь, не живет ли хоть какой-нибудь доктор в доме, уже уехали, кто по службе, кто по своим делам. Был один, который принимал пациентов. Он долго и подробно расспрашивал слугу, доложившего, что пришел Нефедевич: от кого, кто и как, по какой надобности и как даже будет приметами ранний посетитель? - и заключил тем, что нельзя, дела много и ехать не может, а что такого рода больных нужно в больницу везти.

Тогда убитый, потрясенный Аркадий, никак не ожидавший подобной развязки, бросил все, всех докторов на свете, и пустился домой, в последней степени испуга за Васю. Он вбежал в квартиру. Мавра, как ни в чем не бывала, мела пол, ломала лучинки и готовилась печь топить. Он в комнату - Васи и след простыл: он ушел со двора.

"Куда? где? куда побежит несчастный?" - подумал Аркадий, леденея от ужаса. Он начал допрашивать Мавру. Та ничего не знала, не ведала, да и не слыхала, как вышел, прости его господи! Нефедевич бросился к коломенским.

Ему, бог знает отчего, пришло на мысль, что он там.

Был уже десятый час, как он приехал туда. Там его не ждали, ничего не знали, не ведали. Он стоял перед ними испуганный, расстроенный и спрашивал, где Вася? У старухи подломились ноги; она рухнулась на диван. Лизанька, вся дрожа от испуга, начала расспрашивать о случившемся. Что было говорить? Аркадий Иванович отделался наскоро, выдумал какую-то басню, которой, разумеется, не поверили, и убежал, оставив всех потрясенными, измученными. Он бросился в свое ведомство, чтоб по крайней мере не опоздать и дать знать туда, чтоб поскорее приняли меры. Дорогою ему вздумалось, что Вася у Юлиана Мастаковича. Это было вернее всего: Аркадий прежде всего, прежде коломенских, подумал об этом. Проезжая мимо дома его превосходительства, он хотел остановиться, но тотчас же велел продолжать путь далее. Он решился попытаться узнать: нет ли чего в ведомстве, и потом, как уж там не найдет, явиться к его превосходительству по крайней мере в качестве рапортующего об Васе. Кому-нибудь нужно же было рапортовать!

Еще в приемной окружили его товарищи помоложе, все большею частию ему равные чином, и в один голос стали расспрашивать, что сделалось с Васей? Все они в то же время говорили, что Вася с ума сошел и помешался на том, что его в солдаты хотят отдать за неисправное исполнение дела. Аркадий Иванович отвечал на все стороны или, лучше сказать, не отвечая положительно никому, стремился во внутренние покои. На дороге узнал он, что Вася в кабинете Юлиана Мастаковича, что туда все пошли и что Эспер Иванович тоже туда пошел. Он было приостановился. Кто-то из старших спросил его, куда он и что ему надо? Не отличив лица, он проговорил что-то об Васе и пошел прямо в кабинет. Оттуда уже слышался голос Юлиана Мастаковича. "Куда вы?" - спросил его кто-то у самых дверей. Аркадий Иванович почти потерялся; он уже хотел было воротиться, но из-за приотворенной двери увидел своего бедного Васю. Он отворил и протеснился кое-как в комнату. Там царствовала суматоха и недоумение, затем что Юлиан Мастакович был, по-видимому, в сильном огорчении. Около него стояли все, кто поважнее, толковали и не решили ровно ничего. Поодаль стоял Вася. Все замерло в груди Аркадия, когда он взглянул на него. Вася стоял бледный, с поднятой головой, вытянувшись в нитку и опустив руки по швам. Он глядел прямо в глаза Юлиану Мастаковичу. Тотчас заметили Нефедевича, и кто-то, знавший, что они сожители, доложил о том его превосходительству. Аркадия подвели. Он хотел что-то ответить на предложенные вопросы, взглянул на Юлиана Мастаковича и, видя, что на лице его изобразилась истинная жалость, затрясся и зарыдал как ребенок. Он даже сделал более: бросился, схватил руку начальника и поднес к глазам своим, омывая ее слезами, так что даже сам Юлиан Мастакович принужден был отнять ее наскоро, махнуть ею по воздуху и сказать: "Ну, полно, брат, полно; вижу, что у тебя доброе сердце". Аркадий рыдал и бросал на всех умоляющие взгляды. Ему казалось, что все братья его бедному Васе, что все они тоже терзаются и плачут об нем. "Как же это, как же это с ним сделалось? - говорил Юлиан Мастакович. - Отчего же он с ума сошел?"

- От бла-благо-дарности! - мог только выговорить Аркадий Иванович.

Все выслушали ответ его в недоумении, и всем показалось странным и невероятным: как же это так может из благодарности сойти с ума человек? Аркадий объяснился как умел.

- Боже, как жаль! - проговорил наконец Юлиан Мастакович. - И дело-то, порученное ему, было неважное и вовсе не спешное. Так-таки, не из-за чего, погиб человек! Что ж, отвести его!.. - Тут Юлиан Мастакович обратился снова к Аркадию Ивановичу и снова начал его расспрашивать. - "Он просит, - сказал он, указав на Васю, - чтоб не говорили об этом какой-то девушке; что она, невеста, что ли, его?"

Аркадий стал объяснять. Между тем Вася как будто думал о чем-то, как будто с величайшим напряжением припоминал одну важную, нужную вещь, которая вот именно теперь бы и пригодилась. Порой он страдальчески поводил глазами, как будто надеялся, что кто-нибудь напомнит ему про то, что забыл он. Он устремился глазами на Аркадия. Наконец, вдруг, как будто надежда блеснула в глазах его, он двинулся с места с левой ноги, ступил три шага как только мог ловче и даже пристукнул правым сапогом, как делают солдаты, подойдя к подозвавшему их офицеру. Все ожидали, что будет.

- Я с телесным недостатком, ваше превосходительство, слабосилен и мал, не гожусь на службу, - сказал он отрывисто.

Тут все, кто ни были в комнате, все почувствовали, как будто кто-нибудь сжал им сердце, и даже как ни тверд был характером Юлиан Мастакович, но слеза потекла из глаз его. "Уведите его", - сказал он, махнув рукою.

- Лоб! - сказал Вася вполголоса, повернулся налево кругом и вышел из комнаты. За ним бросились все, кого интересовала его участь. Аркадий теснился за прочими. Васю усадили в приемной в ожидании предписания и кареты, чтоб отвезти его в больницу. Он сидел молча и был, казалось, в чрезвычайной заботе. Кого узнавал, тому кивал головою, как будто прощаясь с ним. Он поминутно оглядывался на дверь и готовился, когда скажут: "пора". Кругом его столпился тесный кружок; все покачивали головами, все сетовали. Многих поразила его история, которая уже вдруг сделалась известною; одни рассуждали, другие жалели и хвалили Васю, говорили, что был такой скромный, тихий молодой человек, что обещал так много; рассказывали, как он старался учиться, был любознателен, стремился образовать себя. "Собственными силами вышел из низкого состояния!" - заметил кто-то. С умилением говорили о привязанности к нему его превосходительства. Некоторые пустились объяснять, почему именно пришло в голову Васе и он на том помешался, что его отдадут в солдаты за то, что не кончил работы. Говорили, что бедняк недавно из податного звания и только по ходатайству Юлиана Мастаковича, умевшего отличить в нем талант, послушание и редкую кротость, получил первый чин. Одним словом, очень много было разных толков и мнений. В особенности, из потрясенных, заметен был один, очень маленький ростом, сослуживец Васи Шумкова. И не то чтобы-таки был совсем молодой человек, а примерно лет уже тридцати. Он был бледен как полотно, дрожал всем телом и как-то странно улыбался - может быть, потому, что всякое скандалёзное дельце или ужасная сцена и пугает, и вместе с тем как-то несколько радует постороннего зрителя. Он поминутно обегал весь кружок, обступивший Шумкова, и так как был мал, то становился на цыпочки, хватал за пуговицу встречного и поперечного, то есть из тех, кого имел право хватать, и все говорил, что он знает, отчего это все, что это не то чтобы простое, а довольно важное дело, что так оставить нельзя; потом опять становился на цыпочки, нашептывал на ухо слушателю, опять кивал раза два головою и снова перебегал далее. Наконец кончилось все: явился сторож, фельдшер из больницы, подошли к Васе и сказали ему, что пора ехать. Он вскочил, засуетился и пошел с ними, оглядываясь кругом. Он искал кого-то глазами! "Вася! Вася!" - закричал, рыдая, Аркадий Иванович. Вася остановился, и Аркадий-таки протеснился к нему. Они бросились в последний раз друг другу в объятия и тяжело сжали друг друга... Грустно было их видеть. Какое химерическое несчастие вырывало слезы из глаз их? об чем они плакали? где эта беда? зачем они не понимали друг друга?..

- На, на, возьми! сбереги это, - говорил Шумков, всовывая какую-то бумажку в руку Аркадия. - Они у меня унесут. Принеси мне потом, принеси; сбереги... - Вася не договорил, его кликнули. Он поспешно сбежал с лестницы, кивая всем головою, прощаясь со всеми. Отчаяние было на лице его. Наконец усадили его в карету и повезли. Аркадий поспешно развернул бумажку: это был локон черных волос Лизы, с которыми не расставался Шумков. Горячие слезы брызнули из глаз Аркадия. "Ах, бедная Лиза!"

По окончании служебного времени он пошел к коломенским. Нечего говорить, что там было! Даже Петя, малютка Петя, не совсем понявший, что сделалось с добрым Васей, зашел в угол, закрылся ручонками и зарыдал во сколько стало его детского сердца. Были уже полные сумерки, когда Аркадий возвращался домой. Подойдя к Неве, он остановился на минуту и бросил пронзительный взгляд вдоль реки в дымную, морозно-мутную даль, вдруг заалевшую последним пурпуром кровавой зари, догоравшей в мгляном небосклоне. Ночь ложилась над городом, и вся необъятная, вспухшая от замерзшего снега поляна Невы, с последним

93

отблеском солнца, осыпалась бесконечными мириадами искр иглистого инея. Становился мороз в двадцать градусов. Мерзлый пар валил с загнанных насмерть лошадей, с бегущих людей. Сжатый воздух дрожал от малейшего звука, и, словно великаны, со всех кровель обеих набережных подымались и неслись вверх по холодному небу столпы дыма, сплетаясь и расплетаясь в дороге, так что, казалось, новые здания вставали над старыми, новый город складывался в воздухе... Казалось, наконец, что весь этот мир, со всеми жильцами его, сильными и слабыми, со всеми жилищами их, приютами нищих или раззолоченными палатами - отрадой сильных мира сего, в этот сумеречный час походит на фантастическую, волшебную грезу, на сон, который в свою очередь тотчас исчезнет и искурится паром к темно-синему небу. Какая-то странная дума посетила осиротелого товарища бедного Васи. Он вздрогнул, и сердце его как будто облилось в это мгновение горячим ключом крови, вдруг вскипевшей от прилива какого-то могучего, но доселе не знакомого ему ощущения. Он как будто только теперь понял всю эту тревогу и узнал, отчего сошел с ума его бедный, не вынесший своего счастия Вася. Губы его задрожали, глаза вспыхнули, он побледнел и как будто прозрел во что-то новое в эту минуту...

Он сделался скучен и угрюм и потерял всю свою веселость. Прежняя квартира стала ему ненавистна - он взял другую. К коломенским идти он не хотел, да и не мог. Через два года он встретил Лизаньку в церкви. Она была уже замужем; за нею шла мамка с грудным ребенком. Они поздоровались и долгое время избегали разговора о старом. Лиза сказала, что она, слава богу, счастлива, что она не бедна, что муж ее добрый человек, которого она любит... Но вдруг, среди речи, глаза ее наполнились слезами, голос упал, она отвернулась и склонилась на церковный помост, чтоб скрыть от людей свое горе...

ДЯДЮШКИН СОН

Глава I

Марья Александровна Москалева, конечно, первая дама в Мордасове, и в этом не может быть никакого сомнения. Она держит себя так, как будто ни в ком не нуждается, а напротив, все в ней нуждаются. Правда, ее почти никто не любит и даже очень многие искренно ненавидят; но зато ее все боятся, а этого ей и надобно. Такая потребность есть уже признак высокой политики. Отчего, например, Марья Александровна, которая ужасно любит сплетни и не заснет всю ночь, если накануне не узнала чего-нибудь новенького, - отчего она, при всем этом, умеет себя держать так, что, глядя на нее, в голову не придет, чтоб эта сановитая дама была первая сплетница в мире или по крайней Мере в Мордасове? Напротив, кажется, сплетни должны исчезнуть в ее присутствии; сплетники - краснеть и дрожать, как школьники перед господином учителем, и разговор должен пойти не иначе как о самых высоких материях. Она знает, например, про кой-кого из мордасовцев такие капитальные и скандалезные вещи, что расскажи она их, при удобном случае, и докажи их так, как она их умеет доказывать, то в Мордасове будет лиссабонское землетрясение. А между тем она очень молчалива на эти секреты и расскажет их разве уж в крайнем случае, и то не иначе как самым коротким приятельницам. Она только пугнет, намекнет - что знает, и лучше любит держать человека или даму в беспрерывном страхе, чем поразить окончательно. Это ум, это тактика! Марья Александровна всегда отличалась между нами своим безукоризненным comme il faut[1], с которого все берут образец. Насчет comme il faut она не имеет соперниц в Мордасове. Она, например, умеет убить, растерзать, уничтожить каким-нибудь одним словом соперницу, чему мы свидетели; а между тем покажет вид, что и не заметила, как выговорила это слово. А известно, что такая черта есть уже принадлежность самого высшего общества. Вообще, во всех таких фокусах, она перещеголяет самого Пинетти. Связи у ней огромные. Многие из посещавших Мордасов уезжали в восторге от ее приема и даже вели с ней потом переписку. Ей даже кто-то написал стихи, и Марья Александровна с гордостию их всем показывала. Один заезжий литератор посвятил ей свою повесть, которую и читал у ней на вечере, что произвело чрезвычайно приятный эффект. Один немецкий ученый, нарочно приезжавший из Карльсруэ исследовать особенный род червячка с рожками, который водится в нашей губернии, и написавший об этом червячке четыре тома in quarto[2], так был обворожен приемом и любезностию Марьи Александровны, что до сих пор ведет с ней почтительную и нравственную переписку из самого Карльсруэ. Марью Александровну сравнивали даже, в некотором отношении, с Наполеоном. Разумеется, это делали в шутку ее враги, более для карикатуры, чем для истины. Но, признавая вполне всю странность такого сравнения, я осмелюсь, однако же, сделать один невинный вопрос: отчего, скажите, у

---

[1] умением себя держать (франц.)

[2] в одну четверть листа (лат.)

Наполеона закружилась наконец голова, когда он забрался уже слишком высоко? Защитники старого дома приписывали это тому, что Наполеон не только не был из королевского дома, но даже был и не gentilhomme[3] хорошей породы, а потому, естественно, испугался наконец своей собственной высоты и вспомнил свое настоящее место. Несмотря на очевидное остроумие этой догадки, напоминающее самые блестящие времена древнего французского двора, я осмелюсь прибавить в свою очередь: отчего у Марьи Александровны никогда и ни в каком случае не закружится голова и она всегда останется первой дамой в Мордасове? Бывали, например, такие случаи, когда все говорили: "Ну, как-то теперь поступит Марья Александровна в таких затруднительных обстоятельствах?" Но наступали эти затруднительные обстоятельства, проходили, и - ничего! Всё оставалось благополучно, по-прежнему, и даже почти лучше прежнего. Все, например, помнят, как супруг ее, Афанасий Матвеич, лишился своего места за неспособностию и слабоумием, возбудив гнев приехавшего ревизора. Все думали, что Марья Александровна падет духом, унизится, будет просить, умолять, - одним словом, опустит свои крылышки. Ничуть не бывало: Марья Александровна поняла, что уже ничего больше не выпросишь, и обделала свои дела так, что нисколько не лишилась своего влияния на общество, и дом ее всё еще продолжает считаться первым домом в Мордасове. Прокурорша, Анна Николаевна Антипова, заклятой враг Марьи Александровны, хотя и друг по наружности, уже трубила победу. Но когда увидели, что Марью Александровну трудно сконфузить, то догадались, что она гораздо глубже пустила корни, чем думали прежде.

Кстати, так как уж об нем упомянули, скажем несколько слов и об Афанасии Матвеиче, супруге Марьи Александровны. Во-первых, это весьма представительный человек по наружности и даже очень порядочных правил; но в критических случаях он как-то теряется и смотрит как баран, который увидал новые ворота. Он необыкновенно сановит, особенно на именинных обедах, в своем белом галстухе. Но вся эта сановитость и представительность - единственно до той минуты, когда он заговорит. Тут уж, извините, хоть уши заткнуть. Он решительно недостоин принадлежать Марье Александровне; это всеобщее мнение. Он и на месте сидел единственно только через гениальность своей супруги. По моему крайнему разумению, ему бы давно пора в огород пугать воробьев. Там, и единственно только там, он бы мог приносить настоящую, несомненную пользу своим соотечественникам. И потому Марья Александровна превосходно поступила, сослав Афанасия Матвеича в подгородную деревню, в трех верстах от Мордасова, где у нее сто

---

[3] дворянин (франц.)

двадцать душ, - мимоходом сказать, всё состояние, все средства, с которыми она так достойно поддерживает благородство своего дома. Все поняли, что она держала Афанасия Матвеича при себе единственно за то, что он служил и получал жалованье и... другие доходы. Когда же он перестал получать жалованье и доходы, то его тотчас же и удалили за негодностию и совершенною бесполезностию. И все похвалили Марью Александровну за ясность суждения и решимость характера. В деревне Афанасий Матвеич живет припеваючи. Я заезжал к нему и провел у него целый час довольно приятно. Он примеряет белые галстухи, собственноручно чистит сапоги, не из нужды, а единственно из любви к искусству, потому что любит, чтоб сапоги у него блестели; три раза в день пьет чай, чрезвычайно любит ходи в баню и - доволен. Помните ли, какая гнусная история заварилась у нас, года полтора назад, по поводу Зинаиды Афанасьевны, единственной дочери Марьи Александровны и Афанасия Матвеича? Зинаида, бесспорно, красавица, превосходно воспитана, но ей двадцать три года, а она до сих пор не замужем. Между причинами, которыми объясняют, почему до сих пор Зина не замужем, одною из главных считают эти темные слухи о каких-то странных ее связях, полтора года назад, с уездным учителишкой, - слухи, не умолкнувшие и поныне. До сих пор говорят о какой-то любовной записке, написанной Зиной и которая будто бы ходила по рукам в Мордасове; но скажите: кто видел эту записку? Если она ходила по рукам, то куда ж она делась? Все об ней слышали, но никто ее не видал. Я, по крайней мере, никого не встретил, кто бы своими глазами видел эту записку. Если вы намекнете об этом Марье Александровне, она вас просто не поймет. Теперь предположите, что действительно что-нибудь было и Зина написала записочку (я даже думаю, что это было непременно так): какова же ловкость со стороны Марьи Александровны! каково замято, затушено неловкое, скандалезное дело! Ни следа, ни намека! Марья Александровна и внимания не обращает теперь на всю эту низкую клевету; а между тем, может быть, бог знает как работала, чтоб спасти неприкосновенною честь своей единственной дочери. А что Зина не замужем, так это понятно: какие здесь женихи? Зине только разве быть за владетельным принцем. Видали ль вы где такую красавицу из красавиц? Правда, она горда, слишком горда. Говорят, что сватается Мозгляков, но вряд ли быть свадьбе. Что же такое Мозгляков? Правда - молод, недурен собою, франт, полтораста незаложенных душ, петербургский. Но ведь, во-первых, в голове не все дома. Вертопрах, болтун, с какими-то новейшими идеями! Да и что такое полтораста душ, особенно при новейших идеях? Не бывать этой свадьбе!

Всё, что прочел теперь благосклонный читатель, было написано мною месяцев пять тому назад, единственно из умиления. Признаюсь заранее, я

97

несколько пристрастен к Марье Александровне. Мне хотелось написать что-нибудь вроде похвального слова этой великолепной даме и изобразить всё это в форме игривого письма к приятелю, по примеру писем, печатавшихся когда-то в старое, золотое, но, слава богу, невозвратное время в "Северной пчеле" и в прочих повременных изданиях. Но так как у меня нет никакого приятеля и, кроме того, есть некоторая врожденная литературная робость, то сочинение мое и осталось у меня в столе, в виде литературной пробы пера и в память мирного развлечения в часы досуга и удовольствия. Прошло пять месяцев - и вдруг в Мордасове случилось удивительное происшествие: рано утром в город въехал князь К. и остановился в доме Марьи Александровны. Последствия этого приезда были неисчислимы. Князь провел в Мордасове только три дня, но эти три дня оставили по себе роковые и неизгладимые воспоминания. Скажу более: князь произвел, в некотором смысле, переворот в нашем городе. Рассказ об этом перевороте, конечно, составляет одну из многознаменательнейших страниц в мордасовских летописях. Эту-то страницу я и решился наконец, после некоторых колебаний, обработать литературным образом и представить на суд многоуважаемой публики. Повесть моя заключает в себе полную и замечательную историю возвышения, славы и торжественного падения Марьи Александровны и всего ее дома в Мордасове: тема достойная и соблазнительная для писателя. Разумеется, прежде всего нужно объяснить: что удивительного в том, что в город въехал князь К. и остановился у Марьи Александровны, - а для этого, конечно, нужно сказать несколько слов и о самом князе К. Так я и сделаю. К тому же биография этого лица совершенно необходима и для всего дальнейшего хода нашего рассказа. Итак, приступаю.

Глава II

Начну с того, что князь К. был еще не бог знает какой старик, а между тем, смотря на него, невольно приходила мысль, что он сию минуту развалится: до того он обветшал, или, лучше сказать, износился. В Мордасове об этом князе всегда рассказывались чрезвычайно странные вещи, самого фантастического содержания. Говорили даже, что старичок помешался. Всем казалось особенно странным, что помещик четырех тысяч душ, человек с известным родством, который бы мог иметь, если б захотел, значительное влияние в губернии, живет в своем великолепном имении уединенно, совершенным затворником. Многие знавали князя назад тому лет шесть или семь, во время его пребывания в Мордасове, и уверяли, что он тогда терпеть не мог уединения и отнюдь не был похож на затворника. Вот, однако же, всё, что я мог узнать о нем достоверного:

Когда-то, в свои молодые годы, что, впрочем, была очень давно, князь блестящим образом вступил в жизнь, жуировал, волочился, несколько раз проживался за границей, пел романсы, каламбурил и никогда не отличался блестящими умственными способностями. Разумеется, он расстроил всё свое состояние и, в старости, увидел себя вдруг почти без копейки. Кто-то посоветовал ему отправиться в его деревню, которую уже начали продавать с публичного торга. Он отправился и приехал в Мордасов, где и прожил ровно шесть месяцев. Губернская жизнь ему чрезвычайно понравилась, и в эти шесть месяцев он ухлопал всё, что у него оставалось, до последних поскребков, продолжая жуировать и заводя разные интимности с губернскими барынями. Человек он был к тому же добрейший, разумеется, не без некоторых особенных княжеских замашек, которые, впрочем, в Мордасове считались принадлежностию самого высшего общества, а потому, вместо досады, производили даже эффект. Особенно дамы были в постоянном восторге от своего милого гостя. Сохранилось много любопытных воспоминаний. Рассказывали, между прочим, что князь проводил больше половины дня за своим туалетом и, казалось, был весь составлен из каких-то кусочков. Никто не знал, когда и где он успел так рассыпаться. Он носил парик, усы, бакенбарды и даже эспаньолку - всё, до последнего волоска, накладное и великолепного черного цвета; белился и румянился ежедневно. Уверяли, что он как-то расправлял пружинками морщины на своем лице и что эти пружины были, каким-то особенным образом, скрыты в его волосах. Уверяли еще, что он носит корсет, потому что лишился где-то ребра, неловко выскочив из окошка, во время одного своего любовного похождения, в Италии. Он хромал на левую ногу; утверждали, что эта нога поддельная, а что настоящую сломали ему, при каком-то другом похождении, в Париже, зато приставили новую, какую-то особенную, пробочную. Впрочем, мало ли чего не расскажут? Но верно было, однако же, то, что правый глаз его был стеклянный, хотя и очень искусно подделанный. Зубы тоже были из композиции. Целые дни он умывался разными патентованными водами, душился и помадился. Помнят, однако же, что князь тогда уже начинал приметно дряхлеть и становился невыносимо болтлив. Казалось, что карьера его оканчивалась. Все знали, что у него уже не было ни копейки. И вдруг в это время, совершенно неожиданно, одна из ближайших его родственниц, чрезвычайно ветхая старуха, проживавшая постоянно в Париже и от которой он никаким образом не мог ожидать наследства, - умерла, похоронив, ровно за месяц до своей смерти, своего законного наследника. Князь, совершенно неожиданно, сделался ее законным

99

наследником. Четыре тысячи душ великолепнейшего имения, ровно в шестидесяти верстах от Мордасова, достались ему одному, безраздельно. Он немедленно собрался для окончания своих дел в Петербург. Провожая своего гостя, наши дамы дали ему великолепный обед, по подписке. Помнят, что князь был очаровательно весел на этом последнем обеде, каламбурил, смешил, рассказывал самые необыкновенные анекдоты, обещался как можно скорее приехать в Духаново (свое новоприобретенное имение) и давал слово, что по возвращении у него будут беспрерывные праздники, пикники, балы, фейерверки. Целый год после его отъезда дамы толковали об этих обещанных праздниках, ожидая своего милого старичка с ужасным нетерпением. В ожидании же составлялись даже поездки в Духаново, где был старинный барский дом и сад, с выстриженными из акаций львами, с насыпными курганами, с прудами, по которым ходили лодки с деревянными турками, игравшими на свирелях, с беседками, с павильонами, с монплезирами и другими затеями.

Наконец князь воротился, но, к всеобщему удивлению и разочарованию, даже и не заехал в Мордасов, а поселился в своем Духанове совершенным затворником. Распространились странные слухи, и вообще с этой эпохи история князя становится туманною и фантастическою. Во-первых, рассказывали, что в Петербурге ему не совсем удалось, что некоторые из его родственников, будущие наследники, хотели, по слабоумию князя, выхлопотать над ним какую-то опеку, вероятно из боязни, что он опять все промотает. Мало того: иные прибавляли, что его хотели даже посадить в сумасшедший дом, но что какой-то из его родственников, один важный барин, будто бы за него заступился, доказав ясно всем прочим, что бедный князь, вполовину умерший и поддельный, вероятно, скоро и весь умрет, и тогда имение достанется им и без сумасшедшего дома. Повторяю опять: мало ли чего не наскажут, особенно у нас в Мордасове? Всё это, как рассказывали, ужасно испугало князя, до того, что он совершенно изменился характером и обратился в затворника. Некоторые из мордасовцев из любопытства поехали к нему с поздравлениями, но - или не были приняты, или приняты чрезвычайно странным образом. Князь даже не узнавал своих прежних знакомых. Утверждали, что он и не хотел узнавать. Посетил его и губернатор.

Он воротился с известием, что, по его мнению, князь действительно немного помешан, и всегда потом делал кислую мину при воспоминании о своей поездке в Духаново. Дамы громко негодовали. Узнали наконец одну капитальную вещь, именно: что князем овладела какая-то неизвестная Степанида Матвеевна, бог знает какая женщина, приехавшая с ним из Петербурга, пожилая и толстая, которая ходит в ситцевых платьях и с ключами в руках; что князь слушается ее во всем как ребенок и не смеет ступить шагу без ее позволения; что она даже моет его своими руками; балует его, носит и тешит как ребенка; что, наконец, она-то и отдаляет от него всех посетителей, и в особенности родственников, которые начали было понемногу заезжать в Духаново, для разведок. В Мордасове много рассуждали об этой непонятной связи, особенно дамы. Ко всему этому прибавляли, что Степанида Матвеевна управляет всем имением князя безгранично и самовластно; отрешает управителей, приказчиков, прислугу, собирает доходы; но что управляет она хорошо, так что крестьяне благословляют судьбу свою. Что же касается до самого князя, то узнали, что дни его проходят почти сплошь за туалетом, в примеривании париков и фраков; что остальное время он проводит с Степанидой Матвеевной, играет с ней в свои козыри, гадает на картах, изредка выезжая погулять верхом на смирной английской кобыле, причем Степанида Матвеевна непременно сопровождает его в крытых дрожках, на всякий случай, - потому что князь ездит верхом более из кокетства, а сам чуть держится на седле. Видели его иногда и пешком, в пальто и в соломенной широкополой шляпке, с розовым дамским платочком на шее, с стеклышком в глазу и с соломенной корзинкой на левой руке для собирания грибков, полевых цветов, васильков; Степанида же Матвеевна всегда при этом сопровождает его, а сзади идут два саженные лакея и едет, на всякий случай, коляска. Когда же встречается с ним мужик и, остановясь в стороне, снимает шапку, низко кланяется и приговаривает: "Здравствуй, батюшка князь, ваше сиятельство, наше красное солнышко!" - то князь немедленно наводит на него свой лорнет, приветливо кивает головой и ласково говорит ему: "Bonjour, mon ami, bonjour!"[4], и много подобных слухов ходило в Мордасове; князя никак не могли забыть: он жил в таком близком соседстве! Каково же было всеобщее изумление, когда, в одно прекрасное утро, разнесся слух, что князь, затворник, чудак, своею собственною особою пожаловал в Мордасов и остановился у Марьи Александровны! Всё переполошилось и взволновалось. Все ждали объяснений, все спрашивали друг у друга: что это значит? Иные собирались уже ехать к Марье Александровне. Всем приезд князя казался диковинкой. Дамы пересылались записками, собирались с визитами, посылали своих горничных и мужей на разведки. Особенно странным казалось, отчего именно князь остановился у Марьи Александровны, а не у кого другого? Всех более досадовала Анна Николаевна Антипова, потому что князь приходился ей как-то очень дальней родней. Но, чтоб разрешить все эти вопросы, нужно непременно зайти к самой Марье Александровне, к которой милости просим пожаловать и благосклонного

---

[4] Здравствуй, друг мой, здравствуй! (франц.)

читателя. Теперь, правда, еще только десять часов утра, но я уверен, что она не откажется принять своих коротких знакомых. Нас, по крайней мере, примет она непременно.

Глава III

Десять часов утра. Мы в доме Марьи Александровны, на Большой улице, в той самой комнате, которую хозяйка, в торжественных случаях, называет своим салоном. У Марьи Александровны есть тоже и будуар. В этом салоне порядочно выкрашены полы и недурны выписные обои. В мебели, довольно неуклюжей, преобладает красный цвет. Есть камин, над камином зеркало, перед зеркалом бронзовые часы с каким-то амуром, весьма дурного вкуса. Между окнами, в простенках, два зеркала, с которых успели уже снять чехлы. Перед зеркалами, на столиках, опять часы. У задней стены - превосходный рояль, выписанный для Зины: Зина - музыкантша. Около затопленного камина расставлены кресла, по возможности в живописном беспорядке; между ними маленький столик. На другом конце комнаты другой стол, накрытый скатертью ослепительной белизны; на нем кипит серебряный самовар и собран хорошенький чайный прибор. Самоваром и чаем заведует одна дама, проживающая у Марьи Александровны в качестве дальней родственницы, Настасья Петровна Зяблова. Два слова об этой даме. Она вдова, ей за тридцать лет, брюнетка, с свежим цветом лица и с живыми темно-карими глазами. Вообще недурна собою. Она веселого характера и большая хохотунья, довольно хитра, разумеется, сплетница и умеет обделывать свои делишки. У ней двое детей, где-то учатся. Ей бы очень хотелось выйти еще раз замуж. Держит она себя довольно независимо. Муж ее был военный офицер. Сама Марья Александровна сидит у камина в превосходнейшем расположении духа и в светло-зеленом платье, которое к ней идет. Она ужасно обрадована приездом князя, который в эту минуту сидит наверху за своим туалетом. Она так рада, что даже не старается скрывать свою радость. Перед ней стоя рисуется молодой человек и что-то с одушевлением рассказывает. По глазам его видно, что ему хочется угодить своим слушательницам. Ему двадцать пять лет. Манеры его были бы недурны, но он часто приходит в восторг и, кроме того, с большой претензией на юмор и остроту. Одет отлично, белокур, недурен собою. Но мы уже говорили об нем: это господин Мозгляков, подающий большие надежды. Марья Александровна находит про себя, что у него немного пусто в голове, но принимает его прекрасно. Он искатель руки ее дочери

Зины, в которую, по его словам, влюблен до безумия. Он поминутно обращается к Зине, стараясь сорвать с ее губ улыбку своим остроумием и веселостью. Но та с ним видимо холодна и небрежна. В эту минуту она стоит в стороне, у рояля, и перебирает пальчиками календарь. Это одна из тех женщин, которые производят всеобщее восторженное изумление, когда являются в обществе. Она хороша до невозможности: росту высокого, брюнетка, с чудными, почти совершенно черными глазами, стройная, с могучею, дивною грудью. Ее плечи и руки - античные, ножка соблазнительная, поступь королевская. Она сегодня немного бледна; но зато ее пухленькие алые губки, удивительно обрисованные, между которыми светятся, как нанизанный жемчуг, ровные маленькие зубы, будут вам три дня сниться во сне, если хоть раз на них взгляните. Выражение ее серьезно и строго. Мосье Мозгляков как будто боится ее пристального взгляда; по крайней мере, его как-то коробит, когда он осмеливается взглянуть на нее. Движения ее свысока небрежны. Она одета в простое белое кисейное платье. Белый цвет к ней чрезвычайно идет; впрочем, к ней всё идет. На ее пальчике кольцо, сплетенное из чьих-то волос, судя по цвету, - не из маменькиных; Мозгляков никогда не смел спросить ее: чьи это волосы? В это утро Зина как-то особенно молчалива и даже грустна, как будто чем-то озабочена. Зато Марья Александровна готова говорить без умолку, хоть изредка тоже взглядывает на дочь каким-то особенным, подозрительным взглядом, но, впрочем, делает это украдкой, как будто и она тоже боится ее.

- Я так рада, так рада, Павел Александрович, - щебечет она, - что готова кричать об этом всем и каждому из окошка. Не говорю уж о том милом сюрпризе, который вы сделали нам, мне и Зине, приехав двумя неделями раньше обещанного; это уж само собой! Я ужасно рада тому, что вы привезли сюда этого милого князя. Знаете ли, как я люблю этого очаровательного старичка! Но нет, нет! вы не поймете меня! вы, молодежь, не поймете моего восторга, как бы я ни уверяла вас! Знаете ли, чем он был для меня в прежнее время, лет шесть тому назад, помнишь, Зина? Впрочем, я и забыла: ты тогда гостила у тетки... Вы не поверите, Павел Александрович: я была его руководительницей, сестрой, матерью! Он слушался меня как ребенок! было что-то наивное, нежное и облагороженное в нашей связи; что-то даже как будто пастушеское... Я уж и не знаю, как и назвать! Вот почему он и помнит теперь только об одном моем доме с благодарностию, се pauvre prince![5] Знаете ли, Павел Александрович, что вы, может быть, спасли его тем, что завезли его ко мне! Я с сокрушением сердца думала о нем эти шесть лет. Вы не поверите:

[5] этот бедный князь! (франц.)

он мне снился даже во сне. Говорят, эта чудовищная женщина околдовала, погубила его. Но наконец-то вы его вырвали из этих клещей! Нет, надобно воспользоваться случаем и спасти его совершенно! Но расскажите мне еще раз, как удалось вам всё это? Опишите мне подробнейшим образом всю вашу встречу. Давеча я, впопыхах, обратила только внимание на главное дело, тогда как все эти мелочи, мелочи и составляют, так сказать, настоящий сок! Я ужасно люблю мелочи, даже в самых важных случаях прежде обращаю внимание на мелочи... и... покамест он еще сидит за своим туалетом...

    - Да всё то же, что уже рассказывал, Марья Александровна! - с готовностью подхватывает Мозгляков, готовый рассказывать хоть в десятый раз, - это составляет для него наслаждение. - Ехал я всю ночь, разумеется, всю ночь не спал, - можете себе представить, как я спешил! - прибавляет он, обращаясь к Зине, - одним словом, бранился, кричал, требовал лошадей, даже буянил из-за лошадей на станциях; если б напечатать, вышла бы целая поэма в новейшем вкусе! Впрочем, это в сторону! Ровно в шесть часов утра приезжаю на последнюю станцию, в Игишево. Издрог, не хочу и греться, кричу: лошадей! Испугал смотрительницу с грудным ребенком: теперь, кажется, у ней пропало молоко... Восход солнца очаровательный. Знаете, эта морозная пыль алеет, серебрится! Не обращаю ни на что внимания; одним словом, спешу напропалую! Лошадей взял с бою: отнял у какого-то коллежского советника и чуть не вызвал его на дуэль. Говорят мне, что четверть часа тому съехал со станции какой-то князь, едет на своих, ночевал. Я едва слушаю, сажусь, лечу, точно с цепи сорвался. Есть что-то подобное у Фета, в какой-то элегии. Ровно в девяти верстах от города, на самом повороте в Светозерскую пустынь, вижу, произошло удивительное событие. Огромная дорожная карета лежит на боку, кучер и два лакея стоят перед нею в недоумении, а из кареты, лежащей на боку, несутся раздирающие душу крики и вопли. Думал проехать мимо: лежи себе на боку; не здешнего прихода! Но превозмогло человеколюбие, которое, как выражается Гейне, везде суется с своим носом. Останавливаюсь. Я, мой Семен, ямщик - тоже русская душа, спешим на подмогу и, таким образом, вшестером подымаем наконец экипаж, ставим его на ноги, которых у него, правда, и нет, потому что он на полозьях. Помогли еще мужики с дровами, ехали в город, получили от меня на водку. Думаю: верно, это тот самый князь! Смотрю: боже мой! он самый и есть, князь Гаврила! Вот встреча! Кричу ему: "Князь! дядюшка!" Он, конечно, почти не узнал меня с первого взгляда; впрочем, тотчас же почти узнал... со второго взгляда. Признаюсь вам, однако же, что едва ли он и теперь понимает - кто я таков, и, кажется, принимает меня за кого-то другого, а не за родственника. Я видел его лет семь назад в Петербурге; ну, разумеется, я тогда был мальчишка. Я-то его запомнил: он меня поразил, - ну, а ему-то где ж меня помнить! Рекомендуюсь; он в восхищении, обнимает меня, а между тем сам весь дрожит от испуга и плачет, ей-богу, плачет: я видел это собственными глазами! То да се, - уговорил его наконец пересесть в мой возок и хоть на один день заехать в Мордасов, ободриться и отдохнуть. Он соглашается беспрекословно... Объявляет мне, что едет в Светозерскую пустынь, к иеромонаху Мисаилу, которого чтит и уважает; что Степанида Матвеевна, - а уж из нас, родственников, кто не слыхал про Степаниду Матвеевну? - она меня прошлого года из Духанова помелом прогнала, - что эта Степанида Матвеевна получила письмо такого содержания, что у ней в Москве кто-то при последнем издыхании: отец или дочь, не знаю, кто именно, да и не интересуюсь знать; может быть, и отец и дочь вместе; может быть, еще с прибавкою какого-нибудь племянника, служащего по питейной части... Одним словом, она до того была оконфужена, что дней на десять решилась распроститься с своим князем и полетела в столицу украсить ее своим присутствием. Князь сидел день, сидел другой, примерял парики, помадился, фабрился, загадал было на картах (может быть, даже и на бобах); но стало невмочь без Степаниды Матвеевны! приказал лошадей и покатил в Светозерскую пустынь. Кто-то из домашних, боясь невидимой Степаниды Матвеевны, осмелился было возразить; но князь настоял. Выехал вчера после обеда, ночевал в Игишеве, со станции съехал на заре и, на самом повороте к иеромонаху Мисаилу, полетел с каретой чуть не в овраг. Я его спасаю, уговариваю заехать к общему другу нашему, многоуважаемой Марье Александровне; он говорит про вас, что вы очаровательнейшая дама из всех, которых он когда-нибудь знал, и вот мы здесь, а князь поправляет теперь наверху свой туалет, с помощию своего камердинера, которого не забыл взять с собою и которого никогда и ни в каком случае не забудет взять с собою, потому что согласится скорее умереть, чем явиться к дамам без некоторых приготовлений или, лучше сказать - исправлений... Вот и вся история! Eine allerliebste Geschichte![6]

- Но какой он юморист, Зина! - вскрикивает Марья Александровна, выслушав, - как он это мило рассказывает! Но, послушайте, Поль, - один вопрос: объясните мне хорошенько ваше родство с князем! Вы называете его дядей?

- Ей-богу, не знаю, Марья Александровна, как и чем я родня ему: кажется, седьмая вода, может быть, даже и не на киселе, а на чем-нибудь другом. Я тут не виноват нисколько; а виновата во всем этом тетушка Аглая Михайловна. Впрочем, тетушке Аглае Михайловне больше и делать нечего, как пересчитывать по пальцам родню; она-то и протурила меня

---

[6] Премилая история! (нем.)

ехать к нему, прошлого лета, в Духаново. Съездила бы сама! Просто-
запросто я называю его дядюшкой; он откликается. Вот вам и всё наше
родство, на сегодняшний день по крайней мере...

- Но я все-таки повторю, что только один бог мог вас надоумить
привезти его прямо ко мне! Я трепещу, когда воображу себе, что бы с ним
было, бедняжкой, если б он попал к кому-нибудь другому, а не ко мне?
Да его бы здесь расхватали, разобрали по косточкам, съели! Бросились бы
на него, как на рудник, как на россыпь, - пожалуй, обокрали б его? Вы не
можете представить себе, какие здесь жадные, низкие и коварные
людишки, Павел Александрович!..

- Ах, боже мой, да к кому ж его и привезти, как не к вам, - какие вы,
Марья Александровна! - подхватывает Настасья Петровна, вдова,
разливающая чай. - Ведь не к Анне же Николаевне везти его, как вы
думаете?

- Однако ж, что он так долго не выходит? Это даже странно, - говорит
Марья Александровна, в нетерпении вставая с места.

- Дядюшка-то? Да, я думаю, он еще пять часов будет там одеваться! К
тому же так как у него совершенно нет памяти, то он, может быть, и
забыл, что приехал к вам в гости. Ведь это удивительнейший человек,
Марья Александровна!

- Ах, полноте, пожалуйста, что вы!

- Вовсе не что вы, Марья Александровна, а сущая правда! Ведь это
полукомпозиция, а не человек. Вы его видели шесть лет назад, а я час
тому назад его видел. Ведь это полупокойник! Ведь это только
воспоминание о человеке; ведь его забыли похоронить! Ведь у него глаза
вставные, ноги пробочные, он весь на пружинах и говорит на пружинах!

- Боже мой, какой вы, однако же, ветреник, как я вас послушаю! -
восклицает Марья Александровна, принимая строгий вид. - И как не
стыдно вам, молодому человеку, родственнику, говорить так про этого
почтенного старичка! Не говоря уже о его беспримерной доброте, - и
голос ее принимает какое-то трогательное выражение, - вспомните, что
это остаток, так сказать, обломок нашей аристократии. Друг мой, mon ami!
Я понимаю, что вы ветреничаете из каких-то там ваших новых идей, о
которых вы беспрерывно толкуете. Но боже мой! Я и сама - ваших новых
идей! Я понимаю, что основание вашего направления благородно и
честно. Я чувствую, что в этих новых идеях есть даже что-то возвышенное;
но всё это не мешает мне видеть и прямую, так сказать, практическую
сторону дела. Я жила на свете, я видела больше вас, и, наконец, я мать, а
вы еще молоды! Он старичок и потому, на ваши глаза, смешон! Мало того:
вы прошлый раз говорили даже, что намерены отпустить ваших крестьян
на волю и что надобно же что-нибудь сделать для века, и всё это оттого,
что вы начитались там какого-нибудь вашего Шекспира! Поверьте, Павел

106

Александрович, ваш Шекспир давным-давно уже отжил свой век и если б воскрес, то, со всем своим умом, не разобрал бы и нашей жизни ни строчки! Если есть что-нибудь рыцарское и величественное в современном нам обществе, так это именно в высшем сословии. Князь и в кульке князь, князь и в лачуге будет как во дворце! А вот муж Натальи Дмитриевны чуть ли не дворец себе выстроил, - и все-таки он только муж Натальи Дмитриевны, и ничего больше! Да и сама Наталья Дмитриевна, хоть пятьдесят кринолинов на себя налепи, - все-таки останется прежней Натальей Дмитриевной и нисколько не прибавит себе. Вы тоже, отчасти, представитель высшего сословия, потому что от него происходите. Я тоже себя считаю не чужою ему, - а дурное то дитя, которое марает свое гнездо! Но, впрочем, вы сами дойдете до всего этого лучше меня, mon cher Paul[7], и забудете вашего Шекспира. Предрекаю вам. Я уверена, что вы даже и теперь не искренни, а так только, модничаете. Впрочем, я заболталась. Побудьте здесь, mon cher Paul, я сама схожу наверх и узнаю о князе. Может быть, ему надо чего-нибудь, а ведь с моими людишками...

И Марья Александровна поспешно вышла из комнаты, вспомня о своих людишках.

- Марья Александровна, кажется, очень рады, что князь не достался этой франтихе, Анне Николаевне. А ведь уверяла всё, что родня ему. То-то разрывается, должно быть, теперь от досады! - заметила Настасья Петровна; но заметив, что ей не отвечают, и взглянув на Зину и на Павла Александровича, госпожа Зяблова тотчас догадалась и вышла, как будто за делом, из комнаты. Она, впрочем, немедленно вознаградила себя, остановилась у дверей и стала подслушивать.

Павел Александрович тотчас же обратился к Зине. Он был в ужасном волнении; голос его дрожал.

- Зинаида Афанасьевна, вы не сердитесь на меня? - проговорил он с робким и умоляющим видом.

- На вас? За что же? - сказала Зина, слегка покраснев и подняв на него чудные глаза.

- За мой ранний приезд, Зинаида Афанасьевна! Я не вытерпел, я не мог дожидаться еще две недели... Вы мне снились даже во сне. Я прилетел узнать мою участь... Но вы хмуритесь, вы сердитесь! Неужели и теперь я не узнаю ничего решительного?

Зинаида действительно нахмурилась.

- Я ожидала, что вы заговорите об этом, - отвечала она, снова опустив глаза, голосом твердым и строгим, но в котором слышалась досада. - И так как это ожидание было для меня очень тяжело, то, чем скорее оно разрешилось, тем лучше. Вы опять требуете, то есть просите, ответа.

---

[7] Мой милый Поль (франц.)

Извольте, я повторю вам его, потому что мой ответ всё тот же, как и прежде: подождите! Повторяю вам, - я еще не решилась и не могу вам дать обещание быть вашею женою. Этого не требуют насильно, Павел Александрович. Но, чтобы успокоить вас, прибавляю, что я еще не отказываю вам окончательно. Заметьте еще: обнадеживая вас теперь на благоприятное решение, я делаю это единственно потому, что снисходительна к вашему нетерпению и беспокойству. Повторяю, что хочу остаться совершенно свободною в своем решении, и если я вам скажу наконец, что я не согласна, то вы и не должны обвинять меня, что я вас обнадеживала. Итак, знайте это.

- Итак, что же, что. же это! - вскричал Мозгляков жалобным голосом. - Неужели это надежда! Могу ли я извлечь хоть какую-нибудь надежду из ваших слов, Зинаида Афанасьевна?

- Припомните всё, что я вам сказала, и извлекайте всё, что вам угодно. Ваша воля! Но я больше ничего не прибавлю. Я вам еще не отказываю, а говорю только: ждите. Но, повторяю вам, я оставляю за собой полное право отказать вам, если мне вздумается. Замечу еще одно, Павел Александрович: если вы приехали раньше положенного для ответа срока, чтоб действовать окольными путями, надеясь на постороннюю протекцию, например хоть на влияние маменьки, то вы очень ошиблись в расчете. Я тогда прямо откажу вам, слышите ли это? А теперь - довольно, и, пожалуйста, до известного времени не поминайте мне об этом ни слова.

Вся эта речь была произнесена сухо, твердо и без запинки, как будто заранее заученная. Мосье Поль почувствовал, что остался с носом. В эту минуту воротилась Марья Александровна. За нею, почти тотчас же, госпожа Зяблова.

- Он, кажется, сейчас сойдет, Зина! Настасья Петровна, скорее заварите нового чаю! - Марья Александровна была даже в маленьком волнении.

- Анна Николаевна уже присылала наведаться. Ее Анютка прибегала на кухню и расспрашивала. То-то злится теперь! - возвестила Настасья Петровна, бросаясь к самовару.

- А мне какое дело! - сказала Марья Александровна, отвечая через плечо госпоже Зябловой. - Точно я интересуюсь знать, что думает ваша Анна Николаевна? Поверьте, не буду никого подсылать к ней на кухню. И удивляюсь, решительно удивляюсь, почему вы все считаете меня врагом этой бедной Анны Николаевны, да и не вы одна, а все в городе? Я на вас пошлюсь, Павел Александрович! Вы знаете нас обеих, - ну из чего я буду врагом ее? За первенство? Но я равнодушна к этому первенству. Пусть ее, пусть будет первая! Я первая готова поехать к ней, поздравить ее с ее первенством. И наконец - всё это несправедливо. Я заступлюсь за нее, я обязана за нее заступиться! На нее клевещут. За что вы все на нее нападаете? Она молода и любит наряды, - за это, что ли?

Но, по-моему, уж лучше наряды, чем что-нибудь другое, вот как Наталья Дмитриевна, которая - такое любит, что и сказать нельзя. За то ли, что Анна Николаевна ездит по гостям и не может посидеть дома? Но боже мой! Она не получила никакого образования, и ей, конечно, тяжело раскрыть, например, книгу или заняться чем-нибудь две минуты сряду. Она кокетничает и делает из окна глазки всем, кто ни пройдет по улице. Но зачем же уверяют ее, что она хорошенькая, когда у ней только белое лицо и больше ничего? Она смешит в танцах, - соглашаюсь! Но зачем же уверяют ее, что она прекрасно полькирует? На ней невозможные наколки и шляпки, - но чем же виновата она, что ей бог не дал вкусу, а, напротив, дал столько легковерия. Уверьте ее, что хорошо приколоть к волосам конфетную бумажку, она и приколет. Она сплетница, - но это здешняя привычка: кто здесь не сплетничает? К ней ездит Сушилов с своими бакенбардами и утром, и вечером, и чуть ли не ночью. Ах, боже мой! еще бы: муж козырял в карты до пяти часов утра! К тому же здесь столько дурных примеров! Наконец, это еще, может быть, и клевета. Словом, я всегда, всегда заступлюсь за нее!.. Но боже мой! вот и князь! Это он, он! Я узнаю его! Я узнаю его из тысячи! Наконец-то я вас вижу, mon prince![8] - вскричала Марья Александровна и бросилась навстречу вошедшему князю.

Глава IV

С первого, беглого взгляда вы вовсе не сочтете этого князя за старика и, только взглянув поближе и пристальнее, увидите, что это какой-то мертвец на пружинах. Все средства искусства употреблены, чтоб закостюмировать эту мумию в юношу. Удивительные парик, бакенбарды, усы и эспаньолка, превосходнейшего черного цвета, закрывают половину лица. Лицо набеленное и нарумяненное необыкновенно искусно, и на нем почти нет морщин. Куда они делись? - неизвестно. Одет он совершенно по моде, точно вырвался из модной картинки. На нем какая-то визитка или что-то подобное, ей-богу, не знаю, что именно, но только что-то чрезвычайно модное и современное, созданное для утренних визитов. Перчатки, галстух, жилет, белье и всё прочее - всё это ослепительной свежести и изящного вкуса. Князь немного прихрамывает,

---

[8] князь (франц.)

но прихрамывает так ловко, как будто и это необходимо по моде. В глазу его стеклышко, в том самом глазу, который и без того стеклянный. Князь пропитан духами. Разговаривая, он как-то особенно протягивает иные слова, - может быть, от старческой немощи, может быть, оттого, что все зубы вставные, может быть, и для пущей важности. Некоторые слоги он произносит необыкновенно сладко, особенно напирая на букву э. Да у него как-то выходит ддэ, но только еще немного послаще. Во всех манерах его что-то небрежное, заученное в продолжение всей франтовской его жизни. Но вообще, если и сохранилось что-нибудь от этой прежней, франтовской его жизни, то сохранилось уже как-то бессознательно, в виде какого-то неясного воспоминания, в виде какой-то пережитой, отпетой старины, которую, увы! не воскресят никакие косметики, корсеты, парфюмеры и парикмахеры. И потому лучше сделаем, если заранее признаемся, что старичок если и не выжил еще из ума, то давно уже выжил из памяти и поминутно сбивается, повторяется и даже совсем завирается. Нужно даже уменье, чтоб с ним говорить. Но Марья Александровна надеется на себя и, при виде князя, приходит в неизреченный восторг.

- Но вы ничего, ничего не переменились! - восклицает она, хватая гостя за обе руки и усаживая его в покойное кресло. - Садитесь, садитесь, князь! Шесть лет, целых шесть лет не видались, и ни одного письма, даже ни строчки во всё это время! О, как вы виноваты передо мною, князь! Как я зла была на вас, mon cher prince! Но - чаю, чаю! Ах, боже мой! Настасья Петровна, чаю!

- Благодарю, бла-го-дарю, вин-новат! - шепелявит князь (мы забыли сказать, что он немного шепелявит, но и это делает как будто по моде). - Ви-но-ват! и представьте себе, еще прошлого года непре-менно хотел сюда ехать, - прибавляет он, лорнируя комнату. - Да напугали: тут, говорят, хо-ле-ра была.

- Нет, князь, у нас не было холеры, - говорит Марья Александровна.

- Здесь был скотский падеж, дядюшка! - вставляет Мозгляков, желая отличиться. Марья Александровна обмеривает его строгим взглядом.

- Ну да, скотский па-деж или что-то в этом роде... Я и остался. Ну, как ваш муж, моя милая Анна Николаевна? Всё по своей проку-рорской части?

- Н-нет, князь, - говорит Марья Александровна, немного заикаясь. - Мой муж не про-ку-рор...

- Бьюсь об заклад, что дядюшка сбился и принимает вас за Анну Николаевну Антипову! - вскрикивает догадливый Мозгляков, но тотчас спохватывается, замечая, что и без этих пояснений Марью Александровну как будто всю покоробило.

- Ну да, да, Анну Николаевну, и-и... (я всё забываю!). Ну да, Антиповну, именно Антиповну, - подтверждает князь.

- Н-нет, князь, вы очень ошиблись, - говорит Марья Александровна с горькой улыбкой. - Я вовсе не Анна Николаевна и, признаюсь, никак не ожидала, что вы меня не узнаете! Вы меня удивили, князь! Я ваш бывший друг, Марья Александровна Москалева. Помните, князь, Марью Александровну?..

- Марью А-лекс-анд-ровну! представьте себе! а я именно пола-гал, что вы-то и есть (как ее) - ну да! Анна Васильевна... C'est délicieux![9] Значит, я не туда заехал. А я думал, мой друг, что ты именно ве-зешь меня к этой Анне Матвеевне. C'est charmant![10] Впрочем, это со мной часто случается... Я часто не туда заезжаю. Я вообще доволен, всегда доволен, что б ни случилось. Так вы не Настасья Ва-сильевна? Это инте-ресно...

- Марья Александровна, князь, Марья Александровна! О, как вы виноваты передо мной! Забыть своего лучшего, лучшего друга!

- Ну да, луч-шего друга... pardon, pardon![11] - шепелявит князь, заглядываясь на Зину.

- А это дочь моя, Зина. Вы еще не знакомы, князь. Ее не было в то время, когда вы были здесь, помните, в -м году?

- Это ваша дочь! Charmante, charmante! - бормочет князь, с жадностью лорнируя Зину. - Mais quelle beauté![12] - шепчет он, видимо пораженный.

- Чаю, князь, - говорит Марья Александровна, привлекая внимание князя на казачка, стоящего перед ним с подносом в руках. Князь берет чашку и засматривается на мальчика, у которого пухленькие и розовые щечки.

- А-а-а, это ваш мальчик? - говорит он. - Какой хо-рошень-кий мальчик!.. и-и-и, верно, хо-ро-шо... ведет себя?

- Но, князь, - поспешно перебивает Марья Александровна, - я слышала об ужаснейшем происшествии! Признаюсь, я была вне себя от испуга... Не ушиблись ли вы? Смотрите! этим пренебрегать невозможно...

- Вывалил! вывалил! кучер вывалил! - восклицает князь с необыкновенным одушевлением. - Я уже думал, что наступает светопреставление или что-нибудь в этом роде, и так, признаюсь, испугался, что - прости меня, угодник! - небо с овчинку показалось! Не ожидал, не ожи-дал! совсем не о-жи-дал! И во всем этом мой кучер Фе-о-фил виноват! Я уж на тебя во всем надеюсь, мой друг: распорядись и разыщи хорошенько. Я у-ве-рен, что он на жизнь мою по-ку-шался.

---

[9] Это восхитительно! (франц.)

[10] Это очаровательно! (франц.)

[11] простите, простите! (франц.)

[12] Но какая красавица! (франц.)

- Хорошо, хорошо, дядюшка! - отвечает Павел Александрович. - Всё разыщу! Только послушайте, дядюшка! Простите-ка его, для сегодняшнего дня, а? Как вы думаете?

- Ни за что не прощу! Я уверен, что он на жизнь мою покушался! Он и еще Лаврентий, которого я дома оставил. Вообразите: нахватался, знаете, каких-то новых идей! Отрицание какое-то в нем явилось... Одним словом: коммунист, в полном смысле слова! Я уж и встречаться с ним боюсь!

- Ах, какую вы правду сказали, князь, - восклицает Марья Александровна. - Вы не поверите, как я сама страдаю от этих негодных людишек! Вообразите: я теперь переменила двух из моих людей, и, признаюсь, они так глупы, что я просто бьюсь с ними с утра до вечера. Вы не поверите, как они глупы, князь!

- Ну да, ну да! Но, признаюсь вам, я даже люблю, когда лакей отчасти глуп, - замечает князь, который, как и все старички, рад, когда болтовню его слушают с подобострастием. - К лакею это как-то идет, - и даже составляет его достоин-ство, если он чистосердечен и глуп. Разумеется, в иных только случа-ях. Са-но-ви-тости в нем оттого как-то больше, тор-жественность какая-то в лице у него является; одним словом, благовоспитанности больше, а я прежде всего требую от человека бла-го-вос-питан-ности. Вот у меня Те-рен-тий есть. Ведь ты помнишь, мой друг, Те-рен-тия? Я, как взглянул на него, так и предрек ему с первого раза: быть тебе в швейцарах! Глуп фе-но-менально! смотрит как баран на воду! Но какая са-но-витость, какая торжественность! Кадык такой, светло-розовый! Ну, а - ведь это в белом галстухе и во всем параде составляет эффект. Я душевно его полюбил. Иной раз смотрю на него и засматриваюсь: решительно диссертацию сочиняет, - такой важный вид! - одним словом, настоящий немецкий философ Кант или, еще вернее, откормленный жирный индюк. Совершенный comme il faut для служащего человека!..

Марья Александровна хохочет с самым восторженным увлечением и даже хлопает в ладошки. Павел Александрович вторит ей от всего сердца: его чрезвычайно занимает дядя. Захохотала и Настасья Петровна. Улыбнулась даже и Зина.

- Но сколько юмору, сколько веселости, сколько в вас остроумия, князь! - восклицает Марья Александровна. - Какая драгоценная способность подметить самую тонкую, самую смешную черту!.. И исчезнуть из общества, запереться на целых пять лет! С таким талантом! Но вы бы могли писать, князь! Вы бы могли повторить Фонвизина, Грибоедова, Гоголя!..

- Ну да, ну да! - говорит вседовольный князь, - я могу пов-то-рить... и, знаете, я был необыкновенно остроумен в прежнее время. Я даже для сцены во-де-виль написал... Там было несколько вос-хи-ти-тельных куплетов! Впрочем, его никогда не играли...

- Ах, как бы это мило было прочесть! И знаешь, Зина, вот теперь бы кстати! У нас же сбираются составить театр, - для патриотического пожертвования, князь, в пользу раненых... вот бы ваш водевиль!

- Конечно! Я даже опять готов написать... впрочем, я его совершенно за-был. Но, помню, там было два-три каламбура таких, что (и князь поцеловал свою ручку)... И вообще, когда я был за гра-ни-цей, я производил нас-то-ящий fu-ro-re[13]. Лорда Байрона помню. Мы были на дружеской но-ге. Восхитительно танцевал краковяк на Венском конгрессе.

- Лорд Байрон, дядюшка! помилуйте, дядюшка, что вы?

- Ну да, лорд Байрон. Впрочем, может быть, это был и не лорд Байрон, а кто-нибудь другой. Именно не лорд Байрон, а один поляк! Я теперь совершенно припоминаю. И пре-ори-ги-нальный был этот по-ляк: выдал себя за графа, а потом оказалось, что он был какой-то кухмистер. Но только вос-хи-ти-тельно танцевал краковяк и наконец сломал себе ногу. Я еще тогда на этот случай стихи сочинил:

Наш по-ляк
Танцевал краковяк...
А там... а там, вот уж дальше и не припомню...
А как ногу сломал,
Танцевать перестал.

- Ну, уж верно, так, дядюшка? - восклицает Мозгляков, всё более и более приходя в вдохновенье.

- Кажется, что так, друг мой, - отвечает дядюшка, - или что-нибудь подобное. Впрочем, может быть, и не так, но только преудачные вышли стишки... Вообще я теперь забыл некоторые происшествия. Это у меня от занятий.

- Но скажите, князь, чем же вы всё это время занимались в вашем уединении? - интересуется Марья Александровна. - Я так часто думала о вас, mon cher prince, что. признаюсь, на этот раз сгораю нетерпением узнать об этом подробнее...

- Чем занимался? Ну, вообще, знаете, много за-ня-тий. Когда - отдыхаешь; а иногда, знаете, хожу, воображаю разные вещи...

- У вас, должно быть, чрезвычайно сильное воображение, дядюшка?

- Чрезвычайно сильное, мой милый. Я иногда такое воображу, что

---

[13] Фурор (итал.)

даже сам себе потом у-див-ляюсь. Когда я был в Кадуеве... A propos![14] ведь ты, кажется, кадуевским вице-губернатором был?

- Я, дядюшка? Помилуйте, что вы! - восклицает Навел Александрович.

- Представь себе, мой друг! а я тебя всё принимал за вице-губернатора, да и думаю: что ж это у него как будто бы вдруг стало совсем другое ли-цо?.. У того, знаешь, было лицо такое о-са-нистое, умное... Не-о-бык-новенно умный был человек и всё стихи со-чи-нял на разные случаи. Немного, этак сбоку, на бубнового короля был похож...

- Нет, князь, - перебивает Марья Александровна, - клянусь, вы погубите себя такой жизнию! Затвориться на пять лет в уединение, никого не видать, ничего не слыхать! Но вы погибший человек, князь! Кого хотите спросите из тех, кто вам предан, и вам всякий скажет, что вы - погибший человек!

- Неужели? - восклицает князь.

- Уверяю вас; я говорю вам как друг, как сестра ваша! Я говорю вам потому, что вы мне дороги, потому что память о прошлом для меня священна! Какая выгода была бы мне лицемерить? Нет, вам нужно до основания изменить вашу жизнь, - иначе вы заболеете, вы истощите себя, вы умрете...

- Ах, боже мой! Неужели так скоро умру! - восклицает испуганный князь. - И представьте себе, вы угадали: меня чрезвычайно мучит геморрой, особенно с некоторого времени... И когда у меня бывают припадки, то вообще у-ди-вительные при этом симптомы (я вам подробнейшим образом их опишу)... Во-первых...

- Дядюшка, это вы в другой раз расскажете, - подхватывает Павел Александрович, - а теперь... не пора ли нам ехать?

- Ну да! пожалуй, в другой раз. Это, может быть, и не так интересно слушать. Я теперь соображаю... Но все-таки это чрезвычайно любопытная болезнь. Есть разные эпизоды... Напомни мне, мой друг, я тебе ужо вечером расскажу один случай в под-роб-ности...

- Но послушайте, князь, вам бы попробовать лечиться за границей, - перебивает еще раз Марья Александровна.

- За границей! Ну да, ну да! Я непременно поеду за границу. Я помню, когда я был за границей в двадцатых годах, там было у-ди-ви-тельно весело. Я чуть-чуть не женился на одной виконтессе, француженке. Я тогда был чрезвычайно влюблен и хотел посвятить ей всю свою жизнь. Но, впрочем, женился не я, а другой. И какой странный случай: отлучился всего на два часа, а другой и восторжествовал, один немецкий барон; он еще потом некоторое время в сумасшедшем доме сидел.

---

[14] Кстати! (франц.)

- Но, cher prince, я к тому говорила, что вам надо серьезно подумать о своем здоровье. За границей такие медики... и, сверх того, чего стоит уже одна перемена жизни! Вам решительно надо бросить, хоть на время, ваше Духаново.

- Неп-ре-менно! Я уже давно решился и, знаете, намерен лечиться гид-ро-па-тией.

- Гидропатией?

- Гидропатией. Я уже лечился раз гид-ро-па-тией. Я был тогда на водах. Там была одна московская барыня, я уж фамилью забыл, но только чрезвычайно поэтическая женщина, лет семидесяти была. При ней еще находилась дочь, лет пятидесяти, вдова, с бельмом на глазу. Та тоже чуть-чуть не стихами говорила. Потом еще с ней несчастный случай вы-шел: свою дворовую девку, осердясь, убила и за то под судом была. Вот и вздумали они меня водой лечить. Я, признаюсь, ничем не был болен; ну, пристали ко мне: "Лечись да лечись!" Я, из деликатности, и начал пить воду; думаю: и в самом деле легче сде-лается. Пил-пил, пил-пил, выпил целый водопад, и, знаете, эта гидропатия - полезная вещь и ужасно много пользы мне принесла, так что если б я наконец не за-бо-лел, то уверяю вас, что был бы совершенно здоров...

- Вот это совершенно справедливое заключенье, дядюшка! Скажите, дядюшка, вы учились логике?

- Боже мой! какие вы вопросы задаете! - строго замечает скандализированная Марья Александровна.

- Учился, друг мой, но только очень давно. Я и философии обучался в Германии, весь курс прошел, но только тогда же всё совершенно забыл. Но... признаюсь вам... вы меня так испугали этими болезнями, что я... весь расстроен. Впрочем, я сейчас ворочусь...

- Но куда ж вы, князь? - вскрикивает удивленная Марья Александровна.

- Я сейчас, сейчас... Я только записать одну новую мысль... au revoir[15]...

- Каков? - вскрикивает Павел Александрович и заливается хохотом.

Марья Александровна теряет терпенье.

- Не понимаю, решительно не понимаю, чему вы смеетесь! - начинает она с горячностию. - Смеяться над почтенным старичком, над родственником, подымать на смех каждое его слово, пользуясь ангельской его добротою! Я краснела за вас, Павел Александрович! Но, скажите, чем он смешон, по-вашему? Я ничего не нашла в нем смешного.

- Что он не узнает людей, что он иногда заговаривается?

- Но это следствие ужасной жизни его, ужасного пятилетнего заключения под надзором этой адской женщины. Его надо жалеть, а не

---

[15] до свидания (франц.)

смеяться над ним. Он даже меня не узнал; вы были сами свидетелем. Это уже, так сказать, - вопиет! Его, решительно, надо спасти! Я предлагаю ему ехать за границу, единственно в надежде, что он, может быть, бросит эту... торговлю!

- Знаете ли что? его надо женить, Марья Александровна! - восклицает Павел Александрович.

- Опять! Но вы неисправимы после этого, мсье Мозгляков!

- Нет, Марья Александровна, нет! В этот раз я говорю совершенно серьезно! Почему ж не женить? Это тоже идея! C'est une idée comme une autre![16] Чем может это повредить ему, скажите, пожалуйста? Он, напротив, в таком положении, что подобная мера может только спасти его! По закону, он еще может жениться. Во-первых, он будет избавлен от этой пройдохи (извините за выражение). Во-вторых, и главное - представьте себе, что он выберет девушку или, еще лучше, вдову, милую, добрую, умную, нежную и, главное, бедную, которая будет ухаживать за ним, как дочь, и поймет, что он ее облагодетельствовал, назвав своею женою. А что же ему лучше, как не родное, как не искреннее и благородное существо, которое беспрерывно будет подле него вместо этой... бабы? Разумеется, она должна быть хорошенькая, потому что дядюшка до сих пор еще любит хорошеньких. Вы заметили, как он заглядывался на Зинаиду Афанасьевну?

- Да где же вы найдете такую невесту? - спрашивает Настасья Петровна, прилежно слушавшая.

- Вот так сказали: да хоть бы вы, если только угодно! Позвольте спросить: чем вы не невеста князю! Во-первых - вы хорошенькая, во-вторых - вдова, в-третьих - благородная, в-четвертых - бедная (потому что вы действительно небогатая), в-пятых - вы очень благоразумная дама, следственно, будете любить его, держать его в хлопочках, прогоните ту барыню в толчки, повезете его за границу, будете кормить его манной кашкой и конфетами, - всё это ровно до той минуты, когда он оставит сей бренный мир, что будет ровно через год, а может быть, и через два месяца с половиною. Тогда вы - княгиня, вдова, богачка и, в награду за вашу решимость, выходите замуж за маркиза или за генерал-интенданта! C'est joli[17], не правда ли?

- Фу ты, боже мой! да я бы, мне кажется, влюбилась в него, голубчика, из одной благодарности, если б он только сделал мне предложение! - восклицает госпожа Зяблова, и темные выразительные глаза ее засверкали. - Только всё это - вздор!

- Вздор? хотите, это будет не вздор? Попросите-ка меня хорошенько и

---

[16] Эта идея не хуже других! (франц.)
[17] Это блестяще (франц.)

потом палец мне отрежьте, если сегодня же не будете его невестою! Да нет ничего легче уговорить или сманить на что-нибудь дядюшку! Он на всё говорит: "Ну да, ну да!" - сами слышали. Мы его женим так, что он и не услышит. Пожалуй, обманем и женим; да ведь для его же пользы, помилосердуйте!.. Хоть бы вы принарядились на всякий случай, Настасья Петровна!

Восторг мсье Мозглякова переходит даже в азарт. У госпожи Зябловой, как ни рассудительна она, потекли, однако же, слюнки.

- Да уж я и без вас знаю, что сегодня совсем замарашка, - отвечает она. - Совсем опустилась, давно не мечтаю. Вот и выехала такая мадам Грибусье... А что, в самом деле, я кухаркой кажусь?

Всё это время Марья Александровна сидела с какой-то странной миною в лице. Я не ошибусь, если скажу, что она слушала странное предложение Павла Александровича с каким-то испугом, как-то оторопев... Наконец она опомнилась.

- Всё это, положим, очень хорошо, но всё это вздор и нелепость, а главное, совершенно некстати, - резко прерывает она Мозглякова.

- Но почему же, добрейшая Марья Александровна, почему же это вздор и некстати?

- По многим причинам, а главное, потому, что вы у меня в доме, что князь - мой гость и что я никому не позволю забыть уважение к моему дому. Я принимаю ваши слова не иначе как за шутку, Павел Александрович. Но слава богу! вот и князь!

- Вот и я! - кричит князь, входя в комнату. - Удивительно, cher ami, сколько у меня сегодня разных идей. А другой раз, может быть, ты и не поверишь тому, как будто их совсем не бы-вает. Так и сижу себе целый день.

- Это, дядюшка, вероятно, от сегодняшнего падения. Это потрясло ваши нервы, и вот...

- Я и сам, мой друг, этому же приписываю и нахожу этот случай даже по-лез-ным; так что я решился простить моего Фео-фи-ла. Знаешь что? мне кажется, он не покушался на мою жизнь; ты думаешь? Притом же он и без того был недавно наказан, когда ему бороду сбрили.

- Бороду сбрили, дядюшка! Но у него борода с немецкое государство?

- Ну да, с немецкое государство. Вообще, мой друг, ты совершенно справедлив в своих за-клю-че-ниях. Но это искусственная. И представьте себе, какой случай: вдруг присылают мне прейскурант. Получены вновь из-за границы превосходнейшие кучерские и господские бо-ро-ды, равномерно бакенбарды, эспаньолки, усы и прочее, и всё это лучшего ка-чес-тва и по самым умеренным ценам. Дай, думаю, выпишу бо-ро-ду, хоть поглядеть, - что такое? Вот и выписал я бороду кучерскую, - действительно, борода заглядение! Но оказывается, что у Феофила своя

117

собственная чуть не в два раза больше. Разумеется, возникло недоумение: сбрить ли свою или присланную назад отослать, а носить натуральную? Я думал-думал и решил, что уж лучше носить искусственную.

- Вероятно, потому, что искусство выше натуры, дядюшка!

- Именно потому. И сколько ему страданий стоило, когда ему бороду брили! Как будто со всей своей карьерой, с бородой расставался... Но не пора ли нам ехать, мой милый?

- Я готов, дядюшка.

- Но я надеюсь, князь, что вы только к одному губернатору! - в волнении восклицает Марья Александровна. - Вы теперь мой, князь, и принадлежите моему семейству на целый день. Я, конечно, ничего вам не буду говорить про здешнее общество. Может быть, вы пожелаете быть у Анны Николаевны, и я не вправе разочаровывать: к тому же я вполне уверена, что время покажет свое. Но помните одно, что я ваша хозяйка, сестра, мамка, нянька на весь этот день, и, признаюсь, я трепещу за вас, князь! Вы не знаете, нет, вы не знаете вполне этих людей, по крайней мере до времени!..

- Положитесь на меня, Марья Александровна. Всё, как я вам обещал, так будет, - говорит Мозгляков.

- Уж вы, ветреник! положись на вас! Я вас жду к обеду, князь. Мы обедаем рано. И как я жалею, что на тот случай муж мой в деревне! как бы рад он был вас увидеть! Он так вас уважает, так душевно вас любит!

- Ваш муж? А у вас есть и муж? - спрашивает князь.

- Ах, боже мой! как вы забывчивы, князь! Но вы совершенно, совершенно забыли всё прежнее! Мой муж, Афанасий Матвеич, неужели вы его не помните? Он теперь в деревне, но вы тысячу раз его видели прежде. Помните, князь: Афанасий Матвеич?..

- Афанасий Матвеич! в деревне, представьте себе, mais c'est délicieux! Так у вас есть и муж? Какой странный, однако же, случай! Это точь-в-точь как есть один водевиль: муж в дверь, а жена в... позвольте, вот и забыл! только куда-то и жена тоже поехала, кажется в Тулу или в Ярославль, одним словом, выходит как-то очень смешно.

- Муж в дверь, а жена в Тверь, дядюшка, - подсказывает Мозгляков.

- Ну-ну! да-да! благодарю тебя, друг мой, именно в Тверь, charmant, charmant! так что оно и складно выходит. Ты всегда в рифму попадаешь, мой милый! То-то я помню: в Ярославль или в Кострому, но только куда-то и жена тоже поехала! Charmant, charmant! Впрочем, я немного забыл, о чем начал говорить... да! итак, мы едем, друг мой. Au revoir, madame, adieu, ma charmante demoiselle[18], - прибавил князь, обращаясь к Зине и целуя кончики своих пальцев.

---

[18] До свидания, мадам, прощайте, моя милая барышня (франц.)

- Обедать, обедать, князь! Не забудьте возвратиться скорее! - кричит вслед Марья Александровна.

Глава V

- Вы бы, Настасья Петровна, взглянули на кухне, - говорит она, проводив князя. - У меня есть предчувствие, что этот изверг Никитка непременно испортит обед! Я уверена, что он уже пьян...

Настасья Петровна повинуется. Уходя, она подозрительно взглядывает на Марью Александровну и замечает в ней какое-то необыкновенное волнение. Вместо того чтоб идти присмотреть за извергом Никиткой, Настасья Петровна проходит в зал, оттуда коридором в свою комнату, оттуда в темную комнатку, вроде чуланчика, где стоят сундуки, развешана кой-какая одежда и сохраняется в узлах черное белье всего дома. Она на цыпочках подходит к запертым дверям, скрадывает свое дыхание, нагибается, смотрит в замочную скважину и подслушивает. Эта дверь - одна из трех дверей той самой комнаты, где остались теперь Зина и ее маменька, - всегда наглухо заперта и заколочена.

Марья Александровна считает Настасью Петровну плутоватой, но чрезвычайно легкомысленной женщиной. Конечно, ей приходила иногда мысль, что Настасья Петровна не поцеремонится и подслушать. Но в настоящую минуту госпожа Москалева так занята и взволнована, что совершенно забыла о некоторых предосторожностях. Она садится в кресла и значительно взглядывает на Зину. Зина чувствует на себе этот взгляд, и какая-то неприятная тоска начинает щемить ее сердце.

- Зина!

Зина медленно оборачивает к ней свое бледное лицо и подымает свои черные задумчивые глаза.

- Зина, я намерена поговорить с тобой о чрезвычайно важном деле.

Зина оборачивается совершенно к своей маменьке, складывает свои руки и стоит в ожидании. В лице ее досада и насмешка, что, впрочем, она старается скрыть.

- Я хочу тебя спросить, Зина, как показался тебе сегодня этот Мозгляков?

- Вы уже давно знаете, как я о нем думаю, - нехотя отвечает Зина.

- Да, mon enfant[19]; но, мне кажется, он становится как-то уж слишком навязчивым с своими... исканиями.

---

[19] дитя мое (франц.)

- Он говорит, что влюблен в меня, и навязчивость его извинительна.

- Странно! Ты прежде не извиняла его так... охотно. Напротив, всегда на него нападала, когда я заговорю об нем.

- Странно и то, что вы всегда защищали и непременно хотели, чтоб я вышла за него замуж, а теперь первая на него нападаете.

- Почти. Я не запираюсь, Зина: я желала тебя видеть за Мозгляковым. Мне тяжело было видеть твою беспрерывную тоску, твои страдания, которые я в состоянии понять (что бы ты ни думала обо мне!) и которые отравляют мой сон по ночам. Я уверилась наконец, что одна только значительная перемена в твоей жизни может спасти тебя! И перемена эта должна быть - замужество. Мы небогаты и не можем ехать, например, за границу. Здешние ослы удивляются, что тебе двадцать три года и ты не замужем, и сочиняют об этом истории. Но неужели ж я тебя выдам за здешнего советника или за Ивана Ивановича, нашего стряпчего? Есть ли для тебя здесь мужья? Мозгляков, конечно, пуст, но он все-таки лучше их всех. Он порядочной фамилии, у него есть родство, у него есть полтораста душ; это все-таки лучше, чем жить крючками да взятками да бог знает какими приключениями; потому я и бросила на него мои взгляды. Но, клянусь тебе, я никогда не имела настоящей к нему симпатии. Я уверена, что сам всевышний предупреждал меня. И если бы бог послал, хоть теперь, что-нибудь лучше - о! как хорошо тогда, что ты еще не дала ему слова! ты ведь сегодня ничего не сказала ему наверно, Зина?

- К чему так кривляться, маменька, когда всё дело в двух словах? - раздражительно проговорила Зина.

- Кривляться, Зина, кривляться! и ты могла сказать такое слово матери? Но что я! Ты давно уже не веришь своей матери! Ты давно уже считаешь меня своим врагом, а не матерью.

- Э, полноте, маменька! Нам ли с вами за слово спорить! Разве мы не понимаем друг друга? Было, кажется, время понять!

- Но ты оскорбляешь меня, дитя мое! Ты не веришь, что я готова решительно на всё, на всё, чтоб устроить судьбу твою!

Зина взглянула на мать насмешливо и с досадою.

- Уж не хотите ли вы меня выдать за этого князя, чтоб устроить судьбу мою? - спросила она с странной улыбкой.

- Я ни слова не говорила об этом, но к слову скажу, что если б случилось тебе выйти за князя, то это было бы счастьем твоим, а не безумием...

- А я нахожу, что это просто вздор! - запальчиво воскликнула Зина. - Вздор! вздор! Я нахожу еще, маменька, что у вас слишком много поэтических вдохновений, вы женщина-поэт, в полном смысле этого слова; вас здесь и называют так. У вас беспрерывно проекты. Невозможность и вздорность их вас не останавливают. Я предчувствовала, когда еще князь здесь сидел, что у вас это на уме. Когда дурачился Мозгляков и уверял, что надо женить этого старика, я прочла все мысли ваши на вашем лице. Я готова биться об заклад, что вы об этом думаете и теперь с этим же ко мне подъезжаете. Но так как ваши беспрерывные проекты насчет меня начинают мне до смерти надоедать, начинают мучить меня, то прошу вас не говорить мне об этом ни слова, слышите ли, маменька, - ни слова, и я бы желала, чтоб вы это запомнили! - Она задыхалась от гнева.

- Ты дитя, Зина, - раздраженное, больное дитя! - отвечала Марья Александровна растроганным, слезящимся голосом. - Ты говоришь со мной непочтительно и оскорбляешь меня. Ни одна мать не вынесла бы того, что я выношу от тебя ежедневно! Но ты раздражена, ты больна, ты страдаешь, а я мать и прежде всего христианка. Я должна терпеть и прощать. Но одно слово, Зина: если б я и действительно мечтала об этом союзе, - почему именно ты считаешь всё это вздором? По-моему, Мозгляков никогда не говорил умнее давешнего, когда доказывал, что князю необходима женитьба, конечно, не на этой чумичке Настасье. Тут уж он заврался.

- Послушайте, маменька! скажите прямо: вы это спрашиваете только так, из любопытства, или с намерением?

- Я спрашиваю только: почему это кажется тебе таким вздором?

- Ах, досада! ведь достанется же такая судьба! - восклицает Зина, топнув ногою от нетерпения. - Вот почему, если это вам до сих пор неизвестно: не говоря уже о всех других нелепостях, - воспользоваться тем, что старикашка выжил из ума, обмануть его, выйти за него, за калеку, чтоб вытащить у него его деньги и потом каждый день, каждый час желать его смерти, по-моему, это не только вздор, но, сверх того, так низко, так низко, что я не поздравляю вас с такими мыслями, маменька!

С минуту продолжалось молчание.

- Зина! А помнишь ли, что было два года назад? - спросила вдруг Марья Александровна.

Зина вздрогнула.

- Маменька! - сказала она строгим голосом, - вы торжественно обещали мне никогда не напоминать об этом.

- А теперь торжественно прошу тебя, дитя мое, чтоб ты позволила мне один только раз нарушить это обещание, которое я никогда до сих пор не нарушала. Зина! пришло время полного объяснения между нами. Эти два года молчания были ужасны! Так не может продолжаться!.. Я готова на коленях молить тебя, чтоб ты мне позволила говорить. Слышишь, Зина: родная мать умоляет тебя на коленях! Вместе с этим даю тебе торжественное слово мое - слово несчастной матери, обожающей свою дочь, что никогда, ни под каким видом, ни при каких обстоятельствах, даже если б шло о спасении жизни моей, и уже не буду более говорить об этом. Это будет в последний раз, но теперь - это необходимо!

Марья Александровна рассчитывала на полный эффект.

- Говорите, - сказала Зина, заметно бледнея.

- Благодарю тебя, Зина. Два года назад к покойному Мите, твоему маленькому брату, ходил учитель...

- Но зачем вы так торжественно начинаете, маменька! К чему всё это красноречие, все эти подробности, которые совершенно не нужны, которые тяжелы и которые нам обеим слишком известны? - с каким-то злобным отвращением прервала ее Зина.

- К тому, дитя мое, что я, твоя мать, принуждена теперь оправдываться перед тобою! К тому, что я хочу представить тебе это же всё дело совершенно с другой точки зрения, а не с той, ошибочной, точки, с которой ты привыкла смотреть на него. К тому, наконец, чтоб ты лучше поняла заключение, которое я намерена из всего этого вывесть. Не думай, дитя мое, что я хочу играть твоим сердцем! Нет, Зина, ты найдешь во мне настоящую мать и, может быть, обливаясь слезами, у ног моих, у ног низкой женщины, как ты сейчас назвала меня, сама будешь просить примирения, которое ты так долго, так надменно до сих пор отвергала. Вот почему я хочу высказать всё, Зина, всё с самого начала; иначе я молчу!

- Говорите, - повторила Зина, от всего сердца проклиная потребность красноречия своей маменьки.

- Я продолжаю, Зина: этот учитель уездного училища, почти еще мальчик, производит на тебя совершенно непонятное для меня впечатление. Я слишком надеялась на твое благоразумие, на твою благородную гордость и, главное, на его ничтожество (потому что надо же всё говорить), чтобы хоть что-нибудь подозревать между вами. И вдруг ты приходишь ко мне и решительно объявляешь, что намерена выйти за него замуж! Зина! Это был кинжал в мое сердце! Я вскрикнула и лишилась чувств. Но... ты всё это помнишь! Разумеется, я сочла за нужное употребить всю свою власть, которую ты называла тиранством. Подумай: мальчик, сын дьячка, получающий двенадцать целковых в месяц жалованья, кропатель дрянных стишонков, которые, из жалости, печатают в "Библиотеке для чтения", и умеющий только толковать об этом проклятом Шекспире, - этот мальчик - твой муж, муж Зинаиды Москалевой! Но это достойно Флориана и его пастушков! Прости меня, Зина, но одно уже воспоминание выводит меня из себя! Я отказала ему, но никакая власть не может остановить тебя. Твой отец, разумеется, только хлопал глазами и даже не понял, что я начала ему объяснять. Ты продолжаешь с этим мальчиком сношения, даже свидания, но что всего ужаснее, ты решаешься с ним переписываться. По городу начинают уже распространяться слухи. Меня начинают колоть намеками; уже

122

обрадовались, уже затрубили во все рога, и вдруг все мои предсказания сбываются самым торжественным образом. Вы за что-то ссоритесь; он оказывается самым недостойным тебя... мальчишкой (я никак не могу назвать его человеком!) и грозит тебе распространить по городу твои письма. При этой угрозе, полная негодования, ты выходишь из себя и даешь пощечину. Да, Зина, мне известно и это обстоятельство! Мне всё, всё известно! Несчастный, в тот же день, показывает одно из твоих писем негодяю Заушину, и через час это письмо уже находится у Натальи Дмитриевны, у смертельного врага моего. В тот же вечер этот сумасшедший, в раскаянии, делает нелепую попытку чем-то отравить себя. Одним словом, скандал выходит ужаснейший! Эта чумичка Настасья прибегает ко мне испуганная, с страшным известием: уже целый час письмо в руках у Натальи Дмитриевны; через два часа весь город будет знать о твоем позоре! Я пересилила себя, я не упала в обморок, - но какими ударами ты поразила мое сердце, Зина. Эта бесстыдная, этот изверг Настасья требует двести рублей серебром и за это клянется достать обратно письмо. Я сама, в легких башмаках, по снегу, бегу к жиду Бумштейну и закладываю мой фермуар - память праведницы, моей матери! Через два часа письмо в моих руках. Настасья украла его. Она взломала шкатулку, и - честь твоя спасена - доказательств нет! Но в какой тревоге ты заставила меня прожить тот ужасный день! На другой же день заметила, в первый раз в жизни, несколько седых волос на голове моей. Зина! ты сама рассудила теперь поступке этого мальчика. Ты сама теперь соглашаешься, может быть, с горькою улыбкою, что было бы верхом неблагоразумия доверить ему судьбу свою. Но с тех пор ты терзаешься, ты мучишься, дитя мое; ты не можешь забыть его или, лучше сказать, не его, - он всегда был недостоин тебя, - а призрак своего прошедшего счастья. Этот несчастный теперь на смертном одре; говорят, он в чахотке, а ты, - ангел доброты! - ты не хочешь при жизни его выходить замуж, чтоб не растерзать его сердца, потому что он до сих пор еще мучится ревностию, хотя я уверена, что он никогда не любил тебя настоящим, возвышенным образом! Я знаю, что, услышав про искания Мозглякова, он шпионил, подсылал, выспрашивал. Ты щадишь его, дитя мое, я угадала тебя, и, бог видит, какими горькими слезами обливала я подушку мою!..

- Да оставьте всё это, маменька! - прерывает Зина в невыразимой тоске. - Очень понадобилась тут ваша подушка, - прибавляет она с колкостию. - Нельзя без декламаций да вывертов!

- Ты не веришь мне, Зина! Не смотри на меня враждебно, дитя мое! Я не осушала глаз эти два года, но скрывала от тебя мои слезы, и, клянусь тебе, я во многом изменилась сама в это время! Я давно поняла твои чувства и, каюсь, только теперь узнала всю силу твоей тоски. Можно ли обвинять меня, друг мой, что я смотрела на чу привязанность как на романтизм, навеянный этим проклятым Шекспиром, который как нарочно сует свой нос везде, где его не спрашивают. Какая мать осудит меня за мой тогдашний испуг, за принятые меры, за строгость суда моего? Но теперь, теперь, видя твои двухлетние страдания, я понимаю и ценю твои чувства. Поверь, что я поняла тебя, может быть, гораздо лучше, чем ты сама себя понимаешь. Я уверена, что ты любишь не его, этого неестественного мальчика, а золотые мечты свои, свое потерянное счастье, свои позвышенные идеалы. Я сама любила, и, может быть, сильнее, чем ты. Я сама страдала; у меня тоже были свои возвышенные идеалы. И потому кто может обвинить меня теперь, и прежде всего можешь ли ты обвинить меня за то, что я нахожу союз с князем самым спасительным, самым необходимым для тебя делом в теперешнем твоем положении?

Зина с удивлением слушала всю эту длинную декламацию, отлично зная, что маменька никогда не впадет в такой тон без причины. Но последнее, неожиданное заключение совершенно изумило ее.

- Так неужели вы серьезно положили выдать меня за этого князя? - вскричала она, с изумлением, чуть не с испугом смотря на мать свою. - Стало быть, это уже не одни мечты, не проекты, а твердое ваше намерение? Стало быть, я угадала? И... и... каким образом это замужество спасет меня и необходимо в настоящем моем положении? И... и... каким образом всё это вяжется с тем, что вы теперь наговорили, - со всей этой историей?.. Я решительно не понимаю вас, маменька!

- А я удивляюсь, mon ange[20], как можно не понимать всего этого! - восклицает Марья Александровна, одушевляясь в свою очередь. - Во-первых, - уж одно то, что ты переходишь в другое общество, в другой мир! Ты оставляешь навсегда этот отвратительный городишко, полный для тебя ужасных воспоминаний, где нет у тебя ни привета, ни друга, где оклеветали тебя, где все эти сороки ненавидят тебя за твою красоту. Ты можешь даже ехать этой же весной за границу, в Италию, в Швейцарию, в Испанию, Зина, в Испанию, где Альгамбра, где Гвадалквивир, а не здешняя скверная речонка с неприличным названием...

- Но, позвольте, маменька, вы говорите так, как будто я уже замужем или по крайней мере князь сделал мне предложение?

- Не беспокойся об этом, мой ангел, я знаю, что я говорю. Но - позволь мне продолжать. Я уже сказала первое, теперь второе: я понимаю, дитя мое, с каким отвращением ты отдала бы руку этому Мозглякову...

- Я и без ваших слов знаю, что никогда не буду его женою! - отвечала с горячностию Зина, и глаза ее засверкали.

- И если б ты знала, как я понимаю твое отвращение, друг мой! Ужасно поклясться перед алтарем божиим в любви к тому, кого не

---

[20] мой ангел (франц.)

можешь любить! Ужасно принадлежать тому, кого даже не уважаешь! А он потребует твоей любви; он для того и женится, я это знаю по взглядам его на тебя, когда ты отвернешься. Каково ж притворяться! Я сама двадцать пять лет это испытываю. Твой отец погубил меня. Он, можно сказать, высосал всю мою молодость, и сколько раз ты видела слезы мои!..

- Папенька в деревне, не трогайте его, пожалуйста, - отвечала Зина.

- Знаю, ты всегдашняя его заступница. Ах, Зина! У меня всё сердце замирало, когда я, из расчета, желала твоего брака с Мозгляковым. А с князем тебе притворяться нечего. Само собою разумеется, что ты не можешь его любить... любовью, да и он сам не способен потребовать такой любви...

- Боже мой, какой вздор! Но уверяю вас, что вы ошиблись в самом начале, в самом первом, главном! Знайте, что я не хочу собою жертвовать неизвестно для чего! Знайте, что я вовсе не хочу замуж, ни за кого, и останусь в девках! Вы два года ели меня за то, что я не выхожу замуж. Ну что ж? придется с этим вам примириться. Не хочу, да и только! Так и будет!

- Но, душечка, Зиночка, не горячись, ради бога, не выслушав! И что у тебя за головка горячая, право! Позволь мне посмотреть с моей точки зрения, и ты тотчас же со мной согласишься. Князь проживет год, много два, и, по-моему, лучше уж быть молодой вдовой, чем перезрелой девой, не говоря уж о том, что ты, по смерти его, - княгиня, свободна, богата, независима! Друг мой, ты, может быть, с презрением смотришь на все эти расчеты, - расчеты на смерть его! Но - я мать, а какая мать осудит меня за мою дальновидность? Наконец, если ты, ангел доброты, жалеешь до сих пор этого мальчика, жалеешь до такой степени, что не хочешь даже выйти замуж при его жизни (как я догадываюсь), то подумай, что, выйдя за князя, ты заставишь его воскреснуть духом, обрадоваться! Если в нем есть хоть капля здравого смысла, то он, конечно, поймет, что ревность к князю неуместна, смешна; поймет, что ты вышла по расчету, по необходимости. Наконец, он поймет... то есть я просто хочу сказать, что, по смерти князя, ты можешь опять выйти замуж, за кого хочешь...

- Попросту выходит: выйти замуж за князя, обобрать его и рассчитывать потом на его смерть, чтоб выйти потом за любовника. Хитро вы подводите ваши итоги! Вы хотите соблазнить меня, предлагая мне... Я понимаю вас, маменька, вполне понимаю! Вы никак не можете воздержаться от выставки благородных чувств, даже в гадком деле. Сказали бы лучше прямо и просто: "Зина, это подлость, но она выгодна, и потому согласись на нее!" Это по крайней мере было бы откровеннее.

- Но зачем же, дитя мое, смотреть непременно с этой точки зрения, - с точки зрения обмана, коварства и корыстолюбия? Ты считаешь мои

125

расчеты за низость, за обман? Но, ради всего святого, где же тут обман, какая тут низость? Взгляни на себя в зеркало: ты так прекрасна, что за тебя можно отдать королевство! И вдруг ты, - ты, красавица, - жертвуешь старику свои лучшие годы! Ты, как прекрасная звезда, осветишь закат его жизни; ты, как зеленый плющ, обовьешься около его старости, ты, а не эта крапива, эта гнусная женщина, которая околдовала его и с жадностию сосет его соки! Неужели ж его деньги, его княжество стоят дороже тебя? Где же тут обман и низость? Ты сама не знаешь, что говоришь, Зина!

- Верно, стоят, коли надо выходить за калеку! Обман - всегда обман, маменька, какие бы ни были цели.

- Напротив, друг мой, напротив! на это можно взглянуть даже с высокой, даже с христианской точки зрения, дитя мое! Ты сама однажды, в каком-то исступлении, сказала мне, что хочешь быть сестрою милосердия. Твое сердце страдало, ожесточилось. Ты говорила (я знаю это), что оно уже не может любить. Если ты не веришь в любовь, то обрати свои чувства на другой, более возвышенный предмет, обрати искренно, как дитя, со всею верою и святостию, - и бог благословит тебя. Этот старик тоже страдал, он несчастен, его гонят; я уже несколько лет его знаю и всегда питала к нему непонятную симпатию, род любви, как будто что-то предчувствовала. Будь же его другом, будь его дочерью, будь, пожалуй, хоть игрушкой его, - если уж всё говорить! - но согрей его сердце, и ты сделаешь это для бога, для добродетели! Он смешон, - не смотри на это. Он получеловек, - пожалей его: ты христианка! Принудь себя; такие подвиги нудятся. На наш взгляд, тяжело перевязывать раны в больнице; отвратительно дышать зараженным лазаретным воздухом. Но есть ангелы божий, исполняющие это и благословляющие бога за свое назначение. Вот лекарство твоему оскорбленному сердцу, занятие, подвиг - и ты залечишь раны свои. Где же тут эгоизм, где тут подлость? Но ты мне не веришь! Ты, может быть, думаешь, что я притворяюсь, говоря о долге, о подвигах. Ты не можешь понять, как я, женщина светская, суетная, могу иметь сердце, чувства, правила? Что ж? не верь, оскорбляй свою мать, но согласись, что слова ее разумны, спасительны. Вообрази, пожалуй, что говорю не я, а другой; закрой глаза, обернись в угол, представь, что тебе говорит какой-нибудь невидимый голос... Тебя, главное, смущает, что всё это будет за деньги, как будто это какая-нибудь продажа или купля? Так откажись, наконец, от денег, если деньги так для тебя ненавистны! Оставь себе необходимое и всё раздай бедным. Помоги хоть, например, ему, этому несчастному, па смертном одре.

- Он не примет никакой помощи, - проговорила Зина тихо, как бы про себя.

- Он не примет, но мать его примет, - отвечала торжествующая Марья

Александровна, - она примет тихонько от него. Ты продала же свои серьги, теткин подарок, и помогла ей полгода назад; я это знаю. Я знаю, что старуха стирает белье на людей, чтоб кормить своего несчастного сына.

- Ему скоро не нужна будет помощь!

- Знаю и это, на что ты намекаешь, - подхватила Марья Александровна, и вдохновение, настоящее вдохновение осенило ее, - знаю, про что ты говоришь. Говорят, он в чахотке и скоро умрет. Но, кто же это говорит? Я на днях нарочно спрашивала о нем Каллиста Станиславича; я интересовалась о нем, потому что у меня есть сердце, Зина. Каллист Станиславич отвечал мне, что болезнь, конечно, опасна, но что он до сих пор уверен, что бедный не в чахотке, а так только, довольно сильное грудное расстройство. Спроси хоть сама. Он наверно говорил мне, что при других обстоятельствах, особенно при изменении климата и впечатлений, больной мог бы выздороветь. Он сказал мне, что в Испании, - и это я еще прежде слышала, даже читала, - что в Испании есть какой-то необыкновенный остров, кажется Малага, - одним словом, похоже на какое-то вино, - где не только грудные, но даже настоящие чахоточные совсем выздоравливали от одного климата, и что туда нарочно ездят лечиться, разумеется, только одни вельможи или даже, пожалуй, и купцы, но только очень богатые. Но уж одна эта волшебная Альгамбра, эти мирты, эти лимоны, эти испанцы на своих мулах! - одно это произведет уже необыкновенное впечатление на натуру поэтическую. Ты думаешь, что он не примет твоей помощи, твоих денег, для этого путешествия? Так обмани его, если тебе жаль! Обман простителен для спасения человеческой жизни. Обнадежь его, обещай ему, наконец, любовь свою; скажи, что выйдешь за него замуж, когда овдовеешь. Всё на свете можно сказать благородным образом. Твоя мать не будет учить тебя неблагородному, Зина; ты сделаешь это для спасения жизни его, и потому - всё позволительно! Ты воскресишь его надеждою; он сам начнет обращать внимание на свое здоровье, лечиться, слушаться медиков. Он будет стараться воскреснуть для счастья. Если он выздоровеет, то ты хоть и не выйдешь за него, - все-таки он выздоровел, все-таки ты спасла, воскресила его! Наконец, можно и на него взглянуть с состраданием! Может быть, судьба научила и изменила его к лучшему, и, если только он будет достоин тебя, - пожалуй, и выйди за него, когда овдовеешь. Ты будешь богата, независима. Ты можешь, вылечив его, доставить ему положение в свете, карьеру. Брак твой с ним будет тогда извинительнее, чем теперь, когда он невозможен. Что ожидает вас обоих, если б вы теперь решились на такое безумство? Всеобщее презрение, нищета, дранье за уши мальчишек, потому что это сопряжено с его должностью, взаимное чтение Шекспира, вечное пребывание в Мордасове и, наконец, его близкая, неминуемая смерть. Тогда как воскресив его, - ты воскресишь его для полезной жизни, для добродетели; простив ему, - ты заставишь его обожать себя. Он терзается своим гнусным поступком, а ты, открыв ему новую жизнь, простив ему, дашь ему надежду и примиришь его с самим собою. Он может вступить в службу, войти в чины. Наконец, если даже он и не выздоровеет, то умрет счастливый, примиренный с собою, на руках твоих, потому что ты сама можешь быть при нем в эти минуты, уверенный в любви твоей, прощенный тобою, под сенью мирт, лимонов, под лазуревым, экзотическим небом! О Зина! всё это в руках твоих! Все выгоды на твоей стороне - и всё это чрез замужество с князем.

Марья Александровна кончила. Наступило довольно долгое молчание. Зина была в невыразимом волнении.

Мы не беремся описывать чувства Зины; мы не можем их угадать. Но, кажется, Марья Александровна нашла настоящую дорогу к ее сердцу. Не зная, в каком состоянии находится теперь сердце дочери, она перебрала все случаи, в которых оно могло находиться, и наконец догадалась, что попала на истинный путь. Она грубо дотрогивалась до самых больных мест сердца Зины и, разумеется, по привычке, не могла обойтиться без выставки благородных чувств, которые, конечно, не ослепили Зину. "Но что за нужда, что она мне не верит, - думала Марья Александровна, - только бы ее заставить задуматься! только бы ловчее намекнуть, о чем мне прямо нельзя говорить!" Так она думала и достигла цели. Эффект был произведен. Зина жадно слушала. Щеки ее горели, грудь волновалась.

- Послушайте, маменька, - сказала она наконец решительно, хотя внезапно наступившая бледность в лице ее показывала ясно, чего стоила ей эта решимость. - Послушайте, маменька...

Но в это мгновение внезапный шум, раздавшийся из передней, и резкий, крикливый голос, спрашивавший Марью Александровну, заставил Зину вдруг остановиться. Марья Александровна вскочила с места.

- Ах, боже мой! - вскричала она, - черт несет эту сороку, полковницу! Да ведь я ж ее почти выгнала две недели назад! - прибавила она чуть не в отчаянии. - Но... но невозможно теперь не принять ее! Невозможно! Она, наверно, с вестями, иначе не посмела бы и явиться. Это важно, Зина! Мне надо знать... Ничем теперь не надо пренебрегать! Но как я вам благодарна за ваш визит! - закричала она, бросаясь навстречу вошедшей гостье. - Как это вам вздумалось вспомнить обо мне, бесценная Софья Петровна? Какой о-ча-ро-ва-тельный сюрприз!

Зина убежала из комнаты.

Глава VI

Полковница, Софья Петровна Фарпухина, только нравственно походила на сороку. Физически она скорее походила на воробья. Это была маленькая пятидесятилетняя дама, с остренькими глазками, в веснушках и в желтых пятнах по всему лицу. На маленьком, иссохшем тельце ее, помещенном на тоненьких крепких воробьиных ножках, было шелковое темное платье, всегда шумевшее, потому что полковница двух секунд не могла пробыть в покое. Это была зловещая и мстительная сплетница. Она была помешана на том, что она полковница. С отставным полковником, своим мужем, она очень часто дралась и царапала ему лицо. Сверх того, выпивала по четыре рюмки водки утром и по стольку же вечером и до помешательства ненавидела Анну Николаевну Антипову, прогнавшую ее на прошлой неделе из своего дома, равно как и Наталью Дмитриевну Паскудину, тому способствовавшую.

- Я к вам только на минутку, mon ange, - защебетала она. - Я ведь напрасно и села. Я заехала только рассказать, какие чудеса у нас делаются. Просто весь город с ума сошел от этого князя! Наши пройдохи - vous comprenez![21] - его ловят, ищут, тащат его нарасхват, шампанским поят, - вы не поверите! не поверите! Да как это вы решились его отпустить от себя? Знаете ли, что он теперь у Натальи Дмитриевны?

- У Натальи Дмитриевны! - вскричала Марья Александровна, привскакнув на месте. - Да ведь он к губернатору только поехал, а потом, может быть, к Анне Николаевне, и то ненадолго!

- Ну да, ненадолго; вот и ловите его теперь! Он губернатора дома не застал, потом к Анне Николаевне поехал, дал слово обедать у ней, а Наташка, которая теперь от нее не выходит, затащила его к себе до обеда завтракать. Вот вам и князь!

- А что ж... Мозгляков? Ведь он обещался...

- Дался вам этот Мозгляков! хваленый-то ваш... Да и он с ними туда же! Посмотрите, если его в картишки там не засадят, - опять проиграется, как прошлый год проигрался! Да и князя тоже засадят; облупят как липку. А какие она вещи про вас распускает, Наташка-то! Вслух кричит, что вы завлекаете князя, ну там... для известных целей, - vous comprenez? Сама ему толкует об этом. Он, конечно, ничего не понимает, сидит, как мокрый кот, да на всякое слово: "ну да! ну да!" А сама-то, сама-то! вывела свою Соньку - вообразите: пятнадцать лет, а всё еще в коротеньком платье водит! всё это только до колен, как можете себе представить... Послали за этой сироткой Машкой, та тоже в коротеньком платье, только еще выше

---

[21] понимаете! (франц.)

колен, я в лорнет смотрела... На голову им надели какие-то красные шапочки с перьями, - уж не знаю, что это изображает! - и под фортепьяно заставила обеих пигалиц перед князем плясать казачка! Ну, вы знаете слабость этого князя? Он так и растаял: "формы, говорит, формы!" В лорнетку на них смотрит, а они-то отличаются, две сороки! раскраснелись, ноги вывертывают, такой монплезир пошел, что люли, да и только! тьфу! Это - танец! Я сама танцевала с шалью, при выпуске из благородного пансиона мадам Жарни, - так я благородный эффект произвела! Мне сенаторы аплодировали! Там княжеские и графские дочери воспитывались! А ведь это просто канкан! Я сгорела со стыда, сгорела, сгорела! Я просто не высидела!..

- Но... разве вы сами были у Натальи Дмитриевны? ведь вы...

- Ну да, она меня оскорбила на прошлой неделе. Я это прямо всем говорю. Mais, ma chXre[22], мне захотелось хоть в щелочку посмотреть на этого князя, я и приехала. А то где ж бы я его увидала? Поехала бы я к ней, кабы не этот скверный князишка! Представьте себе: всем шоколад подают, а мне нет, и всё время со мной хоть бы слово. Ведь это она нарочно... Кадушка этакая! Вот я ж ей теперь! Но прощайте, mon ange, я теперь спешу, спешу... Мне надо непременно застать Акулину Панфиловну и ей рассказать... Только вы теперь так и проститесь с князем! Он уж у вас больше не будет. Знаете - памяти-то у него нет, так Анна Николаевна непременно к себе его перетащит! Они все боятся, чтобы вы не того... понимаете? насчет Зины...

- Quelle horreur![23]

- Уж это я вам говорю! Весь город об этом кричит. Анна Николаевна непременно хочет оставить его обедать, а потом и совсем. Это она вам в пику делает, mon ange. Я к ней на двор в щелочку заглянула. Такая там суетня: обед готовят, ножами стучат... за шампанским послали. Спешите, спешите и перехватите его на дороге, когда он к ней поедет. Ведь он к вам первой обещался обедать! Он ваш гость, а не ее! Чтоб над вами смеялась эта пройдоха, эта каверзница, эта сопля! Да она подошвы моей не стоит, хоть и прокурорша! Я сама полковница! Я в благородном пансионе мадам Жарни воспитывалась... тьфу! Mais adieu, mon ange![24] У меня свои сани, а то бы я с вами вместе поехала...

Ходячая газета исчезла, Марья Александровна затрепетала от волнения, но совет полковницы был чрезвычайно ясен и практичен. Медлить было нечего, да и некогда. Но оставалось еще самое главное затруднение. Марья Александровна бросилась в комнату Зины.

---

[22] Но, милая моя (франц.).

[23] Какой ужас! (франц.).

[24] Но прощайте, мой ангел! (франц.).

Зина ходила по комнате взад и вперед, сложив накрест руки, понурив голову, бледная и расстроенная. В глазах ее стояли слезы; но решимость сверкала во взгляде, который она устремила на мать. Она поспешно скрыла слезы, и саркастическая улыбка появилась на губах ее.

- Маменька, - сказала она, предупреждая Марью Александровну, - сейчас вы истратили со мною много вашего красноречия, слишком много. Но вы не ослепили меня. Я не дитя. Убеждать себя, что делаю подвиг сестры милосердия, не имея к нему ни малейшего призвания, оправдывать свои низости, которые делаешь для одного эгоизма, благородными целями - всё это такое иезуитство, которое не могло обмануть меня. Слышите: это не могло меня обмануть, и я хочу, чтоб вы это непременно знали!

- Но, mon ange!.. - вскрикнула оробевшая Марья Александровна.

- Молчите, маменька! Имейте терпение выслушать меня до конца. Несмотря на полное сознание того, что всё это только одно иезуитство; несмотря на полное мое убеждение в совершенном неблагородстве такого поступка, - я принимаю ваше предложение вполне, слышите: вполне, и объявляю вам, что готова выйти за князя и даже готова помогать всем вашим усилиям, чтоб заставить его на мне жениться. Для чего я это делаю? - вам не надо знать. Довольно и того, что я решилась. Я решилась на всё: я буду подавать ему сапоги, я буду его служанкой, я буду плясать для его удовольствия, чтоб загладить перед ним мою низость; я употреблю всё на свете, чтоб он не раскаивался в том, что женился на мне! Но, взамен моего решения, я требую, чтоб вы откровенно сказали мне: каким образом вы всё это устроите? Если вы начали так настойчиво говорить об этом, то - я вас знаю - вы не могли начать, не имея в голове какого-нибудь определенного плана. Будьте откровенны хоть раз в жизни; откровенность - непременное условие! Я не могу решиться, не зная положительно, как вы всё это сделаете?

Марья Александровна была так озадачена неожиданным заключением Зины, что некоторое время стояла перед ней, немая и неподвижная от изумления, и глядела на нее во все глаза. Приготовившись воевать с упорным романтизмом своей дочери, сурового благородства которой она постоянно боялась, она вдруг слышит, что дочь совершенно согласна с нею и готова на всё даже вопреки своим убеждениям! Следственно, дело принимало необыкновенную прочность, - и радость засверкала в глазах ее.

- Зиночка! - воскликнула она в увлечении, - Зиночка! ты плоть и кровь моя!

Больше она ничего не могла выговорить и бросилась обнимать свою дочь.

- Ах, боже мой! я не прошу ваших объятий, маменька, - вскричала

Зина с нетерпеливым отвращением, - мне не надо ваших восторгов! я требую от вас ответа на мой вопрос и больше ничего.

- Но, Зина, ведь я люблю тебя! Я обожаю тебя, а ты меня отталкиваешь... ведь я для твоего же счастья стараюсь...

И непритворные слезы заблистали в глазах ее. Марья Александровна действительно любила Зину, по-своему, а в этот раз, от удачи и от волнения, чрезвычайно расчувствовалась. Зина, несмотря на некоторую ограниченность своего настоящего взгляда на вещи, понимала, что мать ее любит, и - тяготилась этой любовью. Ей даже было бы легче, если б мать ее ненавидела...

- Ну, не сердитесь, маменька, я в таком волнении, - сказала она, чтоб успокоить ее.

- Не сержусь, не сержусь, мой ангельчик! - защебетала Марья Александровна, мигом оживляясь. - Ведь я и сама понимаю, что ты в волнении. Вот видишь, друг мой, ты требуешь откровенности... Изволь, я буду откровенна, вполне откровенна, уверяю тебя! Только бы ты-то мне верила. И, во-первых, скажу тебе, что вполне определенного плана, то есть во всех подробностях, у меня еще нет, Зиночка, да и не может быть; ты, как умная головка, поймешь - почему. Я даже предвижу некоторые затруднения... Вот и сейчас эта сорока натрещала мне всякой всячины... (Ах, боже мой! спешить бы надо!) Видишь, я вполне откровенна! Но, клянусь тебе, я достигну цели! - прибавила она в восторге. - Уверенность моя вовсе не поэзия, как ты давеча говорила, мой ангел; она основана на деле. Она основана на совершенном слабоумии князя, - а ведь это такая канва, по которой вышивай что угодно. Главное - чтоб не помешали! Да этим ли дурам перехитрить меня, - вскричала она, стукнув рукой по столу и сверкая глазами, - уж это мое дело! А для этого - всего нужнее как можно скорей начинать, даже чтоб сегодня и кончить всё главное, если только возможно.

- Хорошо, маменька, только выслушайте еще одну... откровенность: знаете ли, почему я так интересуюсь о вашем плане и не доверяю ему? Потому что на себя не надеюсь. Я сказала уже, что решилась на эту низость; но если подробности вашего плана будут уже слишком отвратительны, слишком грязны, то объявляю вам, что я не выдержу и всё брошу. Знаю, что это новая низость: решиться на подлость и бояться грязи, в которой она плавает, но что делать? Это непременно так будет!..

- Но, Зиночка, какая же тут особенная подлость, mon ange? - робко возразила было Марья Александровна. - Тут только один выгодный брак, а ведь это все делают! Только надобно с этой точки взглянуть, и всё очень благородно покажется...

- Ах, маменька, ради бога, не хитрите со мной! Вы видите, я на всё, на всё согласна! - ну чего ж вам еще? Пожалуйста, не бойтесь, если я называю вещи их именами. может быть, это теперь - единственное мое утешение!

И горькая улыбка показалась на губах ее.

- Ну, ну, хорошо, мой ангельчик, можно быть несогласными в мыслях и все-таки взаимно уважать друг друга. Только если ты беспокоишься о подробностях и боишься, что они будут грязны, то предоставь все эти хлопоты мне; клянусь, что на тебя не брызнет ни капельки грязи. Я ли захочу тебя компрометировать перед всеми? Положись только на меня, и всё превосходно, преблагородно уладится, главное - преблагородно! Скандалу не будет никакого, а если и будет какой-нибудь маленький, необходименький скандальчик, - так... какой-нибудь! - так ведь мы уж будем тогда далеко! ведь уж здесь не останемся! Пусть их кричат во всё горло, наплевать на них! Сами же будут завидовать. Да и стоит того, чтоб о них заботиться! Я даже удивляюсь тебе, Зиночка (но ты не сердись на меня), - как это ты, с твоей гордостью, их боишься?

- Ах, маменька, я вовсе не их боюсь! вы совершенно меня не понимаете! - отвечала раздражительно Зина.

- Ну, ну, душка, не сердись! Я только к тому, что они сами каждый божий день пакости строят, а тут ты всего-то какой-нибудь один разочек в жизни... да и что я, дура! Вовсе не пакость! Какая тут пакость? Напротив, это даже преблагородно. Я решительно докажу тебе это, Зиночка. Во-первых, повторяю, всё оттого, с какой точки зрения смотреть...

- Да полноте, маменька, с вашими доказательствами! - с гневом вскрикнула Зина и нетерпеливо топнула ногою.

- Ну, душка, не буду, не буду! я опять завралась...

Наступило маленькое молчание. Марья Александровна смиренно ходила за Зиной и с беспокойством смотрела ей в глаза, как маленькая провинившаяся собачка смотрит в глаза своей барыне.

- Я даже не понимаю, как вы возьметесь за дело, - с отвращением продолжала Зина. - Я уверена, что вы наткнетесь на один только стыд. Я презираю их мнение, но для вас это будет позором.

- О, если только это тебя беспокоит, мой ангел, - пожалуйста, не беспокойся! прошу тебя, умоляю тебя! Только бы мы согласились, а обо мне не беспокойся. Ох, если б ты только знала, из каких я передряг суха выходила? Такие ли дела мне случалось обделывать! ну, да позволь хоть только попробовать! Во всяком случае прежде всего нужно как можно скорее быть наедине с князем. Это самое первое! а всё остальное будет зависеть от этого! Но уж я предчувствую и остальное. Они все восстанут, но... это ничего! я их сама отделаю! Пугает меня еще Мозгляков...

- Мозгляков? - с презрением проговорила Зина.

- Ну да, Мозгляков; только ты не бойся, Зиночка! клянусь тебе, я его до того доведу, что он же будет нам помогать! Ты еще не знаешь меня,

Зиночка! ты еще не знаешь, какая я в деле! Ах! Зиночка, душенька! давеча, как я услышала об этом князе, у меня уж и загорелась мысль в голове! Меня как будто разом всю осветило. И кто ж, и кто ж мог ожидать, что он к нам приедет? Да ведь в тысячу лет не будет такой оказии! Зиночка! ангельчик! Не в том бесчестие, что ты выйдешь за старика и калеку, а в том, если выйдешь за такого, которого терпеть не можешь, а между тем действительно будешь женой его! А ведь князю ты не будешь настоящей женой. Это ведь и не брак! Это просто домашний контракт! Ведь ему ж, дураку, будет выгода, - ему же, дураку, дают такое неоцененное счастье! Ах, какая ты сегодня красавица, Зиночка! раскрасавица, а не красавица! Да я бы, если б была мужчиной, я бы тебе полцарства достала, если б ты захотела! Ослы они все! Ну, как не поцеловать эту ручку? - И Марья Александровна горячо поцеловала руку у дочери. - Ведь это мое тело, моя плоть, моя кровь! да хоть насильно женить его, дурака! А как заживем-то мы с тобой, Зиночка! Ведь ты не разлучишься со мной, Зиночка? Ведь ты не прогонишь свою мать, как в счастье попадешь? Мы хоть и ссорились, мой ангельчик, а все-таки у тебя не было такого друга, как я; все-таки...

- Маменька! если уж вы решились, то, может быть, вам пора... что-нибудь и делать. Вы здесь только время теряете! - в нетерпении сказала Зина.

- Пора, пора, Зиночка, пора! ах! я заболталась! - схватилась Марья Александровна. - Они там хотят совсем сманить князя. Сейчас же сажусь и еду! Подъеду, вызову Мозглякова, а там... Да я его силой увезу, если надо! Прощай, Зиночка, прощай, голубчик, не тужи, не сомневайся, не грусти, главное - не грусти! всё прекрасно, преблагородно обделается! Главное, с какой точки смотреть... ну, прощай, прощай!..

Марья Александровна перекрестила Зину, выскочила из комнаты, с минутку повертелась у себя перед зеркалом, а через две минуты катилась по мордасовским улицам в своей карете на полозьях, которая ежедневно запрягалась около этого часу в случае выезда. Марья Александровна жила en grand[25].

"Нет, не вам перехитрить меня! - думала она, сидя в своей карете - Зина согласна, значит, половина дела сделана, и тут - оборваться! вздор! Ай да Зина! Согласилась-таки наконец! Значит, и на твою головку действуют иные расчеты! Перспективу-то я выставила ей заманчивую! Тронула! Но только ужас как она хороша сегодня! Да я бы, с ее красотой, пол-Европы перевернула по-своему! Ну, да подождем... Шекспир-то слетит, когда княгиней сделается да кой с чем познакомится. Что она тает? Мордасов да своего учителя! Гм... Только какая же она будет княгиня! Люблю я в ней эту гордость, смелость, недоступная какая!

---

[25] на широкую ногу (франц.)

взглянет - королева взглянула. Ну как, ну как не понимать своей выгоды? Поняла ж наконец! Поймет и остальное... Я ведь все-таки буду при ней! Согласится же наконец со мной во всех пунктах! А без меня не обойдется! Я сама буду княгиня; меня и в Петербурге узнают. Прощай, городишко! Умрет этот князь, умрет этот мальчишка, и тогда я ее за владетельного принца выдам! Одного боюсь: не слишком ли я ей доверились? Не слишком ли откровенничала, не слишком ли я расчувствовалась? Пугает она меня, ох пугает!"

И Марья Александровна погрузилась в свои размышления. Нечего сказать: они были хлопотливы. Но ведь говорится же, что охота пуще неволи.

Оставшись одна, Зина долго ходила взад и вперед по комнате, скрестив руки, задумавшись. О многом она передумала. Часто и почти бессознательно повторяла она: "Пора, пора, давно пора!" Что значило это отрывочное восклицание? Не раз слезы блистали на ее длинных шелковистых ресницах. Она не думала отирать их, - останавливать. Но напрасно беспокоилась ее маменька и старалась проникнуть в мысли своей дочери: Зина совершенно решилась и приготовилась ко всем последствиям...

"Постой же! - думала Настасья Петровна, выбираясь из своего чуланчика по отъезде полковницы. - А я было и бантик розовый хотела приколоть для этого князишки! И поверила же, дура, что он на мне женится! Вот тебе и бантик! А, Марья Александровна! Я у вас чумичка, я нищая, я взятки по двести целковых беру. Еще бы с тебя упустить не взять, франтиха ты этакая! Я взяла благородным образом; я взяла на сопряженные с делом расходы... Может, мне самой пришлось бы взятку дать! Тебе какое дело, что я не побрезгала, своими руками замок взломала? Для тебя же работала, белоручка ты этакая! Тебе бы только по канве вышивать! Погоди ж, я тебе покажу канву. Я покажу вам обеим, какова я чумичка! Узнаете Настасью Петровну и всю ее кротость!"

Глава VII

Но Марью Александровну увлекал ее гений. Она замыслила великий и смелый проект. Выдать дочь за богача, за князя и за калеку, выдать украдкой от всех, воспользовавшись слабоумием и беззащитностью своего гостя, выдать воровским образом, как сказали бы враги Марьи Александровны, - было не только смело, но даже и дерзко. Конечно, проект был выгоден, но в случае неудачи покрывал изобретательницу

135

необыкновенным позором. Марья Александровна это знала, но не отчаивалась. "Из таких ли передряг я суха выходила!" - говорила она Зине, и говорила справедливо. Не то какая ж бы она была героиня?

Бесспорно, что всё это походило несколько на разбой на большой дороге; но Марья Александровна и на это не слишком-то обращала внимание. На этот счет у ней была одна удивительно верная мысль: "Обвенчают, так уж не развенчаются", - мысль простая, но соблазнявшая воображение такими необыкновенными выгодами, что Марью Александровну, от одного уже представления этих выгод, бросало в дрожь и кололо мурашками. Вообще она была в ужасном волнении и сидела в своей карете как на иголках. Как женщина вдохновенная, одаренная несомненным творчеством, она уже успела создать план своих действий. Но план этот был составлен вчерне, вообще, en grand[26] и еще как-то тускло просвечивал перед нею. Предстояла бездна подробностей и разных непредвидимых случаев. Но Марья Александровна была уверена в себе: она волновалась не страхом неудачи - нет! ей хотелось только поскорее начать, поскорее в бой. Нетерпение, благородное нетерпение сожигало ее при мысли о задержках и остановках. Но, сказав о задержках, мы попросим позволения несколько пояснить ту мысль. Главную беду предчувствовала и ожидала Марья Александровна от благородных своих сограждан, мордасовцев, и преимущественно от благородного общества мордасовских дам. Она на опыте знала всю их непримиримую к себе ненависть. Она, например, твердо знала, что в городе в настоящую минуту, может быть, уже знают всё из ее намерений, хотя об них еще никто никому не рассказывал. Она знала, по неоднократному печальному опыту, что не было случая, даже самого секретного, в ее доме, который, случившись утром, не был бы уже известен к вечеру последней торговке на базаре, последнему сидельцу в лавке. Конечно, Марья Александровна еще только предчувствовала беду, но такие предчувствия никогда ее не обманывали. Не обманывалась она и теперь. Вот что случилось на самом деле и чего еще не знала она положительно. Около полудня, то есть ровно через три часа по приезде князя в Мордасов, по городу распространились странные слухи. Где начались они - неизвестно, но разошлись они почти мгновенно. Все вдруг стали уверять друг друга, что Марья Александровна уже просватала за князя свою Зину, свою бесприданную, двадцатитрехлетнюю Зину; что Мозгляков в отставке и что всё это уже решено и подписано. Что было причиною таких слухов? Неужели все до такой степени знали Марью Александровну, что разом попали в самое сердце ее заветных мыслей и идеалов? Ни несообразность такого слуха с обыкновенным порядком вещей, потому что такие дела очень редко могут

---

[26] Здесь: в главных чертах (франц.)

обделываться в один час, ни очевидная неосновательность такого известия, потому что никто не мог добиться, откуда оно началось, - не могли разуверить мордасовцев. Слух разрастался и укоренялся с необыкновенным упорством. Всего удивительнее, что он начал распространяться именно в то самое время, когда Марья Александровна приступила к своему давешнему разговору с Зиной об этом же самом предмете. Таково-то чутье провинциалов! Инстинкт провинциальных вестовщиков доходит иногда до чудесного, и, разумеется, тому есть причины. Он основан на самом близком, интересном и многолетнем изучении друг друга. Всякий провинциал живет как будто под стеклянным колпаком. Нет решительно никакой возможности хоть что-нибудь скрыть от своих почтенных сограждан. Вас знают наизусть, знают даже то, чего вы сами про себя не знаете. Провинциал уже по натуре своей, кажется, должен бы быть психологом и сердцеведом. Вот почему я иногда искренно удивлялся, весьма часто встречая в провинции вместо психологов и сердцеведов чрезвычайно много ослов. Но это в сторону; это мысль лишняя. Весть была громовая. Брак с князем казался всякому до того выгодным, до того блистательным, что даже странная сторона этого дела никому не бросалась в глаза. Заметим еще одно обстоятельство: Зину ненавидели почти еще больше Марьи Александровны, - за что? - неизвестно. Может быть, красота Зины была отчасти тому причиною. Может быть, и то, что Марья Александровна все-таки была как-то своя всем мордасовцам, своего поля ягода. Исчезни она из города, и - кто знает? - об ней бы, может быть, пожалели. Она оживляла общество беспрерывными историями. Без нее было бы скучно. Напротив того, Зина держала себя так, как будто жила в облаках, а не в городе Мордасове. Была она этим людям как-то не пара, не ровня и, может быть, сама не замечая того, вела себя перед ними невыносимо надменно. И вдруг теперь эта же самая Зина, про которую даже ходили скандалезные истории, эта надменная, эта гордячка Зина становится миллионеркой, княгиней, войдет в знать. Года через два, когда овдовеет, выйдет за какого-нибудь герцога, может быть, даже за генерала; чего доброго - пожалуй, еще за губернатора (а мордасовский губернатор, как нарочно, вдовец и чрезвычайно нежен к женскому полу). Тогда она будет первая дама в губернии, и, разумеется, одна эта мысль уже была невыносима и никогда никакая весть не возбудила бы такого негодования в Мордасове, как весть о выходе Зины за князя. Мгновенно поднялись яростные крики со всех сторон. Кричали, что это грешно, даже подло; что старик не в своем уме; что старика обманули, надули, облапошили, пользуясь его слабоумием; что старика надо спасти от кровожадных когтей; что это, наконец, разбой и безнравственность; что, наконец, чем же другие хуже Зины? и другие могли бы точно так же выйти за князя. Все эти толки и возгласы Марья

Александровна еще только предполагала, но для нее довольно было и этого. Она твердо знала, что все, решительно все готовы будут употребить всё, что возможно и что даже невозможно, чтоб воспрепятствовать се намерениям. Ведь хотят же теперь конфисковать князя, так что приходится его возвращать чуть не с бою. Наконец, хоть и удастся поймать и заманить князя обратно, нельзя же будет держать его вечно на привязи. Наконец, кто поручится, что сегодня, что через два же часа, ведь торжественный хор мордасовских дам не будет в ее салоне, да еще под таким предлогом, что невозможно будет и отказать? Откажи в дверь, войдут в окно: случай почти невозможный, но бывавший в Мордасове. Одним словом, нельзя было терять ни на час, ни на каплю времени, а между тем дело было еще и не начато. Вдруг гениальная мысль блеснула и мгновенно созрела в голове Марьи Александровны. Об этой новой идее мы не забудем сказать в своем месте. Скажем только теперь, что в эту минуту наша героиня летела по мордасовским улицам, грозная и вдохновенная, решившись даже на настоящий бой, если б только представилась надобность, чтоб овладеть князем обратно. Она еще не знала, как это сделается и где она встретит его, но зато она знала наверно, что скорее Мордасов провалится сквозь землю, чем не исполнится хоть одна йота из теперешних ее замыслов.

Первый шаг удался как нельзя лучше. Она успела перехватить князя на улице и привезла к себе обедать. Если спросят: каким образом, несмотря на все козни врагов, ей удалось-таки настоять на своем и оставить Анну Николаевну с довольно большим носом? - то я обязан объявить, что считаю такой вопрос даже обидным для Марьи Александровны. Ей ли не одержать победу над какой-нибудь Анной Николаевной Антиповой? Она просто арестовала князя, уже подъезжавшего к дому ее соперницы, и, несмотря ни на что, а вместе с тем и на доводы самого Мозглякова, испугавшегося скандалу, пересадила старичка в свою карету. Тем-то и отличалась Марья Александровна от своих соперниц, что в решительных случаях не задумывалась даже перед скандалом, принимая за аксиому, что успех всё оправдывает. Разумеется, князь не оказал значительного сопротивления и, по своему обыкновению, очень скоро забыл обо всем и остался очень доволен. За обедом он болтал без умолку, был чрезвычайно весел, острил, каламбурил, рассказывал анекдоты, которые не доканчивал или с одного перескакивал на другой, сам не замечая того. У Натальи Дмитриевны он выпил три бокала шампанского. За обедом он выпил еще и закружился окончательно. Тут уж подливала сама Марья Александровна. Обед был очень порядочный. Изверг Никитка не подгадил. Хозяйка оживляла общество самой очаровательной любезностью. Но остальные присутствующие, как нарочно, были необыкновенно скучны. Зина была как-то торжественно молчалива. Мозгляков был видимо не в своей тарелке и мало ел. Он об чем-то думал, и так как это случалось с ним довольно редко, то Марья Александровна была в большом беспокойстве. Настасья Петровна сидела угрюмая и даже, украдкой, делала Мозглякову какие-то странные знаки, которых тот совершенно не примечал. Не будь очаровательно любезной хозяйки, обед походил бы на похороны.

А между тем Марья Александровна была в невыразимом волнении. Одна уже Зина пугала ее ужасно своим грустным видом и заплаканными глазами. А тут и еще затруднение: надо спешить, торопиться, а этот "проклятый Мозгляков" сидит себе, как болван, которому мало заботы, и только мешает! Ведь нельзя же, в самом деле, начинать такое дело при нем! Марья Александровна встала, из-за стола в страшном беспокойстве. Каково же было ее изумление, радостный испуг, если можно так выразиться, когда Мозгляков, только что встали из-за стола, сам подошел к ней и вдруг, совсем неожиданно, объявил, что ему, - разумеется, к его величайшему сожалению, - необходимо сейчас же отправиться.

- Куда это? - спросила с необыкновенным соболезнованием Марья Александровна.

- Вот видите, Марья Александровна, - начал Мозгляков с беспокойством и даже несколько путаясь, - со мной случилась престранная история. Я уж и не знаю, как вам сказать... дайте мне, ради бога, совет!

- Что, что такое?

- Крестный отец мой, Бородуев, вы знаете, - тот купец... встретился сегодня со мной. Старик решительно сердится, упрекает, говорит мне, что я загордился. Вот уже третий раз я в Мордасове, а к нему и носу не показал. "Приезжай, говорит, сегодня на чай". Теперь ровно четыре часа, а чай он пьет по-старинному, как проснется пятом часу. Что мне делать? Оно, Марья Александровна, конечно, - но подумайте! Ведь он моего отца-покойника от петли избавил, когда тот казенные деньги проиграл. Он и крестил-то меня по этому случаю. Если состоится мой брак с Зинаидой Афанасьевной, у меня все-таки только полтораста душ. А ведь у него миллион, люди говорят, даже больше. Бездетен. Угодишь ему - сто тысяч по духовной оставит. Семьдесят лет, - подумайте!

- Ах, боже мой! так что ж это вы! что же вы медлите? - вскричала Марья Александровна, едва скрывая свою радость. - Поезжайте, поезжайте! этим нельзя шутить. То-то, я смотрю, за обедом - вы такой скучный! Поезжайте, mon ami, поезжайте! Да вам бы следовало давеча утром с визитом отправиться, показать, что вы дорожите, что вы цените его ласку! Ах, молодежь, молодежь!

- Да ведь вы же сами, Марья Александровна, - в изумлении вскричал Мозгляков, - вы же сами нападали на меня за это знакомство! Ведь вы же говорили, что он мужик, борода, в родне с кабаками, с подвальными да поверенными?

- Ах, mon ami! Мало ли мы что говорим необдуманного! Я тоже могу ошибиться, я - не святая. Я, впрочем, не помню, но я могла быть в таком расположении духа... Наконец, вы тогда еще не сватались к Зиночке... Конечно, это эгоизм с моей стороны, но теперь я поневоле должна смотреть с другой точки зрения, и - какая мать может обвинить меня в этом случае? Поезжайте, ни минуты не медлите! Даже вечер у него посидите... да послушайте! Заговорите как-нибудь обо мне. Скажите, что я его уважаю, люблю, почитаю, да этак половчее, получше! Ах, боже мой! И у меня ведь это из головы вышло! Мне бы надо самой догадаться вас надоумить!

- Воскресили вы меня, Марья Александровна! - вскричал восхищенный Мозгляков. - Теперь, клянусь, буду во всем вас слушаться! А то ведь я вам просто боялся сказать!.. Ну, прощайте, я и в путь! Извините меня перед Зинаидой Афанасьевной. Впрочем, непременно сюда...

- Благословляю вас, mon ami! Смотрите же, обо мне-то поговорите с ним! Он действительно премилый старичок. Я давно уже переменила о нем мои мысли... Я и всегда, впрочем, любила в нем всё это старинное русское, неподдельное... Au revoir, mon ami, au revoir!

"Да как это хорошо, что его черт несет! Нет, это сам бог помогает!" - подумала она, задыхаясь от радости.

Павел Александрович вышел в переднюю и надевал уже шубу, как вдруг, откуда ни возьмись, Настасья Петровна. Она поджидала его.

- Куда вы? - сказала она, удерживая его за руку.

- К Бородуеву, Настасья Петровна! Крестный отец мой; удостоился меня крестить... Богатый старик, оставит что-нибудь, надо польстить!..

Павел Александрович был в превосходнейшем расположении духа.

- К Бородуеву! ну так и проститесь с невестою, - резко сказала Настасья Петровна.

- Как так "проститесь"?

- Да так! Вы думали, она уж и ваша! А вон ее за князя выдавать хотят. Сама слышала!

- За князя? помилосердуйте, Настасья Петровна!

- Да чего "помилосердуйте"! Вот не угодно ли самим посмотреть и послушать? Бросьте-ка шубу, подите-ка сюда!

Ошеломленный Павел Александрович бросил шубу и на цыпочках отправился за Настасьей Петровной. Она привела его в тот самый чуланчик, откуда утром подглядывала и подслушивала.

- Но помилуйте, Настасья Петровна, я решительно ничего не понимаю!..

- А вот поймете, как нагнетесь и послушаете. Комедия, верно, сейчас начнется.

- Какая комедия?

- Тсс! не говорите громко! Комедия в том, что вас просто надувают. Давеча, как вы отправились с князем, Марья Александровна целый час уговаривала Зину выйти замуж за этого князя, говорила, что нет ничего легче его облапошить и заставить жениться, и такие крючки выводила, что даже мне тошно стало. Я всё отсюда подслушала. Зина согласилась. Как они вас-то обе честили! просто за дурака почитают, а Зина прямо сказала, что ни за что не выйдет за вас. Я-то дура! Красный бантик приколоть хотела! Послушайте-ка, послушайте-ка!

- Да ведь это безбожнейшее коварство, если так! - прошептал Павел Александрович, глупейшим образом смотря в глаза Настасье Петровне.

- Да вы только послушайте, и не то еще услышите.

- Да где же слушать?

- Да вот нагнитесь, вот в эту дырочку...

- Но, Настасья Петровна, я... я не способен подслушивать.

- Эк, когда хватились! Тут, батюшка, честь-то в карман; пришли, так уж слушайте!

- Но, однако же...

- А не способны, так и оставайтесь с носом! Вас же жалеют, а он куражится! Мне что! ведь я не для себя. Я и до вечера здесь не останусь!

Павел Александрович скрепя сердце нагнулся к щелочке. Сердце его билось, в висках стучало. Он почти не понимал, что с ним происходит.

Глава VIII

- Так вам очень было весело, князь, у Натальи Дмитриевны? - спросила Марья Александровна, плотоядным взглядом окидывая поле предстоящей битвы и желая самым невинным образом начать разговор. Сердце ее билось от волнения и ожидания.

После обеда князя тотчас же перевели в "салон", в котором принимали его утром. Все торжественные случаи и приемы происходили у Марьи Александровны в этом самом салоне. Она гордилась этой комнатой. Старичок, с шести бокалов, как-то весь раскис и некрепко держался на ногах. Зато болтал без умолку. Болтовня в нем даже усилилась. Марья Александровна понимала, что эта вспышка минутная и что отяжелевшему гостю скоро захочется спать. Надо было ловить минуту. Оглядев поле битвы, она с наслаждением заметила, что сластолюбивый старичок как-то особенно лакомо поглядывал на Зину, и родительское сердце ее затрепетало от радости.

- Чрез-вы-чайно весело, - отвечал князь, - и, знаете, бес-по-добней-шая женщина, Наталья Дмитриевна, бес-по-до-бнейшая женщина!

Как ни занята была Марья Александровна своими великими планами, но такая звонкая похвала сопернице уколола ее в самое сердце.

- Помилуйте, князь! - вскричала она, сверкая глазами, - если уж ваша Наталья Дмитриевна бесподобная женщина, так уж я и не знаю, что после этого! Но после этого вы совершенно не знаете здешнего общества, совершенно не знаете! Ведь это только одна выставка своих небывалых достоинств, своих благородных чувств, одна комедия, одна наружная золотая кора. Приподымите эту кору, и вы увидите целый ад под цветами, целое осиное гнездо, где вас съедят и косточек не оставят!

- Неужели? - воскликнул князь. - Удивляюсь!

- Но я клянусь вам в этом! Ah, mon prince. Послушай, Зина, я должна, я обязана рассказать князю это смешное и низкое происшествие с этой Натальей, на прошлой неделе, - помнишь? Да, князь, - это про ту самую вашу хваленую Наталью Дмитриевну, которою вы так восхищаетесь. О милейший мой князь! Клянусь, я не сплетница! Но я непременно расскажу это, единственно для того, чтоб рассмешить, чтоб показать вам в живом образчике, так сказать, в оптическое стекло, что здесь за люди! Две недели назад приезжает ко мне эта Наталья Дмитриевна. Подали кофе, а я за чем-то вышла. Я очень хорошо помню, сколько у меня осталось сахару в серебряной сахарнице: она была совершенно полна. Возвращаюсь, смотрю: лежат на донышке только три кусочка. Кроме Натальи Дмитриевны в комнате никого не оставалось. Какова! У ней свой каменный дом и денег бессчетно! Этот случай смешной, комический, но судите после этого о благородстве здешнего общества!

- Не-у-же-ли! - воскликнул князь, искренно удивляясь. - Какая, однако же, неестественная жадность! Неужели ж она всё одна съела?

- Так вот какая она бесподобнейшая женщина, князь! как вам нравится этот позорный случай? Да я бы, кажется, умерла в ту же минуту, в которую бы решилась на такой отвратительный поступок!

- Ну да, да... Только, знаете, она все-таки такая belle femme[27]...

- Наталья-то Дмитриевна! помилуйте, князь, да это просто кадушка! Ах, князь, князь! что это вы сказали! Я ожидала в вас гораздо поболее вкусу...

- Ну да, кадушка... только, знаете, она так сложена... Ну, а эта девочка, которая тан-це-ва-ла, она тоже... сложена...

---

[27] Здесь: статная женщина (франц.)

- Сонечка-то? да ведь она еще ребенок, князь! ей всего четырнадцать лет!

- Ну да... только, знаете, такая ловкая, и у ней тоже... такие формы... формируются. Ми-лень-кая такая! и другая, что с ней тан-це-ва-ла, тоже... формируется...

- Ах, это несчастная сирота, князь! Они ее часто берут.

- Си-ро-та. Грязная, впрочем, такая, хоть бы руки вымыла... А, впрочем, тоже за-ман-чи-вая...

Говоря это, князь с какою-то возрастающею жадностью рассматривал Зину в лорнет.

- Mais quelle charmante personne![28] - бормотал он вполголоса, тая от наслаждения.

- Зина, сыграй нам что-нибудь, или нет, лучше спой! Как она поет, князь! Она, можно сказать, виртуозка, настоящая виртуозка! И если б вы знали, князь, - продолжала Марья Александровна вполголоса, когда Зина отошла к роялю, ступая своею тихою, плавною поступью, от которой чуть не покоробило бедного старичка, - если б вы знали, какая она дочь! Как она умеет любить, как нежна со мной! Какие чувства, какое сердце!

- Ну да... чувства... и, знаете ли, я только одну женщину знал, во всю мою жизнь, с которой она могла бы сравниться по кра-со-те, - перебил князь, глотая слюнки. - Это покойная графиня Наинская, умерла лет тридцать тому назад. Вос-хи-ти-тельная была женщина, не-опи-сан-ной красоты, потом еще за своего повара пышла...

- За своего повара, князь!

- Ну да, за своего повара... за француза, за границей. Она ему за гра-ни-цей графский титул доставила. Видный был собой человек и чрезвычайно образованный, с маленькими такими у-си-ка-ми.

- И - и... как же они жили, князь?

- Ну да, они хорошо жили.. Впрочем, они скоро потом разошлись. Он ее обобрал и уехал. За какой-то соус поссорились...

- Маменька, что мне играть? - спросила Зина.

- Да ты бы лучше спела нам, Зина. Как она поет, князь! Вы любите музыку?

- О да! Charmant, charmant! Я очень люблю му-зы-ку. Я за границей с Бетховеном был знаком.

- С Бетховеном! Вообрази, Зина, князь был знаком с Бетховеном! - кричит в восторге Марья Александровна. - Ах, князь! неужели вы были знакомы с Бетховеном?

- Ну да... мы были с ним на дру-жес-кой но-ге. И вечно у него нос в табаке. Такой смешной!

---

[28] Но какое очаровательное существо! (франц.)

- Бетховен?

- Ну да, Бетховен. Впрочем, может быть, это и не Бет-хо-вен, а какой-нибудь другой не-мец. Там очень много нем-цев... Впрочем, я, кажется, сби-ва-юсь.

- Что же мне петь, маменька? - спросила Зина.

- Ах, Зина! спой тот романс, в котором, помнишь, много рыцарского, где еще эта владетельница замка и ее трубадур... Ах, князь! Как я люблю всё это рыцарское! Эти замки, замки!.. Эта средневековая жизнь! Эти трубадуры, герольды, турниры... Я буду аккомпанировать тебе, Зина. Пересядьте сюда, князь, поближе! Ах, эти замки, замки!

- Ну да... замки. Я тоже люблю зам-ки, - бормочет князь в восторге, впиваясь в Зину единственным своим глазом. - Но... боже мой! - восклицает он, - это романс!.. Но... я знаю этот ро-манс! Я давно уже слышал этот романс... Это так мне на-по-ми-нает... Ах, боже мой!

Я не берусь описывать, что сделалось с князем, когда запела Зина. Пела она старинный французский романс, бывший когда-то в большой моде. Зина пела его прекрасно. Ее чистый, звучный контральто проникал до сердца. Ее прекрасное лицо, чудные глаза, ее точеные, дивные пальчики, которыми она переворачивала ноты, ее волосы, густые, черные, блестящие, волнующаяся грудь, вся фигура ее, гордая, прекрасная, благородная, - всё это околдовало бедного старичка окончательно. Он не отрывал от нее глаз, когда она пела, он захлебывался от волнения. Его старческое сердце, подогретое шампанским, музыкой и воскреснувшими воспоминаниями (а у кого нет любимых воспоминаний?), стучало чаще и чаще, как уже давно не билось оно... Он готов был опуститься на колени перед Зиной и почти плакал, когда она кончила.

- O ma charmante enfant![29] - вскричал он, целуя ее пальчики. - Vous me ravissez![30] Я теперь, теперь только вспомнил... Но... но... o ma charmante enfant...

И князь даже не мог докончить.

Марья Александровна почувствовала, что наступила ее минута.

- Зачем же вы губите себя, князь? - воскликнула она торжественно. - Столько чувства, столько жизненной силы. столько богатств душевных, и зарыться на всю жизнь в уединение! убежать от людей, от друзей! Но это непростительно! Одумайтесь, князь! взгляните на жизнь, так сказать, ясным оком! Воззовите из сердца своего воспоминания прошедшего, - воспоминания золотой вашей молодости, золотых, беззаботных дней, - воскресите их, воскресите себя! Начните опять жить в обществе, меж людей! Поезжайте за границу, в Италию, в Испанию - в Испанию, князь!..

---

[29] прелестное дитя! (франц.)
[30] Вы меня восхищаете! (франц.)

Вам нужно руководителя, сердце, которое бы любило, уважало вас, вам сочувствовало? Но у вас есть друзья! Позовите их, кликните их, и они прибегут толпами! Я первая брошу всё и прибегу на ваш вызов. Я помню нашу дружбу, князь; я брошу мужа и пойду за вами... и даже, если б я была еще моложе, если б я была так же хороша и прекрасна, как дочь моя, я бы стала вашей спутницей, подругой, женой вашей, если б вы того захотели!

- И я уверен, что вы были une charmante personne и свое вре-мя, - проговорил князь, сморкаясь в платок. Глаза его были омочены слезами.

- Мы живем в наших детях, князь, - с высоким чувством отвечала Марья Александровна. - У меня тоже есть свой ангел-хранитель! И это - она, моя дочь, подруга моих мыслей, моего сердца, князь! Она отвергла уже семь предложений, не желая расставаться со мною.

- Стало быть, она с вами поедет, когда вы бу-дете со-про-вож-дать меня за гра-ницу? В таком случае я непременно поеду за границу! - вскричал князь, одушевляясь. - Неп-ре-менно поеду! И если б я мог льстить себя на-деж-дою... Но она очаровательное, оча-ро-ва-тельное дитя! O ma charmante enfant!.. - И князь снова начал целовать ее руки. Бедняжка, ему хотелось стать перед ней на колени.

- Но... но, князь, вы говорите: можете ли вы льстить себя надеждою? - подхватила Марья Александровна, почувствовав новый прилив красноречия. - Но вы странны, князь! Неужели вы считаете себя уже недостойным внимания женщин? Не молодость составляет красоту Вспомните, что вы, так сказать, обломок аристократии! вы - представитель самых утонченных, самых рыцарских чувств и... манер! Разве Мария не полюбила старика Мазепу? Я помню, я читала, что Лозён, этот очаровательный маркиз двора Людовика... я забыла которого, - уже в преклонных летах, уже старик, - победил сердце одной из первейших придворных красавиц!.. И кто сказал вам, что вы старик? Кто научил вас этому! Разве люди, как вы, стареются? Вы с таким богатством чувств, мыслей, веселости, остроумия, жизненной силы, блестящих манер! Но появитесь где-нибудь теперь, за границей, на водах, с молодою женой, с такой же красавицей, как например моя Зина, - я не об ней говорю, я говорю только так, для сравнения, - и вы увидите, какой колоссальный будет эффект! Вы - обломок аристократии, она - красавица из красавиц! вы ведете ее торжественно под руку; она поет в блестящем обществе, вы, с своей стороны, сыплете остроумием, - да все воды сбегутся смотреть на вас! Вся Европа закричит, потому что все газеты, все фельетоны на водах заговорят в один голос... Князь, князь! И вы говорите: можете ли вы льстить себя надеждою?

- Фельетоны... ну да, ну да!.. Это в газетах... - бормочет князь, вполовину не понимая болтовню Марьи Александровны и раскисая всё более и более. - Но... ди-тя мое, если вы не ус-тали, - повторите еще раз тот романс, который вы сейчас пели!

- Ах, князь! Но у ней есть и другие романсы, еще лучше... Помните, князь, "L'hirondelle"?[31] Вы, вероятно, слышали?

- Да, помню... или, лучше сказать, я за-был. Нет, нет, прежний романс, тот самый, который она сейчас пе-ла! Я не хочу "L'hirondelle"! Я хочу тот романс... - говорил князь, умоляя, как ребенок.

Зина пропела еще раз. Князь не мог удержаться и опустился перед ней на колени. Он плакал.

- O ma belle chБtelaine![32] - восклицал он своим дребезжащим от старости и волнения голосом. - O ma charmante chБtelaine![33] О милое дитя мое! вы мне так много на-пом-нили... из того, что давно прошло... Я тогда думал, что всё будет лучше, чем оно потом было. Я тогда пел дуэты... с виконтессой... этот самый романс... а теперь... Я не знаю, что уже те-перь...

Всю эту речь князь произнес задыхаясь и захлебываясь. Язык его приметно одеревенел. Некоторых слов почти совсем нельзя было разобрать. Видно было только, что он в сильнейшей степени расчувствовался. Марья Александровна немедленно подлила масла в огонь.

- Князь! Но вы, пожалуй, влюбитесь в мою Зину! - вскричала она, почувствовав, что минута была торжественная.

Ответ князя превзошел ее лучшие ожидания.

- Я до безумия влюблен в нее! - вскричал старичок, вдруг весь оживляясь, всё еще стоя на коленах и весь дрожа от волнения. - Я ей жизнь готов отдать! И если б я только мог на-де-яться... Но подымите меня, я не-мно-го ос-лаб... Я... если б только мог надеяться предложить ей мое сердце, то... я... она бы мне каждый день пела ро-ман-сы, а я бы всё смотрел на нее... всё смотрел... Ах, боже мой!

- Князь, князь! вы предлагаете ей свою руку! вы хотите ее взять у меня, мою Зину! мою милую, моего ангела, Зину! Но я не пущу тебя, Зина! Пусть вырвут ее из рук моих, из рук матери! - Марья Александровна бросилась к дочери и крепко сжала ее в объятиях, хотя чувствовала, что ее довольно сильно отталкивали... Маменька немного пересаливала. Зина чувствовала это всем существом своим и с невыразимым отвращением смотрела на всю комедию. Однако ж она молчала, а это - всё, что было надо Марье Александровне.

- Она девять раз отказывала, чтоб только не разлучаться с своею

---

[31] "Ласточку" (франц.)

[32] Здесь: моя прекрасная владычица! (франц.)

[33] Здесь: моя очаровательная владычица! (франц.)

матерью! - кричала она. - Но теперь - мое сердце предчувствует разлуку. Еще давеча я заметила, что она так смотрела на вас... Вы поразили ее своим аристократизмом, князь, этой утонченностью!.. О! вы разлучите нас; я это предчувствую!..

- Я о-бо-жаю ее! - пробормотал князь, всё еще дрожа как осиновый листик.

- Итак, ты оставляешь мать свою! - воскликнула Марья Александровна, еще раз бросаясь на шею дочери.

Зина торопилась кончить тяжелую сцену. Она молча протянула князю свою прекрасную руку и даже заставила себя улыбнуться. Князь с благоговением принял эту ручку и покрыл ее поцелуями.

- Я только теперь на-чи-наю жить, - бормотал он, захлебываясь от восторга.

- Зина! - торжественно проговорила Марья Александровна, - взгляни на этого человека! Это самый честнейший, самый благороднейший человек из всех, которых я знаю! Это рыцарь средних веков! Но она это знает, князь; она знает, на горе моему сердцу... О! зачем вы приехали! Я передаю вам мое сокровище, моего ангела. Берегите ее, князь! Вас умоляет мать, и какая мать осудит меня за мою горесть!

- Маменька, довольно! - прошептала Зина.

- Вы защитите ее от обиды, князь? Ваша шпага блеснет в глаза клеветнику или дерзкому, который осмелится обидеть мою Зину?

- Довольно, маменька, или я...

- Ну да, блеснет... - бормотал князь. - Я только теперь начинаю жить... Я хочу, чтоб сейчас же, сию минуту была свадьба... я... Я хочу послать сейчас же в Ду-ха-но-во. Там у меня брил-ли-анты. Я хочу положить их к ее ногам...

- Какой пыл! какой восторг! какое благородство чувств! - воскликнула Марья Александровна. - И вы могли, князь, вы могли губить себя, удаляясь от света? Я тысячу раз буду это говорить! Я вне себя, когда вспомню об этой адской...

- Что ж мне де-лать, я так бо-ялся! - бормотал князь, хныча и расчувствовавшись. - Они меня в су-мас-шед-ший дом посадить хо-те-ли... Я и испугался.

- В сумасшедший дом! О изверги! о бесчеловечные люди! О низкое коварство! Князь - я это слышала! Но это сумасшествие со стороны этих людей! Но за что же, за что?!

- А я и сам не знаю за что! - отвечал старичок, от слабости садясь на кресло. - Я, знаете, на ба-ле был и какой-то анекдот рас-ска-зал; а им не понра-ви-лось. Ну и вышла история!

- Неужели только за это, князь?

- Нет. Я еще по-том в карты иг-рал с князем Петром Демен-тьи-чем и без шести ос-тал-ся. У меня было два ко-ро-ля и три дамы... или, лучше сказать, три дамы и два ко-ро-ля... Нет! один ко-ро-ль! а потом уж были и да-мы...

- И за это? за это! о адское бесчеловечие! вы плачете, князь! Но теперь этого не будет! Теперь я буду подле вас, мой князь; я не расстанусь с Зиной, и посмотрим, как они осмелятся сказать слово!.. И даже, знаете, князь, ваш брак поразит их. Он пристыдит их! Они увидят, что вы еще способны... то есть они поймут, что не вышла бы за сумасшедшего такая красавица! Теперь вы гордо можете поднять голову. Вы будете смотреть им прямо в лицо...

- Ну да, я буду смотреть им пря-мо в ли-цо, - пробормотал князь, закрывая глаза.

"Однако он совсем раскис, - подумала Марья Александровна. - Только слова терять!"

- Князь, вы встревожены, я вижу это; вам непременно надо успокоиться, отдохнуть от этого волнения, - сказала она, матерински нагибаясь к нему.

- Ну да, я бы хотел немно-го по-ле-жать, - сказал он.

- Да, да! Успокойтесь, князь! Эти волнения... Постойте, я сама провожу вас... Я уложу вас сама, если надо. Что вы так смотрите на этот портрет, князь? Это портрет моей матери - этого ангела, а не женщины! О, зачем ее нет теперь между нами! Это была праведница! князь, праведница! - иначе я не называю ее!

- Пра-вед-ни-ца? c'est joli[34]... У меня тоже была мать... princesse[35]... и - вообразите - нео-бык-новен-но полная была жен-щина... Впрочем, я не то хотел ска-зать... Я немно-го ослаб. Adieu, ma charmante enfant!.. Я с нас-лаж-де-нием... я сегодня... завтра... Ну, да всё рав-но! au revoir, au revoir! - тут он хотел сделать ручкой, но поскользнулся и чуть не упал на пороге.

- Осторожнее, князь! Обопритесь на мою руку, - кричала Марья Александровна.

- Charmant! charmant! - бормотал он, уходя. - Я теперь только на-чи-наю жить...

Зина осталась одна. Невыразимая тягость давила ее душу. Она чувствовала отвращение до тошноты. Она готова была презирать себя. Щеки ее горели. С сжатыми руками, стиснув зубы, опустив голову, стояла она, не двигаясь с места. Слезы стыда покатились из глаз ее... В эту минуту отворилась дверь, и Мозгляков вбежал в комнату.

---

[34] это мило (франц.)
[35] княгиня (франц.)

Глава IX

Он слышал всё, всё!

Он действительно не вошел, а вбежал, бледный от волнения и от ярости. Зина смотрела на него с изумлением.

- Так-то вы! - вскричал он задыхаясь. - Наконец-то я узнал, кто вы такая!

- Кто я такая! - повторила Зина, смотря на него как на сумасшедшего, и вдруг глаза ее заблистали гневом.

- Как смели вы так говорить со мной! - вскричала она, подступая к нему.

- Я слышал всё! - повторил Мозгляков торжественно, но как-то невольно отступил шаг назад.

- Вы слышали? вы подслушивали? - сказала Зина, с презрением смотря на него.

- Да! я подслушивал! да, я решился на подлость, но зато я узнал, что вы самая... Я даже не знаю, как и выразиться, чтоб сказать вам... какая вы теперь выходите! - отвечал он, всё более и более робея перед взглядом Зины.

- А хоть бы и слышали, в чем же вы можете обвинить меня? Какое право вы имеете обвинять меня? Какое право имеете так дерзко говорить со мной?

- Я? Я какое имею право? И вы можете это спрашивать? Вы выходите за князя, а я не имею никакого права!.. да вы мне слово дали, вот что!

- Когда?

- Как когда?

- Но еще сегодня утром, когда вы приставали ко мне, я решительно отвечала, что не могу сказать ничего положительного.

- Однако же вы не прогнали меня, вы не отказали мне совсем; значит, вы удерживали меня про запас! значит, вы завлекали меня.

В лице раздраженной Зины показалось болезненное ощущение, как будто от острой, пронзительной внутренней боли; но она перемогла свое чувство.

- Если я вас не прогоняла, - отвечала она ясно и с расстановкой, хотя в голосе ее слышалось едва заметное дрожание, - то единственно из жалости. Вы сами умоляли меня повременить, не говорить вам "нет", но разглядеть вас поближе, и "тогда, - сказали вы, - тогда, когда вы уверитесь, что я человек благородный, может быть, вы мне не откажете". Это были ваши собственные слова в самом начале ваших исканий. Вы не можете от них отпереться! Вы осмелились сказать мне теперь, что я завлекала вас. Но вы сами видели мое отвращение, когда я увиделась с вами сегодня, двумя неделями раньше, чем вы обещали, и это отвращение я не скрыла перед вами, напротив, я его обнаружила. Вы это сами заметили, потому что сами спрашивали меня: не сержусь ли я за то, что вы раньше приехали? Знайте, что того не завлекают, перед кем не могут и не хотят скрыть своего к нему отвращения. Вы осмелились выговорить, что я берегла вас про запас. На это отвечу вам, что я рассуждала про вас так: "Если он и не одарен умом, очень большим, то все-таки может быть человеком добрым, и потому можно выйти за него". Но теперь, убедясь, к моему счастью, что вы дурак, и еще вдобавок злой дурак, - мне остается только пожелать вам полного счастья и счастливого пути. Прощайте!

Сказав это, Зина отвернулась от него и медленно пошла из комнаты.

Мозгляков, догадавшись, что всё потеряно, закипел от ярости.

- А! так я дурак, - кричал он, - так я теперь уж дурак! Хорошо! Прощайте! Но прежде чем уеду, всему городу расскажу, как вы с маменькой облапошили князя, напоив его допьяна! Всем расскажу! Узнаете Мозглякова.

Зина вздрогнула и остановилась было отвечать, но, подумав с минуту, только презрительно пожала плечами и захлопнула за собою дверь.

В это мгновение на пороге показалась Марья Александровна. Она слышала восклицание Мозглякова, в одну минуту догадалась, в чем дело, и вздрогнула от испуга. Мозгляков еще не уехал, Мозгляков около князя, Мозгляков раззвонит по городу, а тайна, хотя бы на самое малое время, была необходима! У Марьи Александровны были свои расчеты. Она мигом сообразила все обстоятельства, и план усмирения Мозглякова был уже создан.

- Что с вами, mon ami? - сказала она, подходя к нему и дружески протягивая ему свою руку.

- Как: mon ami! - вскричал он в бешенстве, - после того, что вы натворили, да еще: mon ami. Морген фри, милостивая государыня! И вы думаете, что обманете меня еще раз?

- Мне жаль, мне очень жаль, что вижу вас в таком странном состоянии духа, Павел Александрович. Какие выражения! вы даже не удерживаете слов ваших перед дамой.

- Перед дамой! Вы... вы всё, что хотите, а не дама! - вскричал Мозгляков. Не знаю, что именно хотелось ему выразить своим восклицанием, но, вероятно, что-нибудь очень громовое.

Марья Александровна кротко поглядела ему в лицо.

- Сядьте! - грустно проговорила она, показывая ему на кресла, в которых, четверть часа тому, покоился князь.

- Но послушайте наконец, Марья Александровна! - вскричал озадаченный Мозгляков. - Вы смотрите на меня так, как будто вы вовсе не виноваты, а как будто я же виноват перед вами! Ведь это нельзя же-с!..

150

такой тон!.. ведь это, наконец, превышает меру человеческого терпения... знаете ли вы это?

- Друг мой! - отвечала Марья Александровна, - вы позволите мне всё еще называть вас этим именем, потому что у вас нет лучшего друга, как я; друг мой! вы страдаете, вы измучены, вы уязвлены в самое сердце - и потому не удивительно, что вы говорите со мной в таком тоне. Но я решаюсь открыть вам всё, всё мое сердце, тем скорее, что я сама себя чувствую несколько виноватой перед вами. Садитесь же, поговорим.

Голос Марьи Александровны был болезненно мягкий. В лице выражалось страдание. Изумленный Мозгляков сел подле нее в кресла.

- Вы подслушивали? - продолжала она, укоризненно глядя ему в лицо.

- Да, я подслушивал! еще бы не подслушивать; вот бы олух-то был! По крайней мере узнал всё, что вы против меня затеваете, - грубо отвечал Мозгляков, ободряя и подзадоривая себя собственным гневом.

- И вы, и вы, с вашим воспитанием, с вашими правилами, могли решиться на такой поступок? О боже мой!

Мозгляков даже вскочил со стула.

- Но, Марья Александровна! - вскричал он, - это, наконец, невыносимо слушать! Вспомните, на что вы-то решились, с вашими правилами, а тогда осуждайте других!

- Еще вопрос, - сказала она, не отвечая на его вопросы, - кто вас надоумил подслушивать, кто рассказал, кто тут шпионил? - вот что я хочу знать.

- Ну уж извините, - этого не скажу-с.

- Хорошо. Я сама узнаю. Я сказала, Поль, что я перед вами виновата. Но если вы разберете всё, все обстоятельства, то увидите, что если я и виновата, то единственно тем, что вам же желала возможно больше добра.

- Мне? добра? Это уж из рук вон! Уверяю вас, что больше не надуете! Не таков мальчик!

И он повернулся в креслах так, что они затрещали.

- Пожалуйста, мой друг, будьте хладнокровнее, если можете. Выслушайте меня внимательно, и вы сами во всем согласитесь. Во-первых, я хотела немедленно вам объяснить всё, всё, и вы узнали бы от меня всё дело, до малейшей подробности, не унижаясь подслушиванием. Если же не объяснилась с вами заранее, давеча, то единственно потому, что всё дело еще было в проекте. Оно могло и не состояться. Видите: я с вами вполне откровенна. Во-вторых, не вините дочь мою. Она вас до безумия любит, и мне стоило невероятных усилий отвлечь ее от пас и согласить ее принять предложение князя.

- Я сейчас имел удовольствие слышать самое полное доказательство этой любви до безумия, - иронически проговорил Мозгляков.

151

- Хорошо. А вы как с ней говорили? Так ли должен говорить влюбленный? Так ли говорит, наконец, человек хорошего тона? Вы оскорбили и раздражили ее.

- Ну, не до тону теперь, Марья Александровна! А давеча, когда вы обе делали мне такие сладкие мины, я поехал с князем, а вы меня ну честить! Вы чернили меня, - вот что я вам говорю-с! Я это всё знаю, всё!

- И, верно, из того же грязного источника? - заметила Марья Александровна, презрительно улыбаясь. - Да, Павел Александрович, я чернила вас, я наговорила на вас и, признаюсь, немало билась. Но уж одно то, что я принуждена была вас чернить перед нею, может быть, даже клеветать на вас, - уж одно это доказывает, как тяжело было мне исторгнуть из нее согласие вас оставить! Недальновидный человек! Если б она не любила вас, нужно ли б было мне вас чернить, представлять вас в смешном, недостойном виде, прибегать к таким крайним средствам? Да вы еще не знаете всего! Я должна была употребить власть матери, чтоб исторгнуть вас из ее сердца, и, после невероятных усилий, достигла только наружного согласия. Если вы теперь нас подслушивали, то должны же были заметить, что она ни одним словом, ни одним жестом не поддержала меня перед князем. Во всю эту сцену она почти не сказала ни слова; пела как автомат. Вся ее душа ныла в тоске, и я, из жалости к ней, увела наконец отсюда князя. Я уверена, что она плакала, оставшись одна. Войдя сюда, вы должны были заметить ее слезы...

Мозгляков действительно вспомнил, что, вбежав в комнату, он заметил Зину в слезах.

- Но вы, вы, за что вы-то были против меня, Марья Александровна? - вскричал он. - За что вы чернили меня, клеветали на меня, - в чем сами признаетесь теперь?

- А, это другое дело! Вот если б вы сначала благоразумно спрашивали, то давно бы получили ответ. Да, вы правы! Всё это сделала я, и я одна. Зину не мешайте сюда. Для чего я сделала? отвечаю: во-первых, для Зины. Князь богат, знатен, имеет связи, и, выйдя за него, Зина сделает блестящую партию. Наконец, если он и умрет, - может быть, даже скоро, потому что мы все более или менее смертны, - тогда Зина - молодая вдова, княгиня, в высшем обществе, и, может быть, очень богата. Тогда она может выйти замуж за кого хочет, может сделать богатейшую партию. Но, разумеется, она выйдет за того, кого любит, за того, кого любила прежде, чье сердце растерзала, выйдя за князя. Одно уже раскаяние заставило бы ее загладить свой проступок перед тем, кого прежде любила.

- Гм! - промычал Мозгляков, задумчиво смотря на свои сапоги.

- Во-вторых, - и об этом я упомяну только вкратце, - продолжала Марья Александровна, - потому что вы этого, может быть, даже и не поймете. Вы читаете вашего Шекспира, черпаете из него все свои высокие чувства, а на деле вы хоть и очень добры, но еще слишком молоды, - а я мать, Павел Александрович! Слушайте же: я выдаю Зину за князя отчасти и для самого князя, потому что хочу спасти его этим браком. Я любила и прежде этого благородного, этого добрейшего, этого рыцарски честного старика. Мы были друзьями. Он несчастен в когтях этой адской женщины. Она доведет его до могилы. Бог видит, что я согласила Зину на брак с ним, единственно выставив перед нею всю святость ее подвига самоотвержения. Она увлеклась благородством чувств, обаянием подвига. В ней самой есть что-то рыцарское. Я представила ей как дело высокохристианское быть опорой, утешением, другом, дитятей, красавицей, идолом того, кому, может быть, остается жить всего один год. Не гадкая женщина, не страх, не уныние окружали бы его в последние дни его жизни, а свет, дружба, любовь. Раем показались бы ему эти последние, закатные дни! Где же тут эгоизм, - скажите, пожалуйста? Это скорее подвиг сестры милосердия, а не эгоизм!

- Так вы... так вы сделали это только для князя, для подвига сестры милосердия? - промычал Мозгляков насмешливым голосом.

- Понимаю и этот вопрос, Павел Александрович; он довольно ясен. Вы, может быть, думаете, что тут иезуитски сплетена выгода князя с собственными выгодами? Что ж? может быть, в голове моей и были эти расчеты, только не иезуитские, а невольные. Знаю, что вы изумляетесь такому откровенному признанию, но об одном прошу вас, Павел Александрович: не мешайте в это дело Зину! Она чиста как голубь: она не рассчитывает; она только умеет любить, - милое дитя мое! Если кто и рассчитывал, то это я, и я одна! Но, во-первых, спросите строго свою совесть и скажите: кто не рассчитывал бы на моем месте в подобном случае? Мы рассчитываем наши выгоды даже в великодушнейших, даже в бескорыстнейших делах наших, рассчитываем неприметно, невольно! Конечно, почти все себя же обманывают, уверяя себя самих, что действуют из одного благородства. Я не хочу себя обманывать: я сознаюсь, что, при всем благородстве моих целей, - я рассчитывала. Но, спросите, для себя ли я рассчитываю? Мне уже ничего не нужно, Павел Александрович! я отжила свой век. Я рассчитывала для нее, для моего ангела, для моего дитяти, и - какая мать может обвинить меня в этом случае?

Слезы заблистали в глазах Марьи Александровны. Павел Александрович в изумлении слушал эту откровенную исповедь и в недоумении хлопал глазами.

- Ну да, какая мать... - проговорил он наконец. - Вы хорошо поете, Марья Александровна, - но... но ведь вы мне дали слово! Вы обнадеживали и меня... Мне-то каково? подумайте! Ведь я теперь, знаете, с каким носом?

- Но неужели вы полагаете, что я об вас не подумала, mon cher Paul! Напротив: во всех этих расчетах была для вас такая огромная выгода, что она-то и понудила меня, главным образом, исполнить всё это предприятие.

- Моя выгода! - вскричал Мозгляков, на этот раз совершенно ошеломленный. - Это как?

- Боже мой! Неужели же можно быть до такой степени простым и недальновидным! - вскричала Марья Александровна, возводя глаза к небу. - О молодость! молодость! Вот что значит погрузиться в этого Шекспира, мечтать, воображать, что мы живем, - живя чужим умом и чужими мыслями! Вы спрашиваете, добрый мой Павел Александрович, в чем тут заключается ваша выгода? Позвольте мне для ясности сделать одно отступление: Зина вас любит, - это несомненно! Но я заметила, что, несмотря на ее очевидную любовь, в ней таится какая-то недоверчивость к вам, к вашим добрым чувствам, к вашим наклонностям. Я заметила, что иногда она, как бы нарочно, удерживает себя и холодна с вами, - плод раздумья и недоверчивости. Не заметили ли вы это сами, Павел Александрович?

- За-ме-чал; и даже сегодня... Однако что же вы хотите сказать, Марья Александровна?

- Вот видите, вы сами заметили это. Стало быть, я не ошиблась. В ней именно есть какая-то странная недоверчивость к постоянству ваших добрых наклонностей. Я мать - и мне ли не угадать сердца моего дитяти? Вообразите же теперь, что вместо того чтоб вбежать в комнату с упреками и даже с ругательствами, раздражить, обидеть, оскорбить ее, чистую, прекрасную, гордую, и тем поневоле утвердить ее в подозрениях насчет ваших дурных наклонностей, - вообразите, что вы бы приняли эту весть кротко, со слезами сожаления, пожалуй даже отчаяния, но и с возвышенным благородством души...

- Гм!..

- Нет, не прерывайте меня, Павел Александрович. Я хочу изобразить вам всю картину, которая поразит ваше воображение. Вообразите, что вы пришли к ней и говорите: "Зинаида! Я люблю тебя более жизни моей, но фамильные причины разлучают нас. Я понимаю эти причины. Они для твоего же счастия, и я уже не смею восставать против них, Зинаида! я прощаю тебя. Будь счастлива, если можешь!" И тут бы вы устремили на нее взор, - взор закалаемого агнца, если можно так выразиться, - вообразите всё это и подумайте, какой эффект произвели бы эти слова на ее сердце!

- Да, Марья Александровна, положим, всё это так; я это всё понимаю... но что же, - я-то бы сказал, а все-таки ушел бы без ничего...

- Нет, нет, нет, мой друг! Не перебивайте меня! Я непременно хочу изобразить всю картину, со всеми последствиями, чтобы благородно поразить вас. Вообразите же, что вы встречаетесь с ней потом, чрез несколько времени, в высшем обществе; встречаетесь где-нибудь на бале, при блистательном освещении, при упоительной музыке, среди великолепнейших женщин, и, среди всего этого праздника, вы одни, грустный, задумчивый, бледный, где-нибудь опершись на колонну (но так, что вас видно), следите за ней в вихре бала. Она танцует. Около вас льются упоительные звуки Штрауса, сыплется остроумие высшего общества, - а вы один, бледный и убитый вашею страстию! Что тогда будет с Зинаидой, подумайте? Какими глазами будет она глядеть на вас? "И я, - подумает она, - я сомневалась в этом человеке, который мне пожертвовал всем, всем и растерзал для меня свое сердце!" Разумеется, прежняя любовь воскресла бы в ней с неудержимою силою!

Марья Александровна остановилась перевести дух. Мозгляков повернулся в креслах с такою силою, что они еще раз затрещали. Марья Александровна продолжала.

- Для здоровья князя Зина едет за границу, в Италию, в Испанию, - в Испанию, где мирты, лимоны, где голубое небо, где Гвадалквивир, - где страна любви, где нельзя жить и не любить; где розы и поцелуи, так сказать, носятся в воздухе! Вы едете туда же, за ней; вы жертвуете службой, связями, всем! Там начинается наша любовь с неудержимою силой; любовь, молодость. Испания, - боже мой! Разумеется, ваша любовь непорочная, святая; но вы, наконец, томитесь, смотря друг на друга. Вы меня понимаете, mon ami! Конечно, найдутся низкие, коварные люди, изверги, которые будут утверждать, что вовсе не родственное чувство к страждущему старику повлекло вас за границу. Я нарочно назвала нашу любовь непорочною, потому что эти люди, пожалуй, придадут ей совсем другое значение. Но я мать, Павел Александрович, и я ли научу вас дурному!.. Конечно, князь не в состоянии будет смотреть за вами обоими, но - что до этого! Можно ли на этом основывать такую гнусную клевету? Наконец, он умирает, благословляя судьбу свою. Скажите: за кого ж выйдет Зина, как не за вас? Вы такой дальний родственник князю, что препятствий к браку не может быть никаких. Вы берете ее, молодую, богатую, знатную, - и в какое же время? - когда браком с ней могли бы гордиться знатнейшие из вельмож! Чрез нее вы становитесь свой в самом высшем кругу общества; через нее вы получаете вдруг значительное место, входите в чины. Теперь у вас полтораста душ, а тогда вы богаты; князь устроит всё в своем завещании; я берусь за это. И наконец, главное, она уже вполне уверена в вас, в вашем сердце, и в ваших чувствах, и вы вдруг становитесь для нее героем добродетели и самоотвержения!.. И вы, и вы спрашиваете после этого, в чем ваша выгода? Но ведь нужно, наконец, быть слепым, чтоб не замечать, чтоб не сообразить, чтоб не рассчитать эту выгоду, когда она стоит в двух шагах перед вами, смотрит на вас, улыбается вам, а сама говорит: "Это я, твоя выгода!" Павел Александрович, помилуйте!

- Марья Александровна! - вскричал Мозгляков в необыкновенном волнении, - теперь я всё понял! я поступил грубо, низко и подло!

Он вскочил со стула и схватил себя за волосы.

- И не расчетливо, - прибавила Марья Александровна, - главное: не расчетливо!

- Я осел, Марья Александровна! - вскричал он почти в отчаянии. - Теперь всё погибло, потому что я до безумия люблю ее!

- Может быть, и не всё погибло, - проговорила госпожа Москалева тихо, как будто что-то обдумывая.

- О, если б это было возможно! Помогите! научите! спасите!

И Мозгляков заплакал.

- Друг мой! - с состраданием сказала Марья Александровна, подавая ему руку, - вы это сделали от излишней горячки, от кипения страсти, стало быть, от любви же к ней! Вы были в отчаянии, вы не помнили себя! ведь должна же она понять всё это...

- Я до безумия люблю ее и всем готов для нее пожертвовать! - кричал Мозгляков.

- Послушайте, я оправдаю вас перед нею...

- Марья Александровна!

- Да, я берусь за это! Я сведу вас. Вы выскажете ей всё, всё, как я вам сейчас говорила!

- О боже! как вы добры, Марья Александровна!.. Но... нельзя ли это сделать сейчас?

- Оборони бог! О, как вы неопытны, друг мой! Она такая гордая! Она примет это за новую грубость, за нахальность! Завтра же я устрою всё, а теперь - уйдите куда-нибудь, хоть к этому купцу... пожалуй, приходите вечером; но я бы вам не советовала!

- Уйду, уйду! боже мой! вы меня воскрешаете! но еще один вопрос: ну, а если князь не так скоро умрет?

- Ах, боже мой, как вы наивны, mon cher Paul. Напротив, нам надобно молить бога о его здоровье. Надобно всем сердцем желать долгих дней этому милому, этому доброму, этому рыцарски честному старичку! Я первая, со слезами, и день и ночь буду молиться за счастье моей дочери. Но, увы! кажется, здоровье князя ненадежно! К тому же придется теперь посетить столицу, вывозить Зину в свет. Боюсь, ох боюсь, чтоб это окончательно не довершило его! Но - будем молиться, cher Paul, а

156

остальное - в руце божией!.. Вы уже идете! Благословляю вас, mon ami! Надейтесь, терпите, мужайтесь, главное - мужайтесь! Я никогда не сомневалась в благородстве чувств ваших...

Она крепко пожала ему руку. и Мозгляков на цыпочках вышел из комнаты.

- Ну, проводила одного дурака! - сказала она с торжеством. - Остались другие...

Дверь отворилась, и вошла Зина. Она была бледнее обыкновенного. Глаза ее сверкали.

- Маменька! - сказала она, - кончайте скорее, или я не вынесу! Всё это до того грязно и подло, что я готова бежать из дому. Не томите же меня, не раздражайте меня! Меня тошнит, слышите ли: меня тошнит от всей этой грязи!

- Зина! что с тобою, мой ангел? Ты... ты подслушивала! - вскричала Марья Александровна, пристально и с беспокойством вглядываясь в Зину.

- Да, подслушивала. Не хотите ли вы стыдить меня, как этого дурака? Послушайте, клянусь вам, что если вы еще будете меня так мучить и назначать мне разные низкие роли в этой низкой комедии, то я брошу всё и покончу всё разом. Довольно уже того, что я решилась на главную низость! Но... я не знала себя! Я задохнусь от этого смрада!.. - И она вышла, хлопнув дверями.

Марья Александровна пристально посмотрела ей вслед и задумалась.

- Спешить, спешить! - вскричала она, встрепенувшись. - В ней главная беда, главная опасность, и если все эти мерзавцы нас не оставят одних, раззвонят по городу, - что, уж верно, и сделано, - то всё пропало! Она не выдержит этой всей кутерьмы и откажется. Во что бы то ни стало и немедленно надо увезти князя в деревню! Слетаю сама сперва, вытащу моего болвана и привезу сюда. Должен же он хоть на что-нибудь, наконец, пригодиться! А там тот выспится - и отправимся! - Она позвонила.

- Что ж лошади? - спросила она вошедшего человека.

- Давно готовы-с, - отвечал лакей.

Лошади были заказаны в ту минуту, когда Марья Александровна уводила наверх князя.

Она оделась, но прежде забежала к Зине, чтоб сообщить ей, в главных чертах, свое решение и некоторые инструкции. Но Зина не могла ее слушать. Она лежала в постели, лицом в подушках: она обливалась слезами и рвала свои длинные, чудные волосы своими белыми руками, обнаженными до локтей. Изредка вздрагивала она, как будто холод в одно мгновение проходил по всем ее членам. Марья Александровна начала было говорить, но Зина не подняла даже и головы.

Постояв над ней некоторое время, Марья Александровна вышла в смущении, и чтоб вознаградить себя с другой стороны, села в карету и велела гнать что есть мочи.

"Скверно то, что Зина подслушивала! - думала она, сидя в карете. - Я уговорила Мозглякова почти теми же словами, как и ее. Она горда и, может быть, оскорбилась... Гм!.. Но главное, главное - успеть всё обделать, покамест не пронюхали! Беда! Ну, если на грех моего дурака нету дома!.."

И при одной этой мысли ею овладело бешенство, не предвещавшее ничего счастливого Афанасию Матвеичу; она ворочалась на своем месте от нетерпения. Лошади мчали ее во всю прыть.

Глава X

Карета летела. Мы сказали уже, что в голове Марьи Александровны еще утром, в то время когда она гонялась за князем по городу, блеснула гениальная мысль. Об этой мысли мы обещали упомянуть в своем месте. Но читатель уже знает ее. Эта мысль была: в свою очередь конфисковать князя и, как можно скорее, увезти его в подгородную деревню, где безмятежно процветал блаженный Афанасий Матвеич. Не скроем, что на Марью Александровну всё более и более находило какое-то необъяснимое беспокойство. Это бывает даже с настоящими героями, именно в то время, когда они достигают цели. Какой-то инстинкт подсказывал ей, что опасно оставаться в Мордасове. "А уж раз в деревне, - рассуждала она, - так тут хоть весь город вверх ногами!" Конечно, и в деревне нельзя было терять времени. Всё могло случиться, всё, решительно всё, хотя мы, конечно, не верим слухам, распространенным впоследствии про мою героиню ее злоумышленниками, что она в эту минуту боялась даже полиции. Одним словом, она видела, что надо как можно скорее обвенчать Зину с князем. Средства же были под руками. Обвенчать мог на дому и деревенский священник. Можно было обвенчать даже послезавтра; в самом крайнем случае даже и завтра. Ведь бывали же свадьбы, которые в два часа обделывались! Князю представить эту поспешность, это отсутствие всяких праздников, сговоров, девичников за необходимое comme il faut; внушить ему, что это будет приличнее, грандиознее. Наконец, можно было всё выставить как романическое приключение и затронуть таким образом самую чувствительную струну в сердце князя. В крайнем случае можно даже и напоить его или, еще лучше, держать его постоянно пьяным. А потом, что бы ни случилось, Зина все-таки будет княгиней! Если же не обойдется потом без скандалу, например хоть в Петербурге или в Москве, где у князя были родные, то и тут было свое утешение. Во-первых, всё это еще впереди; а во-вторых, Марья Александровна верила, что в высшем обществе почти никогда не обходится без скандалу, особенно в делах свадебных; что это даже в тоне, хотя скандалы высшего общества, по ее понятиям, должны быть всегда какие-нибудь особенные, грандиозные, что-нибудь вроде "Монте-Кристо" или "Mémoires du Diable"[36]. Что, наконец, стоило только показаться в высшем обществе Зине, а маменьке поддержать ее, то все, решительно все, будут в ту же минуту побеждены и что никто из всех этих графинь и княгинь не в состоянии будет выдержать той мордасовской головомойки, которую способна задать им одна Марья Александровна, всем вместе или поодиночке. Вследствие всех этих соображений Марья Александровна и летела теперь в свое поместье за Афанасьем Матвеевичем, в котором, по ее расчету, предстояла теперь необходимая надобность. Действительно: везти князя в деревню значило везти его к Афанасию Матвеичу, с которым князь, может быть, и не захотел бы знакомиться. Если же, сам Афанасий Матвеич произнесет приглашение, тогда дело принимало совсем другой вид. К тому же явление пожилого и сановитого отца семейства, в белом галстухе и во фраке, со шляпой в руке, приехавшего нарочно из дальних стран по первому слуху о князе, могло произвести чрезвычайно приятный эффект, могло даже польстить самолюбию князя. От такого настойчивого и парадного приглашения трудно и отказаться, думала Марья Александровна. Наконец карета пролетела три версты, и кучер Софрон осадил своих коней у подъезда длинного одноэтажного деревянного строения, довольно ветхого и почерневшего от времени, с длинным рядом окон и обставленного со всех сторон старыми липами. Это был деревенский дом и летняя резиденция Марьи Александровны. В доме уже горели огни.

- Где болван? - закричала Марья Александровна, как ураган врываясь в комнаты. - Зачем тут это полотенце? А! он утирался! Опять был в бане? И вечно-то хлещет свой чай! Ну, что на меня глаза выпучил, отпетый дурак? Зачем у него волосы не выстрижены? Гришка! Гришка! Гришка! Зачем ты не обстриг барина, как я тебе на прошлой неделе приказывала?

Марья Александровна, входя в комнаты, собиралась поздороваться с Афанасием Матвеичем гораздо мягче, но, увидев, что он из бани и с наслаждением попивает чай, она не могла удержаться от самого горького негодования. В самом деле: столько хлопот и забот с ее стороны и столько самого блаженного квиетизма со стороны ни к чему не нужного и не способного к делу Афанасия Матвеича; такой контраст немедленно ужалил ее в самое сердце. Между тем болван, или, если сказать учтивее, тот, которого называли болваном, сидел за самоваром и, в бессмысленном

---

[36] "Записок дьявола" (франц.)

испуге, раскрыв рот и выпуча глаза, глядел на свою супругу, почти окаменившую его своим появлением. Из передней выставилась заспанная и неуклюжая фигура Гришки, хлопавшего глазами на всю эту сцену.

- Да не даются, оттого и не стриг, - проговорил он ворчливым и осиплым голосом. - Десять раз с ножницами подходил, - вот, говорю, барыня ужо-тка приедет, - нам обоим достанется, тогда чего станем делать? Нет, говорят, подожди, я к воскресенью завьюсь; мне надо, чтоб волосы длинные были.

- Как? так он завивается! так ты еще выдумал без меня завиваться? Это что за фасоны? Да идет ли это к тебе, к твоей глупой башке? Боже, какой здесь беспорядок! Чем это пахнет? Я тебя спрашиваю, изверг, чем это здесь пахнет? - кричала супруга, накидываясь всё более и более на невинного и совершенно уже ошалевшего Афанасья Матвеича.

- Ма-матушка! - пробормотал запуганный супруг, не вставая с места и смотря умоляющими глазами на свою повелительницу, - ма-ма-матушка!..

- Сколько раз я вбивала в твою ослиную голову, что я тебе вовсе не матушка? Какая я тебе матушка, пигмей ты этакой! Как смеешь ты давать такое название благородной даме, которой место в высшем обществе, л не подле такого осла, как ты!

- Да... да ведь ты, Марья Александровна, всё же законная жена моя, так вот я и говорю... по-супружески... - возразил было Афанасий Матвеич и в ту же минуту поднес обе руки свои к голове, чтоб защитить свои волосы.

- Ах ты, харя! ах ты, осиновый кол! Ну, слыхано ли что-нибудь глупее такого ответа? Законная жена! Да какие теперь законные жены? Употребит ли теперь хоть кто-нибудь в высшем обществе это глупое, это семинарское, это отвратительно-низкое слово: "законная"? - и как смеешь ты напоминать мне, что я твоя жена, когда я стараюсь забыть об этом всеми силами, всеми средствами моей души? Что руками-то голову закрываешь? Посмотрите, какие у него волосы? совсем, совсем мокрые! В три часа не обсохнут! Как теперь везти его? Как теперь людям показать? Что теперь делать?

И Марья Александровна ломала свои руки от бешенства, бегая взад и вперед по комнате. Беда, конечно, была небольшая и исправимая; но дело в том, что Марья Александровна не могла совладеть со всепобеждающим и властолюбивым своим духом. Она находила потребность в беспрерывном излиянии своего гнева на Афанасья Матвеича, потому что тирания есть привычка, обращающаяся в потребность. Да и, наконец, всем известно, к какому контрасту способны некоторые утонченные дамы известного общества у себя за кулисами, и мне именно хотелось изобразить этот контраст. Афанасий Матвеич с трепетом следил за эволюциями своей супруги и даже вспотел, на нее глядя.

160

- Гришка! - вскричала наконец она, - тотчас же барину одеваться! фрак, брюки, белый галстух, жилет, - живее! Да где его головная щетка, где щетка?

- Матушка! да ведь я из бани: простудиться могу, если в город ехать...

- Не простудишься!

- Да вот и волосы мокрые...

- А вот мы их сейчас высушим! Гришка, бери головную щетку, три его досуха; крепче! крепче! крепче! вот так! вот так!

Под эту команду усердный и преданный Гришка что есть силы начал оттирать волосы своего барина, для большего удобства схватив его за плечо и несколько принагнув к дивану. Афанасий Матвеич морщился и чуть не плакал.

- Теперь пошел сюда! подыми его, Гришка! где помада? Нагнись, нагнись, негодяй, - нагнись, дармоед!

И Марья Александровна собственноручно принялась помадить своего супруга, безжалостно теребя его густые с проседью волосы, которые он, на беду свою, не остриг. Афанасий Матвеич кряхтел, вздыхал, но не вскрикнул и с покорностию выдержал всю операцию.

- Соки ты мои высосал, пачкун ты такой! - проговорила Марья Александровна. - Да нагнись еще больше, нагнись!

- Чем же я, матушка, высосал твои соки? - промямлил супруг, нагибая как только мог более голову.

- Болван! аллегории не понимает! Теперь причешись; а ты одевай его, да живее!

Героиня наша уселась в кресла и инквизиторски наблюдала весь церемониал облачения Афанасия Матвеича.

Между тем он успел несколько отдохнуть и собраться с духом, и когда дело дошло до повязки белого галстуха, то даже осмелился изъявить какое-то собственное мнение насчет формы и красоты узла. Наконец, надевая фрак, почтенный муж совершенно ободрился и начал поглядывать на себя в зеркало с некоторым уважением.

- Куда ж это ты везешь меня, Марья Александровна? - проговорил он, охорашиваясь.

Марья Александровна не поверила было ушам своим.

- Слышите! ах ты, чучело! Да как ты смеешь спрашивать меня, куда я везу тебя!

- Матушка, да ведь надо же знать...

- Молчать! Вот только назови еще раз меня матушкой, особенно там, куда теперь едем! Целый месяц просидишь без чаю.

Испуганный супруг умолк.

- Ишь! ни одного креста ведь не выслужил, чумичка ты этакая, -

продолжала она, с презрением смотря на черный фрак Афанасия Матвеича.

Афанасий Матвеич наконец обиделся.

- Кресты, матушка, начальство дает, а я советник, а не чумичка, - проговорил он в благородном негодовании.

- Что, что, что? Да ты здесь рассуждать научился! ах ты, мужик ты этакой! ах ты, сопляк! Ну, жаль, некогда мне теперь с тобой возиться, а то бы я... Ну да потом припомню! Давай ему шляпу, Гришка! Давай ему шубу! Здесь без меня все эти три комнаты прибрать; да зеленую, угловую комнату тоже прибрать. Мигом щетки в руки! С зеркал снять чехлы, с часов тоже, да чтоб через час всё было готово. Да сам надень фрак, людям выдай перчатки, слышишь, Гришка, слышишь?

Сели в карету. Афанасий Матвеич недоумевал и удивлялся. Между тем Марья Александровна думала про себя, - как бы понятнее вбить в голову своего супруга некоторые наставления, необходимые в теперешнем его положении. Но супруг предупредил ее.

- А я вот, Марья Александровна, сегодня сон преоригинальный видел, - возвестил он, совсем неожиданно, посреди обоюдного молчания.

- Тьфу ты, проклятое чучело! Я думала и бог знает что! Какой-то сон! да как ты смеешь лезть ко мне с своими мужицкими снами! Оригинальный! понимаешь ли еще, что такое оригинальный? Слушай, говорю в последний раз, если ты у меня сегодня осмелишься только слово упомянуть про сон или про что-нибудь другое, то я, - я уж и не знаю, что с тобой сделаю! Слушай хорошенько: ко мне приехал князь К. Помнишь князя К.?

- Помню, матушка, помню. Зачем же это он пожаловал?

- Молчи, не твое дело! Ты должен с особенною любезностию, как хозяин, просить его сейчас же к нам в деревню. За тем я и везу тебя. Сегодня же сядем и уедем. Но если ты только осмелишься хоть одно слово сказать в целый вечер, или завтра, или послезавтра, или когда-нибудь, то я тебя целый год заставлю гусей пасти! Ничего не говори, ни единого слова. Вот вся твоя обязанность, понимаешь?

- Ну, а если что-нибудь спросят?

- Всё равно молчи.

- Но ведь нельзя же всё молчать, Марья Александровна.

- В таком случае отвечай односложно, что-нибудь этакое, например "гм!" или что-нибудь такое же, чтоб показать, что ты умный человек и обсуживаешь прежде, чем отвечаешь.

- Гм.

- Пойми ты меня! Я тебя везу для того, что ты услышал о князе и тотчас же, в восторге от его посещения, прилетел к нему засвидетельствовать свое почтение и просить к себе в деревню; понимаешь?

- Гм.

- Да ты не теперь гумкай, дурак! ты мне-то отвечай.

- Хорошо, матушка, всё будет по-твоему; только зачем я приглашать-то буду князя?

- Что, что? опять рассуждать! А тебе какое дело: зачем? да как ты смеешь об этом спрашивать?

- Да я всё к тому, Марья Александровна: как же приглашать-то его буду, коли ты мне велела молчать?

- Я буду говорить за тебя, а ты только кланяйся, слышишь, только кланяйся, а шляпу в руках держи. Понимаешь?

- Понимаю, мат... Марья Александровна.

- Князь чрезвычайно остроумен. Если что-нибудь он скажет, хоть и не тебе, то ты на всё отвечай добродушной и веселой улыбкой, слышишь?

- Гм.

- Опять загумкал! Со мной не гумкать! Прямо и просто отвечай: слышишь или нет?

- Слышу, Марья Александровна, слышу, как не услышать, а гумкаю для того, что приучаюсь, как ты велела. Только я всё про то же, матушка; как же это: если князь что скажет, то ты приказываешь глядеть на него и улыбаться. Ну, а все-таки если что меня спросит?

- Экой непонятливый балбес! Я уже сказала тебе: молчи. Я буду за тебя отвечать, а ты только смотри да улыбайся.

- Да ведь он подумает, что я немой, - проворчал Афанасий Матвеич.

- Велика важность! пусть думает; зато скроешь, что ты дурак.

- Гм... Ну, а если другие об чем-нибудь спрашивать будут?

- Никто не спросит, никого не будет. А если, на случай, - чего боже сохрани! - кто и приедет, да если что тебя спросит или что-нибудь скажет, то немедленно отвечай саркастической улыбкой. Знаешь, что такое саркастическая улыбка?

- Это остроумная, что ли, матушка?

- Я тебе дам, болван, остроумная! Да кто с тебя, дурака, будет спрашивать остроумия? Насмешливая улыбка, понимаешь, - насмешливая и презрительная.

- Гм.

"Ох, боюсь я за этого болвана! - шептала про себя Марья Александровна. - Решительно, он поклялся высосать все мои соки! Право бы, лучше было его совсем не брать!"

Рассуждая таким образом, беспокоясь и сетуя, Марья Александровна беспрерывно выглядывала из окошка своего экипажа и погоняла кучера.

Лошади летели, но ей всё казалось тихо. Афанасий Матвеич молча сидел в своем углу и мысленно повторял свои уроки. Наконец карета въехала в город и остановилась у дома Марьи Александровны. Но только что успела наша героиня выпрыгнуть на крыльцо, как вдруг увидела подъезжавшие к дому парные двухместные сани с верхом, те самые, в которых обыкновенно разъезжала Анна Николаевна Антипова. В санях сидели две дамы. Одна из них была, разумеется, сама Анна Николаевна, а другая - Наталья Дмитриевна, с недавнего времени ее искренний друг и последователь. У Марьи Александровны упало сердце.

Но не успела она вскрикнуть, как подъехал экипаж, возок, в котором, очевидно, заключалась еще какая-то гостья. Раздались радостные восклицания:

- Марья Александровна! и вместе с Афанасием Матвеичем! приехали! откуда? Как кстати, а мы к вам, на весь вечер! Какой сюрприз!

Гостьи выпрыгнули на крыльцо и защебетали, как ласточки. Марья Александровна не верила глазам и ушам своим.

"Провалились бы вы! - подумала она про себя. - Это пахнет заговором! Надо исследовать! Но... не вам, сорокам, перехитрить меня!.. Подождите!.."

Глава XI

Мозгляков вышел от Марьи Александровны, по-видимому вполне утешенный. Она совершенно воспламенила его. К Бородуеву он не пошел, чувствуя нужду в уединении. Чрезвычайный наплыв героических и романтических мечтаний не давал ему покоя. Ему мечталось торжественное объяснение с Зиной, потом благородные слезы всепрощающего его сердца, бледность и отчаяние на петербургском блистательном бале, Испания, Гвадалквивир, любовь и умирающий князь, соединяющий их руки перед смертным часом. Потом красавица жена, ему преданная и постоянно удивляющаяся его героизму и возвышенным чувствам; мимоходом, под шумок, - внимание какой-нибудь графини из "высшего общества", в которое он непременно попадет через брак свой с Зиной, вдовой князя К., вице-губернаторское место, денежки, - одним словом, всё, так красноречиво расписанное Марьей Александровной, еще раз перешло через его вседовольную душу, лаская, привлекая ее и, главное, льстя его самолюбию. Но вот - и не знаю, право, как это объяснить, - когда уже он начал уставать от всех этих восторгов, ему вдруг пришла предосадная мысль: что ведь, во всяком? случае, всё это еще в будущем, а теперь-то он все-таки с предлиннейшим носом. Когда пришла к нему эта мысль, он заметил, что забрел куда-то очень далеко, в какой-то уединенный и незнакомый ему форштадт Мордасова. Становилось темно. По улицам, обставленным маленькими, враставшими в землю домишками, ожесточенно лаяли собаки, которые в провинциальных городах разводятся в ужасающем количестве, именно в тех кварталах, где нечего стеречь и нечего украсть. Начинал падать мокрый снег. Изредка встречался какой-нибудь запоздавший мещанин или баба в тулупе и в сапогах. Всё это, неизвестно почему, начало сердить Павла Александровича - признак очень дурной, потому что, при хорошем обороте дел, всё, напротив, кажется нам в милом и радужном виде. Павел Александрович невольно припоминал, что он до сих пор постоянно задавал тону в Мордасове; очень любил, когда во всех домах ему намекали, что он жених, и поздравляли его с этим достоинством. Он даже гордился тем, что он жених. И вдруг он явится теперь перед всеми - в отставке! Подымется смех. Ведь не разуверять же их всех в самом деле, не рассказывать же о петербургских балах с колоннами и о Гвадалквивире! Рассуждая, тоскуя и сетуя, он набрел наконец на мысль, которая уже давно неприметно скребла ему сердце: "Да правда ли это всё? Да сбудется ли это всё так, как Марья Александровна расписывала?" Тут он, кстати, припомнил, что Марья Александровна - чрезвычайно хитрая дама, что она, как ни достойна всеобщего уважения, но все-таки сплетничает и лжет с утра до вечера. Что теперь, удалив его, она, вероятно, имела к тому свои особые причины и что, наконец, расписывать - всякий мастер. Думал он и о Зине; припомнился ему прощальный взгляд ее, далеко не выражавший затаенной страстной любви; да уж вместе с тем, кстати, припомнил, что он все-таки, час тому, съел от нее дурака. При этом воспоминании Павел Александрович вдруг остановился как вкопанный и покраснел до слез от стыда. Как нарочно, в следующую минуту с ним случилось неприятное происшествие: он оступился и слетел с деревянного тротуара в сугроб снега. Покамест он барахтался в снегу, стая собак, уже давно преследовавшая его своим лаем, налетела на него со всех сторон. Одна из них, самая маленькая и задорная, даже повисла на нем, ухватившись зубами за полу его шубы. Отбиваясь от собак, ругаясь вслух и даже проклиная судьбу свою, Павел Александрович, с разорванной полой и с невыносимой тоской на душе, добрел наконец до угла улицы и тут только заметил, что заблудился. Известно, что человек, заблудившийся в незнакомой части города, особенно ночью, никак не может идти прямо по улице; его поминутно подталкивает какая-то неведомая сила непременно сворачивать во все встречающиеся на пути улицы и переулки. Следуя этой системе, Павел Александрович заблудился окончательно. "А чтобы черт побрал все эти высокие идеи! -

165

говорил он про себя, плюя от злости. - А чтобы сам дьявол вас всех побрал с вашими высокими чувствами да с Гвадалквивирами!" Не скажу, что Мозгляков был привлекателен в эту минуту. Наконец, усталый, измученный, проплутав два часа, дошел он до подъезда дома Марьи Александровны. Увидев много экипажей - он удивился. "Неужели же гости, неужели званый вечер? - подумал он. - С какою же целью?" Справившись у повстречавшегося слуги и узнав, что Марья Александровна была в деревне и привезла с собою Афанасия Матвеича, в белом галстухе, и что князь уже проснулся, но еще не выходил вниз к гостям, Павел Александрович, не говоря ни слова, поднялся наверх к дядюшке. В эту минуту он был именно в том расположении духа, когда человек слабого характера в состоянии решиться на какую-нибудь ужасную, злейшую пакость, из мщения, не думая о том, что, может быть, придется всю жизнь в том раскаиваться.

Войдя наверх, он увидел князя, сидящего в креслах, перед дорожным своим туалетом и с совершенно голою головою, но уже в эспаньолке и в бакенах. Парик его был в руках седого, старинного камердинера и любимца его, Ивана Пахомыча. Пахомыч глубокомысленно и почтительно его расчесывал. Что же касается до князя, то он представлял из себя очень жалкое зрелище, еще не очнувшись после давешней попойки. Он сидел, как-то весь опустившись, хлопая глазами, измятый и раскисший, и глядел на Мозглякова, как будто не узнавая его.

- Как ваше здоровье, дядюшка? - спросил Мозгляков.

- Как... это ты? - проговорил наконец дядюшка. - А я, брат, немножко заснул. Ах, боже мой! - вскрикнул он, весь оживившись, - ведь я... без парика!

- Не беспокойтесь, дядюшка! я... я вам помогу, если вам угодно.

- А вот ты и узнал теперь мой секрет! Я ведь говорил, что надо дверь за-пи-рать. Ну, мой друг, ты должен не-мед-ленно дать мне свое честное сло-во, что не воспользуешься моим секретом и никому не скажешь, что у меня волосы нак-лад-ные.

- О, помилуйте, дядюшка! неужели вы меня считаете способным на такую низость! - вскричал Мозгляков, желая угодить старику для... дальнейших целей.

- Ну да, ну да! И так как я вижу, что ты благородный человек, то, уж так и быть, я тебя у-див-лю... и открою тебе все мои тай-ны. Как тебе нравятся, мой милый, мои у-сы?

- Превосходные, дядюшка! удивительные! как могли им их сохранить так долго?

- Разуверься, мой друг, они нак-лад-ные! - проговорил князь, с торжеством смотря на Павла Александровича.

166

- Неужели? Поверить трудно. Ну, а бакенбарды? Признайтесь, дядюшка, вы, верно, черните их?

- Черню? Не только не черню, но и они совершенно искусственные!

- Искусственные? Нет, дядюшка, воля ваша, не верю. Вы надо мною смеетесь!

- Parole d'honneur, mon ami![37] 1 - вскричал торжествующий князь, - и предс-тавь себе, все, реши-тельно все, гак же как и ты, обма-ны-ваются! Даже Степанида Матвеевна не верит, хотя сама иногда их нак-ла-ды-вает. Но я уверен, мой друг, что ты сохранишь мою тайну. Дай мне честное слово...

- Честное слово, дядюшка, сохраню. Повторяю вам: неужели вы меня считаете способным на такую низость?

- Ах, мой друг, как я упал без тебя сегодня! Феофил меня опять из кареты вы-валил.

- Вывалил опять! когда же?

- А вот мы уже к мо-нас-тырю подъезжали...

- Знаю, дядюшка, давеча.

- Нет, нет, два часа тому назад, не бо-лее. Я в монастырь поехал, а он меня взял да и вывалил; так на-пу-гал, - даже теперь сердце не на месте.

- Но, дядюшка, ведь вы почивали! - с изумлением проговорил Мозгляков.

- Ну да, почивал... а потом и по-е-хал, впрочем, я... впрочем, я это, может быть... ах, как это странно!

- Уверяю вас, дядюшка, что вы видели это во сне! Вы преспокойно себе почивали, с самого послеобеда.

- Неужели? - И князь задумался. - Ну да, я и в самом деле, может быть, это видел во сне. Впрочем, я всё помню, что я видел во сне. Сначала мне приснился какой-то престрашный бык с рогами; а потом приснился какой-то про-ку-рор, тоже как будто с ро-гами...

- Это, верно, Николай Васильевич Антипов, дядюшка.

- Ну да, может быть, и он. А потом Наполеона Бонапарте видел. Знаешь, мой друг, мне все говорят, что я на Наполеона Бона-парте похож... а в профиль будто я разительно похож на одного старинного папу? Как ты находишь, мой милый, похож я на па-пу?

- Я думаю, что вы больше похожи на Наполеона, дядюшка.

- Ну да, это en face. Я, впрочем, и сам то же думаю, мой милый. И приснился он мне, когда уже на острове сидел, и, знаешь, какой разговорчивый, разбитной, весельчак такой, так что он чрез-вы-чайно меня позабавил.

- Это вы про Наполеона, дядюшка? - проговорил Павел

---

[37] Честное слово, мой друг! (франц.)

Александрович, задумчиво смотря на дядю. Какая-то странная мысль начинала мелькать у него в голове, - мысль, в которой он не мог еще себе самому дать отчета.

- Ну да, про На-по-леона. Мы с ним всё про философию рассуждали. А знаешь, мой друг, мне даже жаль, что с ним так строго поступили... англи-чане. Конечно, не держи его на цепи, он бы опять на людей стал бросаться. Бешеный был человек! Но все-таки жалко. Я бы не так поступил. Я бы его посадил на не-о-битаемый остров...

- Почему же на необитаемый? - спросил Мозгляков рассеянно.

- Ну, хоть и на о-би-таемый, только не иначе, как благоразумными жителями. Ну и разные разв-ле-чения для него устроить: театр, музыку, балет - и всё на казенный счет. Гулять бы его выпускал, разумеется под присмотром, а то бы он сейчас у-лиз-нул. Пирожки какие-то он очень любил. Ну, и пирожки ему каждый день стряпать. Я бы его, так сказать, о-те-чески содержал. Он бы у меня и рас-ка-ялся...

Мозгляков рассеянно слушал болтовню полупроснувшегося старика и грыз ногти от нетерпения. Ему хотелось навести разговор на женитьбу, - он еще сам не знал зачем; но безграничная злоба кипела в его сердце. Вдруг старичок вскрикнул от удивления.

- Ах, mon ami! Я ведь тебе и забыл ска-зать. Представь себе, я ведь сделал сегодня пред-ло-жение.

- Предложение, дядюшка? - вскричал Мозгляков оживляясь.

- Ну да, пред-ло-жение. Пахомыч, ты уж идешь? Ну, хорошо. C'est une charmante personne... Но... признаюсь тебе, милый мой, я поступил необ-ду-манно. Я только теперь это ви-жу. Ах, боже мой!

- Но позвольте, дядюшка, когда же вы сделали предложение?

- Признаюсь тебе, друг мой, я даже и не знаю наверно когда. Не во сне ли я видел и это? Ах, как это, од-на-ко же, стран-но!

Мозгляков вздрогнул от восторга. Новая идея блеснула в его голове.

- Но кому, когда вы сделали предложение, дядюшка? - повторил он в нетерпении.

- Хозяйской дочери, mon ami... cette belle personne[38]... впрочем, я забыл, как ее зо-вут. Только, видишь ли, mon ami, я ведь никак не могу же-нить-ся. Что же мне теперь делать?

- Да, вы, конечно, погубите себя, если женитесь. Но позвольте мне вам сделать еще один вопрос, дядюшка. Точно ли вы уверены, что действительно сделали предложение?

- Ну да... я уверен.

- А если всё это вы видели во сне, так же как и то, что вы другой раз вывалились из кареты?

---

[38] этой прелестной особе (франц.)

- Ах, боже мой! И в самом деле, может быть, я и это тоже видел во сне! Так что я теперь и не знаю, как туда по-ка-заться. Как бы это, друг мой, узнать на-вер-но, каким-нибудь по-сто-ронним образом: делал я предложение иль нет? А то, представь, каково теперь мое положение?

- Знаете что, дядюшка? Я думаю, и узнавать нечего.

- А что?

- Я наверно думаю, что вы видели это во сне.

- Я сам то же думаю, мой ми-лый, тем более что мне часто снятся по-доб-ные сны.

- Вот видите, дядюшка. Представьте же себе, что вы немного выпили за завтраком, потом за обедом и, наконец...

- Ну да, мой друг; именно, может быть, от э-то-го.

- Тем более, дядюшка, что, как бы вы ни были разгорячены, вы все-таки никаким образом не могли сделать такого безрассудного предложения наяву. Сколько я вас знаю, дядюшка, вы человек в высшей степени рассудительный и...

- Ну да, ну да.

- Представьте только одно: если б узнали это ваши родственники, которые и без того дурно расположены к вам, - что бы тогда было?

- Ах, боже мой! - вскрикнул испуганный князь. - А что бы тогда было?

- Помилуйте! да они закричали бы все в один голос, что вы сделали это не в своем уме, что вы сумасшедший, что вас надо под опеку, что вас обманули, и, пожалуй, посадили бы вас куда-нибудь под надзор.

Мозгляков знал, чем можно было напугать старика.

- Ах, боже мой! - вскричал князь, дрожа как лист. - Неужели бы посадили?

- И потому рассудите, дядюшка: могли ли бы вы сделать такое безрассудное предложение наяву? Вы сами понимаете свои выгоды. Я торжественно утверждаю, что вы всё это видели во сне.

- Непременно во сне, неп-ре-менно во сне! - повторял напуганный князь. - Ах, как ты умно рассудил всё это, мой ми-лый! Я душевно тебе благодарен, что ты меня вра-зу-мил.

- А я ужасно рад, дядюшка, что с вами сегодня встретился. Представьте себе: без меня вы бы действительно могли сбиться, подумать, что вы жених, и сойти туда женихом. Представьте, как это опасно!

- Ну да... да, опасно!

- Вспомните только, что этой девице двадцать три года; ее никто не хочет брать замуж, и вдруг вы, богатый, знатный, являетесь женихом! да они тотчас ухватятся за эту идею, уверят вас, что вы и в самом деле жених, и женят вас, пожалуй, насильно. А там и будут рассчитывать, что, может быть, вы скоро умрете.

- Неужели?

- И наконец, вспомните, дядюшка: человек с вашими достоинствами...

- Ну да, с моими достоинствами...

- С вашим умом, с вашею любезностию...

- Ну да, с моим умом, да!..

- И наконец, вы - князь. Такую ли партию вы бы могли себе сделать, если б действительно почему-нибудь нужно было жениться? Подумайте только, что скажут ваши родственники?

- Ах, мой друг, да ведь они меня совсем заедят! Я уж испытал от них столько коварства и злобы... Представь себе, я подозреваю, что они хотели посадить меня в су-мас-шедший дом. Ну, помилуй, мой друг, сообразно ли это? Ну, что б я там стал делать... в су-мас-шедшем-то доме?

- Разумеется, дядюшка, и потому я теперь не отойду от вас, когда вы сойдете вниз. Там теперь гости.

- Гости? Ах, боже мой!

- Не беспокойтесь, дядюшка, я буду при вас.

- Но как я тебе благо-да-рен, мой милый, ты просто спаситель мой! Но знаешь ли что? Я лучше уеду.

- Завтра, дядюшка, завтра, утром, в семь часов. А сегодня вы при всех откланяйтесь и скажите, что уезжаете.

- Непременно уеду... к отцу Мисаилу... Но, мой друг, ну, как они меня там сос-ва-тают?

- Не бойтесь, дядюшка, я буду с вами. И наконец, что бы вам ни говорили, на что бы вам не намекали, прямо говорите, что вы всё это видели во сне... так, как оно и действительно было.

- Ну да, неп-ре-менно во сне! только, знаешь, мой друг, все-таки это был пре-оча-ро-ва-тельный сон! Она удивительно хороша собой и, знаешь, такие формы...

- Ну прощайте, дядюшка, я пойду вниз, а вы...

- Как! так ты меня одного оставляешь! - вскричал князь в испуге.

- Нет, дядюшка, мы сойдем только порознь: сначала я, а потом вы. Это будет лучше.

- Ну, хо-ро-шо. Мне же, кстати, надобно записать одну мысль.

- Именно, дядюшка, запишите вашу мысль, а потом приходите, не мешкайте. Завтра же утром...

- А завтра утром к иеромонаху, непре-менно к ие-ро-мо-наху! Charmant, charmant! А знаешь, мой друг, она у-ди-ви-тельно хороша собой... такие формы... и если б уж так мне надо было непременно жениться, то я...

- Боже вас сохрани, дядюшка!

- Ну да, боже сохрани!.. Ну, прощай, мой милый, я сейчас... только вот за-пи-шу. A propos, я давно хотел тебя спросить: читал ты мемуары Казановы?

- Читал, дядюшка, а что?

- Ну да... Я вот теперь и за-был, что хотел сказать...

- После вспомните, дядюшка, - до свиданья!

- До свиданья, мой друг, до свиданья! Только все-таки это был очаровательный сон, о-ча-ро-вательный сон!..

Глава XII

- А мы к вам все, все! И Прасковья Ильинишна тоже приедет, и Луиза Карловна хотела быть, - щебетала Анна Николаевна, входя в салон и жадно осматриваясь. Это была довольно хорошенькая маленькая дамочка, пестро, но богато одетая и, сверх того, очень хорошо знавшая, что она хорошенькая. Ей так и казалось, что где-нибудь в углу спрятан князь, вместе с Зиной.

- И Катерина Петровна приедут-с, и Фелисата Михайловна тоже хотели быть-с, - прибавила Наталья Дмитриевна, колоссального размера дама, которой формы так понравились князю и которая чрезвычайно походила на гренадера. Она была в необыкновенно маленькой розовой шляпке, торчавшей у нее на затылке. Уже три недели, как она была самым искренним другом Анны Николаевны, за которою давно уже увивалась и ухаживала и которую, судя по виду, могла проглотить одним глотком, вместе с косточками.

- Я уже не говорю о том, можно сказать, восторге, который я чувствую, видя вас обеих у меня, и еще вечером, - запела Марья Александровна, оправившись от первого изумления, - но скажите, пожалуйста, какое же чудо зазвало вас сегодня ко мне, когда я уже совсем отчаялась иметь эту честь?

- О боже мой, Марья Александровна, какие вы, право-с! - сладко проговорила Наталья Дмитриевна, жеманясь, стыдливо и пискливо, что составляло прелюбопытный контраст с ее наружностию.

- Mais, ma charmante, - защебетала Анна Николаевна, - ведь надобно же, непременно надобно когда-нибудь кончить все наши сборы с этим театром. Еще сегодня Петр Михайлович сказал Каллисту Станиславичу, что его чрезвычайно огорчает, что у нас это нейдет на лад и что мы только ссоримся. Вот мы и собрались сегодня вчетвером да и думаем: поедем-ка к Марье Александровне да и решим всё разом! Наталья Дмитриевна и другим дала знать. Все приедут. Вот мы и сговоримся, и хорошо будет.

Пускай же не говорят, что мы только ссоримся, так ли, mon ange? - прибавила она игриво, целуя Марью Александровну. - Ах, боже мой! Зинаида Афанасьевна! но вы каждый день всё более хорошеете! - Анна Николаевна бросилась с поцелуями к Зине.

- Да им и нечего делать больше-с, как хорошеть-с, - сладко прибавила Наталья Дмитриевна, потирая свои ручищи.

"Ах, черт бы их взял! я и не подумала об этом театре! изловчились, сороки!" - прошептала Марья Александровна вне себя от бешенства.

- Тем более, мой ангел, - прибавила Анна Николаевна, - что у вас теперь этот милый князь. Ведь вы знаете, в Духанове, у прежних помещиков, был театр. Мы уж справлялись и знаем, что там где-то складены все эти старинные декорации, занавесь и даже костюмы. Князь был сегодня у меня, и я так была удивлена его приездом, что совершенно забыла ему сказать. Теперь мы нарочно заговорим о театре, вы нам поможете, и князь велит отослать к нам весь этот старый хлам. А то - кому здесь прикажете сделать что-нибудь похожее на декорацию? А главное, мы и князя-то хотим завлечь в наш театр. Он непременно должен подписаться: ведь это для бедных. Может быть, даже и роль возьмет, - он же такой милый, согласный. Тогда пойдет чудо как хорошо.

- Конечно, возьмут ролю-с. Ведь их можно заставить всякую ролю разыгрывать-с, - многозначительно прибавила Наталья Дмитриевна.

Анна Николаевна не обманула Марью Александровну: дамы поминутно съезжались. Марья Александровна едва успевала встречать их и издавать восклицания, требуемые в таких случаях приличием и комильфотностию.

Я не берусь описывать всех посетительниц. Скажу только, что каждая смотрела с необыкновенным коварством. У всех на лицах было написано ожидание и какое-то дикое нетерпение. Некоторые из дам приехали с решительным намерением быть свидетельницами какого-нибудь необыкновенного скандала и очень бы рассердились, если б пришлось разъехаться, не видав его. Наружно все вели себя необыкновенно любезно, но Марья Александровна с твердостию приготовилась к нападению. Посыпались вопросы о князе, казалось, самые естественные; но в каждом заключался какой-нибудь намек, обиняк. Появился чай; все разместились. Одна группа завладела роялем. Зина на приглашение сыграть и спеть сухо отвечала, что она не так здорова. Бледность лица ее это доказывала. Тотчас же посыпались вопросы участия, и даже тут нашли случай кой о чем спросить и намекнуть. Спрашивали и о Мозглякове и относились с этими вопросами к Зине. Марья Александровна удесятирилась в эту минуту, видела всё, что происходило в каждом углу комнаты, слышала, что говорилось каждою из посетительниц, хотя их было до десяти, и немедленно отвечала на все вопросы, разумеется, не ходя за словом в карман. Она трепетала за Зину и дивилась тому, что она не уходит, как всегда до сих пор поступала при подобных собраниях. Заметили и Афанасия Матвеича. Над ним всегда все трунили, чтоб кольнуть Марью Александровну ее супругом. Теперь же от недалекого и откровенного Афанасия Матвеича можно было кой-что и выведать. Марья Александровна с беспокойством приглядывалась к осадному положению, в котором видела своего супруга. К тому же он отвечал на все вопросы "гм" с таким несчастным и неестественным видом, что было отчего ей прийти в бешенство.

- Марья Александровна! Афанасий Матвеич с нами совсем говорить не хочет, - вскричала одна смелая востроглазая дамочка, которая решительно никого не боялась и никогда не конфузилась. - Прикажите ему быть поучтивее с дамами.

- Я, право, сама не знаю, что с ним сегодня сделалось, - отвечала Марья Александровна, прерывая разговор свой с Анной Николаевной и с Натальей Дмитриевной и весело улыбаясь, - такой, право, неразговорчивый! Он и со мной почти ни слова не говорил. Почему ж ты не отвечаешь Фелисате Михайловне, Athanase? Что вы его спрашивали?

- Но... но... матушка, ведь ты же сама... - пробормотал было удивленный и потерянный Афанасий Матвеевич. В это время он стоял у затопленного камина, заложив руки за жилет, в живописном положении, которое сам себе выбрал, и прихлебывал чай. Вопросы дам так его конфузили, что он краснел, как девчонка. Когда же он начал свое оправдание, то встретил такой ужасный взгляд своей взбешенной супруги, что чуть не обеспамятел от испуга. Не зная, что делать, желая как-нибудь поправиться и вновь заслужить уважение, он хлебнул было чаю; но чай был слишком горячий. Не соразмерив глотка, он ужасно обжегся, выронил чашку, поперхнулся и так закашлялся, что на время принужден был выйти из комнаты, возбудив недоумение во всех присутствовавших. Одним словом, всё было ясно. Марья Александровна поняла, что ее гости знали уж всё и собрались с самыми дурными намерениями. Положение было опасное. Могут разговорить, сбить с толку слабоумного старика в ее же присутствии. Могли даже увезти от нее князя, поссорив его с нею в этот же вечер и сманив его за собою. Ожидать можно было всего. Но судьба готовила ей еще одно испытание: дверь отворилась, и явился Мозгляков, которого она считала у Бородуева и совсем не ожидала к себе в этот вечер. Она вздрогнула, как будто что-то кольнуло ее.

Мозгляков остановился в дверях и оглядывал всех, немного потерявшись. Он не в силах был сладить с своим волнением, которое ясно выражалось в его лице.

- Ах, боже мой! Павел Александрович! - вскрикнуло несколько голосов.

- Ах, боже мой! да ведь это Павел Александрович! как же вы сказали, Марья Александровна, что они пошли к Бородуевым-с? Нам сказали, что вы скрылись у Бородуева-с, Павел Александрович, - пропищала Наталья Дмитриевна.

- Скрылся? - повторил Мозгляков с какой-то искривившейся улыбкой. - Странное выражение! Извините, Наталья Дмитриевна! Я ни от кого не прячусь и никого не желаю прятать, - прибавил он, многознаменательно взглянув на Марью Александровну.

Марья Александровна затрепетала.

"Как, неужели и этот болван бунтуется! - подумала она, пытливо всматриваясь в Мозглякова. - Нет, это уж будет хуже всего..."

- Правда ли, Павел Александрович, что вам вышла отставка... по службе, разумеется? - выскочила дерзкая Фелисата Михайловна, насмешливо смотря ему прямо в глаза.

- Отставка? какая отставка? Я просто переменяю службу. Мне выходит место в Петербурге, - сухо отвечал Мозгляков.

- Ну, так поздравляю вас, - продолжала Фелисата Михайловна, - а мы даже испугались, когда услышали, что вы гнались за местом у нас в Мордасове. Здесь места ненадежные, Павел Александрович, тотчас слетишь.

- Разве одни учительские, в уездном училище; тут еще можно найти вакансию, - заметила Наталья Дмитриевна. Намек был так ясен и груб, что сконфузившаяся Анна Николаевна толкнула своего ядовитого друга тихонько ногой.

- Неужели вы думаете, что Павел Александрович согласится занять место какого-нибудь учителишки? - включила Фелисата Михайловна.

Но Павел Александрович не нашел, что отвечать. Он повернулся и столкнулся с Афанасием Матвеичем, который протягивал ему руку. Мозгляков преглупо не принял его руки и насмешливо поклонился ему в пояс. Раздраженный до крайности, он прямо подошел к Зине и, злобно смотря ей в глаза, прошептал:

- Это всё по вашей милости. Подождите, я еще сегодня вечером покажу вам - дурак я иль нет?

- Зачем откладывать? Это и теперь видно, - громко ответила Зина, с отвращением обмеривая глазами своего бывшего жениха.

Мозгляков поспешно отворотился, испугавшись ее громкого голоса.

- Вы от Бородуева? - решилась наконец спросить Марья Александровна.

- Нет-с, я от дядюшки.

- От дядюшки? так вы, значит, были теперь у князя?

- Ах, боже мой! так, значит, князь уж проснулись; а нам сказали, что они всё еще почивают-с, - прибавила Наталья Дмитриевна, ядовито посматривая на Марью Александровну.

- Не беспокойтесь о князе, Наталья Дмитриевна, - отвечал Мозгляков, - он проснулся и, слава богу, теперь уже в своем уме. Давеча его подпоили, сначала у вас, а потом, уж окончательно, здесь, так что он совсем было потерял голову, которая у него и без того некрепка. Но теперь, слава богу, мы вместе поговорили, и он начал рассуждать здраво. Он сейчас сюда будет, чтоб откланяться вам, Марья Александровна, и поблагодарить за всё ваше гостеприимство. Завтра же, чем свет, мы вместе отправляемся в пустынь, а потом я его непременно сам провожу до Духанова во избежание вторичных падений, как например сегодня; а там уж его примет, с рук на руки, Степанида Матвеевна, которая к тому времени непременно воротится из Москвы и уж ни за что не выпустит его в другой раз путешествовать, - за это я отвечаю.

Говоря это, Мозгляков злобно смотрел на Марью Александровну. Та сидела как будто онемевшая от изумления. С горестию признаюсь, что моя героиня, может быть, первый раз в жизни струсила.

- Так они завтра чем свет уезжают? как же это-с? - проговорила Наталья Дмитриевна, обращаясь к Марье Александровне.

- Как же это так? - наивно раздалось между гостями. - А мы слышали, что... вот, право, странно!

Но хозяйка уж и не знала, что отвечать. Вдруг всеобщее внимание было развлечено самым необыкновенным и эксцентрическим образом. В соседней комнате послышались какой-то странный шум и чьи-то резкие восклицания, и вдруг, нежданно-негаданно, в салон Марьи Александровны ворвалась Софья Петровна Фарпухина. Софья Петровна была бесспорно самая эксцентрическая дама в Мордасове, до того эксцентрическая, что даже в Мордасове решено было с недавнего времени не принимать ее в общество. Надо еще заметить, что она регулярно, каждый вечер, ровно в семь часов, закусывала, - для желудка, как она выражалась, - и после закуски обыкновенно была в самом эманципированном состоянии духа, чтоб не сказать чего-нибудь более. Она именно была в этом состоянии духа теперь, так неожиданно ворвавшись к Марье Александровне.

- А, так вот вы как, Марья Александровна, - закричала она на всю комнату, - вот вы как со мной поступаете! Не беспокойтесь, я на минутку; я у вас и не сяду. Я нарочно заехала узнать: верно ли то, что мне говорили? А! так у вас балы, банкеты, сговоры, а Софья Петровна сиди себе дома да чулок вяжи! Весь город назвали, а меня нет! А давеча я вам и друг, и mon ange, когда приехала пересказать, что делают с князем у Натальи Дмитриевны. А теперь вот и Наталья Дмитриевна, которую вы давеча на

175

чем свет ругали и которая вас же ругала, у вас в гостях сидит. Не беспокойтесь, Наталья Дмитриевна! Не надо мне вашего шоколаду à la santé[39], по гривеннику палка. Я почаще вашего пью у себя дома! тьфу!

- Это видно-с, - заметила Наталья Дмитриевна.

- Но, помилуйте, Софья Петровна, - вскрикнула Марья Александровна, покраснев от досады, - что с вами? образумьтесь по крайней мере.

- Не беспокойтесь обо мне, Марья Александровна, я всё знаю, всё, всё узнала! - кричала Софья Петровна своим резким, визгливым голосом, окруженная всеми гостями, которые, казалось, наслаждались этой неожиданной сценой. - Всё узнала! Ваша же Настасья прибежала ко мне и всё рассказала. Вы подцепили этого князишку, напоили его допьяна, заставили сделать предложение вашей дочери, которую уж никто не хочет больше брать замуж, да и думаете, что и сами теперь сделались важной птицей, - герцогиня в кружевах, - тьфу! Не беспокойтесь, я сама полковница! Коли вы меня не пригласили на сговор, так и наплевать! Я и почище вас людей видывала. Я у графини Залихватской обедала; за меня обер-комиссар Курочкин сватался! Очень надо мне ваше приглашение, тьфу!

- Видите ли, Софья Петровна, - отвечала Марья Александровна, выходя из себя, - уверяю вас, что так не врываются в благородный дом и притом в таком виде, и если вы сейчас же не освободите меня от вашего присутствия и красноречия, то я немедленно приму свои меры.

- Знаю-с, вы прикажете меня вывести своим людишкам! Не беспокойтесь, я и сама дорогу найду. Прощайте, выдавайте замуж кого хотите, а вы, Наталья Дмитриевна, не извольте смеяться надо мной; мне наплевать на ваш шоколад! Меня хоть и не пригласили сюда, а я все-таки перед князьями казачка не выплясывала. А вы что смеетесь, Анна Николаевна? Сушилов-то ногу сломал; сейчас домой принесли, тьфу! А если вы, Фелисата Михайловна; не велите вашей босоногой Матрешке вовремя вашу корову загонять, чтоб она не мычала у меня каждый день под окошками, так я вашей Матрешке ноги переломаю. Прощайте, Марья Александровна, счастливо оставаться, тьфу! - Софья Петровна исчезла. Гости смеялись. Марья Александровна была в крайнем замешательстве.

- Я думаю, они выпили-с, - сладко произнесла Наталья Дмитриевна.

- Но только какая дерзость!

- Quelle abominable femme![40]

- Вот так уж насмешила!

- Ах, какие они неприличности говорили-с!

---

[39] Буквально: для здоровья (франц.)
[40] Какая отвратительная женщина! (франц.)

- Только что ж это она про сговор говорила? Какой же сговор? - насмешливо спрашивала Фелисата Михайловна.

- Но это ужасно! - разразилась наконец Марья Александровна. - Вот эти-то чудовища и сеют пригоршнями все эти нелепые слухи! Удивительно не то, Фелисата Михайловна, что находятся такие дамы среди нашего общества, - нет, удивительнее всего то, что в этих самых дамах нуждаются, их слушают, их поддерживают, им верят, их...

- Князь! князь! - закричали вдруг все гости.

- Ах, боже мой! се cher prince!

- Ну, слава богу! мы теперь узнаем всю подноготную, - прошептала своей соседке Фелисата Михайловна.

Глава XIII

Князь вошел и сладостно улыбнулся. Вся тревога, которую четверть часа назад Мозгляков заронил в его куриное сердце, исчезла при виде дам. Он тотчас же растаял, как конфетка. Дамы встретили его с визгливым криком радости. Вообще говоря, дамы всегда ласкали нашего старичка и были с ним чрезвычайно фамильярны. Он имел способность забавлять их своею особою до невероятности. Фелисата Михайловна даже утверждала утром (конечно, несерьезно), что она готова сесть к нему на колени, если это ему будет приятно, - "потому что он милый-милый старичок, милый до бесконечности!" Марья Александровна впилась в него своими глазами, желая хоть что-нибудь прочесть на его лице и предугадать выход из своего критического положения. Ясно было, что Мозгляков нагадил ужасно и что всё дело ее сильно колеблется. Но ничего нельзя было прочесть на лице князя. Он был такой же, как и давеча, как и всегда.

- Ах, боже мой! вот и князь! а мы вас ждали, ждали, - закричали некоторые из дам.

- С нетерпеньем, князь, с нетерпеньем! - пропищали другие.

- Мне это чрезвычайно лест-но, - шепелявил князь, подсаживаясь к столу, на котором кипел самовар. Дамы тотчас же окружили его. Возле Марьи Александровны остались только Анна Николаевна да Наталья Дмитриевна. Афанасий Матвеич почтительно улыбался. Мозгляков тоже улыбался и с вызывающим видом глядел на Зину, которая, не обращая на него ни малейшего внимания, по дошла к отцу и села возле него на кресла, близ камина

- Ах, князь, правду ли говорят, что вы от нас уезжаете? - пропищала Фелисата Михайловна.

- Ну да, mesdames, уезжаю. Я не-мед-ленно хочу ехать за гра-ни-цу.

- За границу, князь, за границу! - вскричали все хором. - Да что это вам вздумалось?

- За гра-ни-цу, - подтвердил князь, охорашиваясь, - и, знаете, я особенно хочу туда ехать для но-вых идей.

- Как это для новых идей? Это об чем же? - говорили дамы, переглядываясь одна с другой.

- Ну да, для новых идей, - повторил князь с видом глубочайшего убеждения. - Все теперь едут для новых и-дей. Вот и я хочу получить но-вы-е и-деи.

- Да уж не в масонскую ли ложу вы хотите поступить, любезнейший дядюшка? - включил Мозгляков, очевидно желая порисоваться перед дамами своим остроумием и развязностью.

- Ну да, мой друг, ты не ошибся, - неожиданно отвечал дядюшка. - Я, дейст-ви-тельно, в старину к одной масонской ложе за границей при-над-лежал и даже имел, в свою очередь, очень много великодушных идей. Я даже собирался тогда много сделать для сов-ре-мен-ного просвещения и уж совсем было положил в Франкфурте моего Сидора, которого с собой за границу повез, на волю от-пус-тить. Но он, к удивлению моему, сам бежал от меня. Чрезвычайно странный был че-ло-век. Потом вдруг встречаю его в Па-ри-же, франтом таким, в бакенах, идет по бульвару с мамзелью. Поглядел на меня, кивнул го-ло-вой. И мамзель с ним такая бойкая, востроглазая, такая за-ман-чивая...

- Ну, дядюшка! Да вы, после этого, всех крестьян отпустите на волю, коли этот раз за границу поедете, - вскричал Мозгляков, хохоча во всё горло.

- Ты совершенно уга-дал мои желания, мой милый, - отвечал князь без запинки. - Я именно хочу их отпустить всех на во-лю.

- Да помилуйте, князь, ведь они тотчас же все убегут от вас, и тогда кто вам будет оброк платить? - вскричала Фелисата Михайловна.

- Конечно, все разбегутся, - тревожно отозвалась Анна Николаевна.

- Ах, боже мой! Не-уже-ли они и в самом деле убегут? - вскричал князь с удивлением.

- Убегут-с, тотчас же все убегут-с и вас одного и оставят-с, - подтвердила Наталья Дмитриевна.

- Ах, боже мой! Ну так я их не от-пу-щу на волю. Впрочем, ведь это я только так.

- Этак-то лучше, дядюшка, - скрепил Мозгляков.

До сих пор Марья Александровна слушала молча и наблюдала. Ей показалось, что князь совершенно о ней позабыл и что это вовсе не натурально.

178

- Позвольте, князь, - начала она громко и с достоинством, - вам отрекомендовать моего мужа, Афанасия Матвеича. Он нарочно приехал из деревни, как только услышал, что вы остановились в моем доме.

Афанасий Матвеич улыбнулся и приосанился. Ему показалось, что его похвалили.

- Ах, я очень рад, - сказал князь, - А-фа-насий Матвеич! Позвольте, я что-то при-по-минаю. А-фа-насий Мат-ве-ич. Ну да, это тот, который в деревне. Charmant, charmant, очень рад. Друг мой! - вскричал князь, обращаясь к Мозглякову, - да ведь это тот самый, помнишь, давеча еще в рифму выхо-дило. Как бишь это? Муж в дверь, а жена... ну да, в какой-то город и жена тоже по-е-хала...

- Ах, князь, да это, верно, "Муж в дверь, а жена в Тверь", тот самый водевиль, который у нас прошлого года актеры играли, - подхватила Фелисата Михайловна.

- Ну да, именно в Тверь; я всё за-бы-ваю. Charmant, charmant! Так это вы тот самый и есть? Чрезвычайно рад с вами позна-ко-миться, - говорил князь, не вставая с кресел и протягивая руку улыбающемуся Афанасию Матвеичу. - Ну, как ваше здоровье?

- Гм...

- Он здоров, князь, здоров, - торопливо ответила Марья Александровна.

- Ну да, это и видно, что он здо-ров. И вы всё в деревне? Ну, я очень рад. Да какой он крас-но-щекий, и всё смеется...

Афанасий Матвеич улыбался, кланялся и даже расшаркивался. Но при последнем замечании князя не утерпел и вдруг, ни с того ни с сего, самым глупейшим образом прыснул от смеха. Все захохотали. Дамы визжали от удовольствия. Зина вспыхнула и сверкающими глазами посмотрела на Марью Александровну, которая, в свою очередь, разрывалась от злости. Пора было переменить разговор.

- Как вы почивали, князь? - спросила она медоточивым голосом, в то же время грозным взглядом давая знать Афанасию Матвеичу, чтоб он немедленно убирался на свое место.

- Ах, я очень хорошо спал, - отозвался князь, - и, знаете, видел один очарова-тельный сон, о-ча-ро-ва-тель-ный сон!

- Сон! Я ужасно люблю, когда рассказывают про сны, - вскричала Фелисата Михайловна.

- И я тоже-с, люблю-с очень-с! - прибавила Наталья Дмитриевна.

- О-ча-ро-вательный сон, - повторял князь с сладкой улыбкой, - но зато этот сон вели-чайший секрет!

- Как, князь, неужели и рассказывать нельзя? Да это, должно быть, удивительный какой-нибудь сон? - заметила Анна Николаевна.

179

- Ве-ли-чайший секрет, - повторял князь, с наслаждением подзадоривая любопытство дам.

- Так это, должно быть, ужасно интересно! - кричали дамы.

- Бьюсь об заклад, что князь стоял во сне перед какой-нибудь красавицей на коленях и объяснялся в любви! - вскричала Фелисата Михайловна. - Ну, признайтесь, князь, что это правда! Миленький князь, признайтесь!

- Признайтесь, князь, признайтесь! - подхватили со всех сторон.

Князь торжественно и с упоением внимал всем этим крикам. Предложения дам чрезвычайно льстили его самолюбию, так что он чуть-чуть не облизывался.

- Хотя я и сказал, что мой сон - величайший секрет, - отвечал он наконец, - но я принужден сознаться, что вы, сударыня, к удивлению моему, почти совер-шенно его от-га-дали.

- Отгадала! - с восторгом вскричала Фелисата Михайловна. - Ну, князь! Теперь как хотите, а вы должны нам открыть, кто такая ваша красавица?

- Непременно откройте!

- Здешняя иль нет?

- Миленький князь, откройте!

- Душенька князь, откройте! хоть умрите, да откройте! - кричали со всех сторон.

- Mesdames, mesdames!.. если вы уж хотите так на-сто-я-тельно знать, то я только одно могу вам открыть, что это - самая о-ча-ро-вательная и, можно сказать, самая не-по-рочная девица из всех, которых я знаю, - промямлил совершенно растаявший князь.

- Самая очаровательная! и... здешняя! кто ж бы это? - спрашивали дамы, значительно переглядываясь и перемигиваясь одна с другой.

- Разумеется, те-с, которые здесь первые красавицы считаются-с, - проговорила Наталья Дмитриевна, потирая свои красные ручищи и посматривая своими кошачьими глазами на Зину. Вместе с нею и все посмотрели на Зину.

- Так как же, князь, если вы видите такие сны, так почему ж бы вам наяву не жениться? - спросила Фелисата Михайловна, оглядывая всех значительным взглядом.

- А как бы мы славно женили вас! - подхватила другая дама.

- Миленький князь, женитесь! - пропищала третья.

- Женитесь, женитесь! - закричали со всех сторон. - Почему ж не жениться?

- Ну да... почему ж не жениться? - поддакивал князь, сбитый с толку всеми этими криками.

- Дядюшка! - вскричал Мозгляков.

- Ну да, мой друг, я тебя по-ни-маю! Я именно хотел вам сказать, mesdames, что я уже не в состоянии более жениться, и, проведя очарова-тельный вечер у нашей прелестной хозяйки, я завтра же отправляюсь к иеромонаху Мисаилу в пустынь, а потом уже прямо за границу, чтобы удобнее следить за евро-пейским про-све-щением.

Зина побледнела и с невыразимою тоскою посмотрела на мать свою. Но Марья Александровна уже решилась. До сих пор она только выжидала, испытывала, хотя и понимала, что дело слишком испорчено и что враги ее слишком обогнали ее на дороге. Наконец она поняла все и одним разом, одним ударом решилась сокрушить стоглавую гидру. С величием встала она с кресел и твердыми шагами приблизилась к столу, гордым взглядом измеряя пигмеев врагов своих. Огонь вдохновения блистал в этом взгляде. Она решилась поразить, сбить с толку всех этих ядовитых сплетниц, раздавить негодяя Мозглякова как таракана и одним решительным, смелым ударом завоевать вновь всё свое потерянное влияние над идиотом князем. Разумеется, требовалась дерзость необыкновенная; но за дерзостью не в карман было ходить Марье Александровне!

- Mesdames, - начала она торжественно и с достоинством (Марья Александровна вообще чрезвычайно любила торжественность), - mesdames, я долго прислушивалась к вашему разговору, к вашим веселым и остроумным шуткам и нахожу, что пора мне сказать свое слово. Вы знаете, мы собрались здесь все вместе - совершенно случайно (и я так рада, так этому рада)... Никогда бы я, первая, не решилась высказать важную семейную тайну и разгласить ее прежде, чем требует самое обыкновенное чувство приличия. В особенности прошу извинения у моего милого гостя; но мне показалось, что он сам, отдаленными намеками на то же самое обстоятельство, подает мне мысль, что ему не только не будет неприятно формальное и торжественное объявление нашей семейной тайны, но что даже он желает этого разглашения... Не правда ли, князь, я не ошиблась?

- Ну да, вы не ошиблись... и я очень, очень рад... - проговорил князь, совершенно не понимая, о чем идет дело.

Марья Александровна, для большего эффекта, остановилась перевести дух и оглядела всё общество. Все гостьи с алчным и беспокойным любопытством вслушивались в слова ее. Мозгляков вздрогнул; Зина покраснела и привстала с кресел; Афанасий Матвеич в ожидании чего-то необыкновенного на всякий случай высморкался.

- Да, mesdames, я с радостию готова поверить вам мою семейную тайну. Сегодня после обеда князь, увлеченный красотою и... достоинствами моей дочери, сделал ей честь своим предложением. Князь! - заключила она дрожащим от слез и от волнения голосом, - милый князь, вы не должны, вы не можете сердиться на меня за мою нескромность! Только чрезвычайная семейная радость могла преждевременно вырвать из моего сердца эту милую тайну, и... какая мать может обвинить меня в этом случае?

На нахожу слов, чтоб изобразить эффект, произведенный неожиданною выходкой Марьи Александровны. Все как будто оцепенели от изумления. Вероломные гостьи, думавшие напугать Марью Александровну тем, что они уже знают ее тайну, думавшие убить ее преждевременным обнаружением этой тайны, думавшие растерзать ее покамест только одними намеками, были ошеломлены такою смелою откровенностию. Такая бесстрашная откровенность обозначала в себе силу. "Стало быть, князь действительно, своею собственною волею, женится на Зине? Стало быть, не завлекали его, не опаивали, не обманывали? Стало быть, не потаенным, не воровским образом его заставляют жениться? Стало быть, Марья Александровна никого не боится? Стало быть, нельзя уже разбить эту свадьбу, коли князь не по принуждению женится?" Послышался мгновенный шепот, превратившийся вдруг в визгливые крики радости. Первая бросилась обнимать Марью Александровну Наталья Дмитриевна; за ней Анна Николаевна, за этой Фелисата Михайловна. Все вскочили с своих мест, все перемешались. Многие из дам были бледны от злости. Стали поздравлять сконфуженную Зину; уцепились даже за Афанасия Матвеича. Марья Александровна живописно простерла руки и, почти насильно, заключила свою дочь в объятия. Один князь смотрел на всю эту сцену с каким-то странным удивлением, хотя и улыбался по-прежнему. Впрочем, сцена ему отчасти понравилась. При объятиях матери с дочерью он вынул платок и утер свой глаз, на котором показалась слезинка. Разумеется, бросились и к нему с поздравлениями.

- Поздравляем, князь! поздравляем! - кричали со всех сторон.
- Так вы женитесь?
- Так вы действительно женитесь?
- Миленький князь, так вы женитесь?
- Ну да, ну да, - отвечал князь, чрезвычайно довольный поздравлениями и восторгами, - и признаюсь вам, что мне всего более нравится ваше милое учас-тие ко мне, которое я никог-да не забуду, ни-когда не забуду. Charmant! Charmant! вы даже про-сле-зили меня...
- Поцелуйте меня, князь! - громче всех кричала Фелисата Михайловна.
- И, признаюсь вам, - продолжал князь, прерываемый со всех сторон, - я наиболее удивляюсь тому, что Марья Ива-но-вна, наша почтен-ная хозяйка, с такою необык-но-вен-ною проницательностью угадала мой сон. Точно как будто она вместо меня его ви-дела. Необыкно-вен-ная проницательность! Не-о-бык-но-венная проницательность!
- Ах, князь, вы опять за сон?
- Да уж признайтесь, князь, признайтесь! - кричали все, обступив его.

- Да, князь, скрываться нечего, пора обнаружить эту тайну, - решительно и строго сказала Марья Александровна. - Я поняла вашу тонкую аллегорию, вашу очаровательную деликатность, с которою вы старались мне намекнуть о желании вашем огласить ваше сватовство. Да, mesdames, это правда: сегодня князь стоял на коленях перед моею дочерью и наяву, а не во сне, сделал ей торжественное предложение.

- Совершенно как будто наяву и даже с теми самыми обсто-я-тельствами, - подтвердил князь. - Мадмуазель, - продолжал он, с необыкновенною вежливостью обращаясь к Зине, которая всё еще не пришла в себя от изумления, - мадмуазель! Клянусь, что никогда бы я не осмелился произнести ваше имя, если б другие раньше меня не про-из-нес-ли его. Это был очаровательный сон, оча-ро-вательный сон, и я вдвойне счастлив, что мне позволено вам теперь это выс-ка-зать. Charmant! charmant!..

- Но, помилуйте, как же это? Ведь он всё говорит про сон, - прошептала Анна Николаевна встревоженной и слегка побледневшей Марье Александровне. Увы! У Марьи Александровны, и без этих предостережений, давно уже ныло и трепетало сердце.

- Как же это? - шептали дамы, переглядываясь одна с другой.

- Помилуйте, князь, - начала Марья Александровна с болезненно искривившеюся улыбкою, - уверяю вас, что вы меня удивляете. Что за странная у вас идея про сон? Признаюсь вам, я думала до сих пор, что вы шутите, но... Если это шутка, то это довольно неуместная шутка... Я хочу, я желаю приписать это вашей рассеянности, но...

- В самом деле, это, может быть, у них от рассеянности-с, - прошипела Наталья Дмитриевна.

- Ну да... может быть, это и от рассеян-ности, - подтвердил князь, всё еще не совсем понимая, чего от него добиваются. - И вообразите, я вам расскажу сейчас один а-нек-дот. Зовут меня, в Петербурге, на по-хороны, так, к одним людям, maison bourgeoise, mais honnЙte[41], а я и смешал, что на именины. Именины-то еще на прошлой неде-ле прош-ли. Букет из камелий име-нин-нице приготовил. Вхожу, и что ж вижу? Человек почтенный, солидный - лежит на столе, так что я уди-вился. Я просто не знал, куда деваться с бу-кетом.

- Но, князь, дело не в анекдотах! - с досадою перебила Марья Александровна. - Конечно, моей дочери нечего гнаться за женихами, но давеча вы сами здесь, у того рояля, сделали ей предложение. Я не вызывала нас на это... Это меня, можно сказать, фраппировало... Разумеется, у меня мелькнула только одна мысль, и я отложила это всё до вашего пробуждения. Но я - мать; она - дочь моя... Вы сами говорили

---

[41] мещанское, но порядочное семейство (франц.)

сейчас о каком-то сне, и я думала, вы, под видом аллегории, хотите рассказать о вашей помолвке. Я очень хорошо знаю, что вас, может быть, сбивают... я даже подозреваю, кто именно... но... объяснитесь, князь, объяснитесь скорее, удовлетворительнее. Так нельзя шутить с благородным домом...

- Ну да, так нельзя шутить с благородным ломом, - поддакнул князь бессознательно, но уже начиная понемногу беспокоиться.

- Но это не ответ, князь, на мой вопрос. Я прошу вас отвечать положительно; подтвердите, сейчас же подтвердите здесь, при всех, что вы делали давеча предложение моей дочери.

- Ну да, я готов подтвердить. Впрочем, я всё это уже рассказывал, и Фелисата Яковлевна совершенно угадала мой сон.

- Не сон! не сон! - закричала в ярости Марья Александровна, - не сон, а это было наяву, князь, наяву, слышите ли, наяву!

- Наяву! - вскричал князь, в удивлении подымаясь с кресел. - Ну, друг мой! как ты давеча напророчил, так и вышло! - прибавил он, обращаясь к Мозглякову. - Но уверяю вас, почтенная Марья Степановна, что вы заблуждаетесь! Я совершенно уверен, что я это видел только во сне!

- Господи помилуй! - вскрикнула Марья Александровна.

- Не убивайтесь, Марья Александровна, - вступилась Наталья Дмитриевна. - Князь, может быть, как-нибудь позабыли-с. Они вспомнят-

- Я удивляюсь вам, Наталья Дмитриевна, - с негодованием возразила Марья Александровна, - разве такие вещи забываются? разве это можно забывать? Помилуйте, князь! Вы смеетесь над нами иль нет? Или вы корчите, может быть, из себя одного из шематонов времен регентства, которых изображает Дюма? какого-нибудь Ферлакура, Лозёна? Но, кроме того, что это вам не по летам, уверяю вас, что это вам не удастся! Моя дочь не французская виконтесса. Давеча здесь, вот здесь, она вам пела романс, и вы, увлеченные ее пеньем, опустились на колени и сделали ей предложение. Неужели я грежу? Неужели я сплю? Говорите, князь: сплю я иль нет?

- Ну да... а, впрочем, может быть, нет... - отвечал растерявшийся князь. - Я хочу сказать, что я теперь, кажется, не во сне. Я, видите ли, давеча был во сне, а потому видел сон, что во сне...

- Фу ты, боже мой, что это такое: не во сне - во сне, во сне - не во сне! да это черт знает что такое! Вы бредите, князь, или нет?

- Ну да, черт знает... впрочем, я, кажется, уж совсем теперь сбился... - проговорил князь, вращая кругом беспокойные взгляды.

- Но как же вы могли видеть во сне, - убивалась Марья Александровна, - когда я, вам же, с такими подробностями, рассказываю ваш собственный сон, тогда как вы его еще никому из нас не рассказывали?

- Но, может быть, князь уж кому-нибудь и рассказывали-с, - проговорила Наталья Дмитриевна.

- Ну да, может быть, я кому-нибудь и рассказывал, - подтвердил совершенно потерявшийся князь.

- Вот комедия-то! - шепнула Фелисата Михайловна своей соседке.

- Ах ты, боже мой! да тут всякое терпенье лопнет! - кричала Марья Александровна, в исступлении ломая руки. - Она вам пела романс, романс пела! Неужели вы и это во сне видели?

- Ну да, и в самом деле как будто пела романс, - проборотал князь в задумчивости, и вдруг какое-то воспоминание оживило лицо его.

- Друг мой! - вскричал он, обращаясь к Мозглякову. - Я и забыл тебе давеча сказать, что ведь и вправду был какой-то романс и в этом романсе были всё какие-то замки, так что очень много было замков, а потом был какой-то трубадур! Ну да, я это всё помню... так что я и заплакал... А теперь вот и затрудняюсь, точно это и в самом деле было, а не во сне...

- Признаюсь вам, дядюшка, - отвечал Мозгляков сколько можно спокойнее, хотя голос его и дрожал от какой-то тревоги, - признаюсь вам, мне кажется, всё это очень легко уладить и согласить. Мне кажется, вы действительно слышали пение. Зинаида Афанасьевна поет прекрасно. После обеда вас отвели сюда, и Зинаида Афанасьевна вам спела романс. Меня тогда не было, но вы, вероятно, расчувствовались, вспомнили старину; может быть, вспомнили о той самой виконтессе, с которой вы сами когда-то пели романсы и о которой вы же сами нам утром рассказывали. Ну, а потом, когда легли спать, вам, вследствие приятных впечатлений, и приснилось, что вы влюблены и делаете предложение...

Марья Александровна была просто оглушена такою дерзостью.

- Ах, мой друг, ведь это и в самом деле так было, - закричал князь в восторге. - Именно вследствие приятных впечатлений! Я действительно помню, как мне пели романс, а я за это во сне и захотел жениться. И виконтесса тоже была... Ах, как ты умно это распутал, мой милый! Ну! я теперь совершенно уверен, что всё это видел во сне! Марья Васильевна! Уверяю вас, что вы ошибаетесь! Это было во сне. Иначе я не стал бы играть вашими благородными чувствами...

- А! теперь я вижу ясно, кто тут нагадил! - закричала Марья Александровна вне себя от бешенства, обращаясь к Мозглякову. - Это вы, сударь, вы, бесчестный человек, вы всё это наделали! вы взбаламутили этого несчастного идиота за то, что вам самим отказали! Но ты заплатишь мне, мерзкий человек, за эту обиду! Заплатишь, заплатишь, заплатишь!

- Марья Александровна, - кричал Мозгляков в свою очередь, покраснев как рак, - ваши слова до такой степени... Я уж и не знаю, до какой степени ваши слова... Ни одна светская дама не позволит себе... я, по крайней мере, защищаю моего родственника. Согласитесь сами, так завлекать...

- Ну да, так завлекать... - поддакивал князь, стараясь спрятаться за Мозглякова.

- Афанасий Матвеич! - взвизгнула Марья Александровна каким-то неестественным голосом. - Неужели вы не слышите, как нас срамят и бесчестят? Или вы уже совершенно избавили себя от всяких обязанностей? Или вы и в самом деле не отец семейства, а отвратительный деревянный столб? Что вы глазами-то хлопаете? Другой муж давно бы уже кровью смыл обиду своего семейства!..

- Жена! - с важностью начал Афанасий Матвеич, гордясь тем, что и в нем настала нужда, - жена! Да уж не видала ль ты и в самом деле всё это во сне, а потом, как проспалась, так и перепутала всё, по-свойски...

Но Афанасию Матвеичу не суждено было докончить свою остроумную догадку. До сих пор еще гостьи удерживались и коварно принимали на себя вид какой-то чинной солидности. Но тут громкий залп самого неудержимого смеха огласил всю комнату. Марья Александровна, забыв все приличия, бросилась было на своего супруга, вероятно затем, чтоб немедленно выцарапать ему глаза. Но ее удержали силою. Наталья Дмитриевна воспользовалась обстоятельствами и хоть капельку, да подлила еще яду.

- Ах, Марья Александровна, может быть, оно и в самом деле так было-с, а вы убиваетесь, - проговорила она самым медоточивым голосом.

- Как было? что такое было? - кричала Марья Александровна, не понимая еще хорошенько.

- Ах, Марья Александровна, ведь это иногда и бывает-с...

- Да что такое бывает? Жилы вы из меня, что ли, тянуть хотите?

- Может быть, вы и в самом деле видели это во сне-с.

- Во сне? я? во сне? И вы смеете мне это говорить прямо в глаза?

- Что ж, может быть, и в самом деле так было, - отозвалась Фелисата Михайловна.

- Ну да, может быть, и в самом деле так было, - пробормотал тоже князь.

- И он, и он туда же! Господи боже мой! - вскричала Марья Александровна, всплеснув руками.

- Как вы убиваетесь, Марья Александровна! Вспомните-с, что сны ниспосылаются богом-с. Уж коли бог захочет-с, так уж никто как бог-с, и на всем его святая воля-с лежит-с. Сердиться тут уж нечего-с.

- Ну да, сердиться нечего, - поддакивал князь.

- Да вы меня за сумасшедшую принимаете, что ли? - едва проговорила Марья Александровна, задыхаясь от злости. Это уже было свыше сил человеческих. Она поспешила отыскать стул и упала в обморок. Поднялась суматоха.

- Это они из приличия-с в обморок упали-с, - шепнула Наталья Дмитриевна Анне Николаевне.

Но в эту минуту, в минуту высочайшего недоумения публики и напряжения всей этой сцены, вдруг выступило одно, безмолвное доселе, лицо - и вся сцена немедленно изменилась в своем характере....

Глава XIV

Зинаида Афанасьевна, вообще говоря, была чрезвычайно романтического характера. Не знаем, оттого ли, как уверяла сама Марья Александровна, что слишком начиталась "этого дурака" Шекспира с "своим учителишкой", но никогда, во всю мордасовскую жизнь свою. Зина еще не позволяла себе такой необыкновенно романической или, лучше сказать, героической выходки, как та, которую мы сейчас будем описывать.

Бледная, с решимостью во взгляде, но почти дрожащая от волнения, чудно-прекрасная в своем негодовании, она выступила вперед. Обводя всех долгим вызывающим взглядом, она посреди наставшего вдруг безмолвия обратилась к матери, которая при первом се движении тотчас же очнулась от обморока и открыла глаза.

- Маменька! - сказала Зина. - К чему обманывать? К чему еще ложью пятнать себя? Всё уже до того загрязнено теперь, что, право, не стоит унизительного труда прикрывать эту грязь!

- Зина! Зина! что с тобою? опомнись! - вскричала испуганная Марья Александровна, вскочив с своих кресел...

- Я вам сказала, я вам сказала заранее, маменька, что я не вынесу всего этого позора, - продолжала Зина. - Неужели же непременно надо еще более унижаться, еще более грязнить себя? Но знайте, маменька, что я всё возьму на себя, потому что я виновнее всех. Я, я своим согласием дала ход этой гадкой... интриге! Вы - мать; вы меня любите; вы думали по-своему, по своим понятиям, устроить мое счастье. Вас еще можно простить; но меня, меня - никогда!

- Зина, неужели ты хочешь рассказывать?.. О боже! я предчувствовала, что этот кинжал не минует моего сердца!

- Да, маменька, всё расскажу! Я опозорена, вы... мы все опозорены!..

- Ты преувеличиваешь, Зина! ты вне себя и не помнишь, что

говоришь! и к чему же рассказывать? Тут смысла нет... Стыд не на нас... Я докажу сейчас, что стыд не на нас...

- Нет, маменька, - вскричала Зина с злобным дрожанием в голосе, - я не хочу более молчать перед этими людьми, мнением которых презираю и которые приехали смеяться над нами! Я не хочу сносить от них обид; ни одна из них не имеет права бросить в меня грязью. Все они готовы сейчас же сделать в тридцать раз хуже, чем я или вы! Смеют ли, могут ли они быть нашими судьями?..

- Вот прекрасно! Вот как заговорила! Это что же! Это нас обижают! - послышалось со всех сторон.

- Да они и впрямь сами не понимают, что говорят-с, - проговорила Наталья Дмитриевна.

Заметим в скобках, что Наталья Дмитриевна сказала справедливо. Если Зина не считала этих дам достойными судить себя, зачем же было и выходить к ним с такою огласкою, с такими признаниями? Вообще Зинаида Афанасьевна чрезвычайно поторопилась. Таково было впоследствии мнение самых лучших голов в Мордасове. Всё бы могло быть исправлено! Всё бы могло быть улажено! Правда, и Марья Александровна сама себе подгадила в этот вечер своею поспешностью и заносчивостью. Стоило только насмеяться над идиотом старикашкой да и выгнать его вон! Но Зина, как нарочно, вопреки здравому смыслу и мордасовской мудрости, обратилась к князю.

- Князь, - сказала она старику, который даже привстал из почтения со стула, - так поразила она его в эту минуту. - Князь! простите меня, простите нас! мы обманули, мы завлекли вас...

- Да замолчишь ли ты, несчастная! - в исступлении вскричала Марья Александровна.

- Сударыня! сударыня! ma charmante enfant[42]... - бормотал пораженный князь.

Но гордый, порывистый и в высшей степени мечтательный характер Зины увлекал ее в эту минуту из среды всех приличий, требуемых действительностью. Она забыла даже о своей матери, которую корчили судороги от ее признаний.

- Да, мы обманули вас обе, князь: маменька тем, что решилась заставить вас жениться на мне, а я тем, что согласилась на это. Вас напоили вином, я согласилась петь и кривляться перед вами. Вас - слабого, беззащитного - облапошили, как выразился Павел Александрович, облапошили из-за вашего богатства, из-за вашего княжества. Всё это было ужасно низко, и я каюсь в этом. Но клянусь вам, князь, что я решилась на эту низость не из низкого побуждения. Я

---

[42] милое дитя (франц.)

хотела... Но что я! двойная низость оправдывать себя в таком деле! Но объявляю вам, князь, что я, если б и взяла от вас что-нибудь, то была бы за это вашей игрушкой, служанкой, плясуньей, рабой... я поклялась и свято бы сдержала клятву мою!..

Сильный горловой спазм остановил ее в эту минуту. Все гостьи как будто оцепенели и слушали, выпуча глаза. Неожиданная и совершенно непонятная им выходка Зины сбила их с толку. Один князь был тронут до слез, хотя и половины не понимал из того, что сказала Зина.

- Но я женюсь на вас, ma belle enfant[43], если уж вы так хо-ти-те, - бормотал он, - и это для меня будет большая честь! Только уверяю вас, что это был действительно как будто бы сон... Ну, мало ли что я увижу во сне? К чему же так бес-по-коиться? Я даже как будто ничего и не понял, mon ami, - продолжал он, обращаясь к Мозглякову, - объясни мне хоть ты, пожа-луй-ста...

- А вы, Павел Александрович, - подхватила Зина, тоже обращаясь к Мозглякову, - вы, на которого я одно время решилась было смотреть как на моего будущего мужа, вы, который теперь мне так жестоко отомстили, - неужели и вы могли примкнуть к этим людям, чтоб растерзать и опозорить меня? И вы говорили, что любили меня! Но не мне читать вам нравоучения! Я виновнее вас. Я оскорбила вас, потому что действительно манила вас обещаниями и мои давешние доказательства были ложь и хитросплетения! Я вас никогда не любила, и если решалась выйти за вас, то единственно, чтоб хоть куда-нибудь уйти отсюда, из этого проклятого города, и избавиться от всего этого смрада... Но, клянусь вам, выйдя за вас, я была бы вам доброй и верной женой... Вы жестоко отметили мне, и, если это льстит вашей гордости...

- Зинаида Афанасьевна! - вскричал Мозгляков.

- Если до сих пор вы питаете ко мне ненависть...

- Зинаида Афанасьевна!!

- Если когда-нибудь, - продолжала Зина, давя в себе слезы, - если когда-нибудь вы любили меня...

- Зинаида Афанасьевна!!!

- Зина, Зина! дочь моя! - вопила Марья Александровна.

- Я подлец, Зинаида Афанасьевна, я подлец и больше ничего! - скрепил Мозгляков, и всё пришло в ужаснейшее волнение. Поднялись крики удивления, негодования, но Мозгляков стоял как вкопанный, без мысли и без голосу...

Для слабых и пустых характеров, привыкших к постоянной подчиненности и решающихся наконец взбеситься и протестовать, одним словом, быть твердыми и последовательными, всегда существует черта, -

---

[43] прелестное дитя (франц.)

близкий предел их твердости и последовательности. Протест их бывает вначале обыкновенно самый энергический. Энергия их даже доходит до исступления. Они бросаются на препятствия, как-то зажмурив глаза, и всегда почти не по силам берут себе ношу на плечи. Но, дойдя до известной точки, взбешенный человек вдруг как будто сам себя испугается, останавливается, как ошеломленный, с ужасным вопросом: "Что это я такое наделал?" Потом немедленно раскисает, хнычет, требует объяснений, становится на колени, просит прощения, умоляет, чтоб всё было по-старому, но только поскорее, как можно поскорее!.. Почти то же самое случилось теперь с Мозгляковым. Выйдя из себя, взбесившись, накликав беду, которую он уже всю целиком приписывал теперь одному себе; насытив свое негодование и самолюбие и себя же возненавидев за это, он вдруг остановился, убитый совестью, перед неожиданной выходкой Зины. Последние слова ее добили его окончательно. Перескочить из одной крайности в другую было делом одной минуты.

- Я - осел, Зинаида Афанасьевна! - вскричал он в порыве исступленного раскаяния. - Нет! что осел? Осел еще ничего! Я несравненно хуже осла! Но я вам докажу, Зинаида Афанасьевна, я вам докажу, что и осел может быть благородным человеком!.. Дядюшка! я обманул вас! Я, я обманул вас! Вы не спали; вы действительно, наяву, делали предложение, а я, я, подлец, из мщения, что мне отказали, уверил вас, что вы видели всё это во сне.

- Удивительно любопытные вещи-с открываются-с, - прошипела Наталья Дмитриевна на ухо Анне Николаевне.

- Друг мой, - отвечал князь, - ус-по-койся, по-жа-луй-ста; ты меня, право, испугал своим кри-ком. Уверяю тебя, что ты о-ши-ба-ешься... Я, пожалуй, готов жениться, если уж так на-до; но ведь ты сам же уверял меня, что это было только во сне...

- О, как уверить мне вас! Научите меня, как мне уверить его теперь! Дядюшка, дядюшка! Ведь это важная вещь, важнейшее фамильное дело! Сообразите! подумайте!

- Друг мой, изволь, я по-ду-маю. Постой, дай же мне вспомнить всё по поряд-ку. Сначала я видел кучера Фе-о-фи-ла...

- Э! не до Феофила теперь, дядюшка!

- Ну да, положим, что теперь не до не-го. Потом был На-по-ле-он, а потом как будто мы чай пили и какая-то дама пришла и весь сахар у нас поела...

- Но, дядюшка, - брякнул Мозгляков в затмении ума своего, - ведь это сама Марья Александровна рассказывала вам давеча про Наталью Дмитриевну! Ведь я тут же был, я сам это слышал! Я спрятался и смотрел на вас в дырочку...

- Как, Марья Александровна, - подхватила Наталья Дмитриевна, - так вы уж и князю рассказыпали-с, что я у вас сахар украла из сахарницы! Так я к вам сахар воровать езжу-с!

- Прочь от меня! - закричала Марья Александровна, доведенная до отчаяния.

- Нет, не прочь, Марья Александровна, вы этак не смеете говорить-с, а стало быть, я у вас сахар краду-с? Я давно слышала, что вы про меня такие гнусности распускаете-с. Мне Софья Петровна подробно рассказывала-с... Так я у вас сахар краду-с?..

- Но, mesdames, - закричал князь, - ведь это было только во сне! Ну, мало ли что я увижу во сне?..

- Кадушка проклятая, - пробормотала вполголоса Марья Александровна.

- Как, я и кадушка-с! - взвизгнула Наталья Дмитриевна. - А вы кто такая-с? Я давно знаю, что вы меня кадушкой зовете-с! У меня, по крайней мере, муж у меня-с, а у вас-то дурак-с...

- Ну да, я помню, была и ка-ду-шка, - пробормотал бессознательно князь, припоминая давешний разговор с Марьей Александровной.

- Как, и вы туда же дворянку бранить-с? Как вы смеете, князь, дворянку бранить-с! Коли я кадушка, так вы безногие-с...

- Кто, я безногий?

- Ну да, безногие-с, да еще и беззубые-с, вот вы какие-с!

- Да еще и одноглазый! - закричала Марья Александровна.

- У вас корсет вместо ребер-с! - прибавила Наталья Дмитриевна.

- Лицо на пружинах!

- Волос своих нет-с!..

- И усишки-то, у дурака, накладные, - скрепила Марья Александровна.

- Да хоть нос-то оставьте мне, Марья Степановна, настоящий! - вскричал князь, ошеломленный такими внезапными откровенностями. - Друг мой! Это ты меня продал! Это ты рассказал, что волосы у меня наклад-ные...

- Дядюшка!

- Нет, мой друг, я уже более не могу здесь оставаться. Уведи ты меня куда-нибудь... quelle société![44] Куда это ты завел меня, бо-же мой?

- Идиот! подлец! - кричала Марья Александровна.

- Боже ты мой! - говорил бедный князь. - Я вот только не-много забыл, зачем я сюда приехал, но я сей-час вспом-ню. Уведи ты меня, братец, куда-ни-будь, а то меня растерзают! Притом же... мне не-мед-ленно надо записать одну новую мысль...

---

[44] какое общество! (франц.)

- Пойдемте, дядюшка, еще не поздно; я вас тотчас же перевезу в гостиницу и сам перееду с вами...

- Ну да, в гос-ти-ницу. Adieu, ma charmante enfant... вы одна... вы только одна... доб-родетельны. Вы бла-го-род-ная девушка! Пойдем же, мой милый. О боже мой!

Но не стану описывать окончания неприятной сцены, бывшей по выходе князя. Гости разъехались с визгами и ругательствами. Марья Александровна осталась наконец одна, среди развалин и обломков своей прежней славы. Увы! сила, слава, значение - всё исчезло в один этот вечер! Марья Александровна понимала, что уже не подняться ей по-прежнему. Долгий, многолетний ее деспотизм над всем обществом окончательно рушился. Что оставалось ей теперь? - философствовать? Но она не философствовала. Она пробесилась всю ночь. Зина обесчещена, сплетни пойдут бесконечные! Ужас!

Как верный историк, я должен упомянуть, что всех более в этом похмелье досталось Афанасию Матвеичу, который забился наконец куда-то в чулан и в нем промерз до утра. Наступило наконец и утро, но и оно не принесло ничего хорошего. Беда никогда одна не приходит...

Глава XV

Если судьба обрушится раз на кого бедою, то ударам ее и конца не бывает. Это давно замечено. Мало было одного вчерашнего позора и срама для Марьи Александровны! Нет! судьба ей готовила побольше и получше.

Еще до десяти часов утра по всему городу вдруг распространился один странный и почти невероятный слух, встреченный всеми с самою злобною и ожесточенною радостью, - как и обыкновенно встречаем мы все всякий необыкновенный скандал, случившийся с кем-нибудь из наших ближних. "До такой степени потерять стыд и совесть! - кричали со всех сторон, - до такой степени унизиться, пренебречь все приличия, до такой степени распустить все узы!" и проч. и проч. Вот что, однако же, случилось. Рано утром, чуть ли еще не в седьмом часу, одна бедная, жалкая старуха, в отчаянии и в слезах, прибежала в дом Марьи Александровны и умоляла горничную как можно скорее разбудить барышню, одну только барышню, потихоньку, чтоб как-нибудь не узнала Марья Александровна. Зина, бледная и убитая, выбежала к старухе немедленно. Та упала ей в ноги, целовала их, обливала слезами и молила немедленно сходить с ней к ее больному Васе, который всю ночь был так труден, так труден, что, может, и дня больше не проживет. Старуха говорила Зине рыдая, что сам Вася зовет ее к себе проститься в предсмертный час, заклинает ее всеми святыми ангелами, всем, что было прежде, и что если она не придет, то он умрет с отчаянием. Зина тотчас же решилась идти, несмотря на то что исполнение такой просьбы явно бы подтвердило все прежние озлобленные слухи о перехваченной записке, о скандалезном ее поведении и проч. Не сказавшись матери, она накинула на себя салоп и тотчас же побежала со старухой, через весь город, в одну из самых бедных слободок Мордасова, в самую глухую улицу, где стоял один ветхий, покрившийся и вросший в землю домишко, с какими-то щелочками вместо окон и обнесенный сугробами снегу со всех сторон.

В этом домишке, в маленькой, низкой и затхлой комнатке, в которой огромная печь занимала ровно половину всего пространства, на дощатой некрашеной кровати, на тонком, как блин, тюфяке лежал молодой человек, покрытый старой шинелью. Лицо его было бледное и изможденное, глаза блистали болезненным огнем, руки были тонки и сухи, как палки; дышал он трудно и хрипло. Заметно было, что когда-то он был хорош собою; но болезнь исказила тонкие черты его красивого лица, на которое страшно и жалко было взглянуть, как на лицо всякого чахоточного или, вернее сказать, умирающего. Его старуха мать, которая целый год, чуть ли не до последнего часу, ждала воскресения своего Васеньки, увидала наконец, что он не жилец в этом мире. Она стояла теперь над ним, убитая горем, сложив руки, без слез, глядела на него и не нагляделась и все-таки не могла понять, хоть и знала это, что чрез несколько дней ее ненаглядного Васю закроет мерзлая земля там, под сугробами снегу, на бедном кладбище. Но Вася не на нее смотрел в эту минуту. Всё лицо его, исхудалое и страдальческое, дышало теперь блаженством. Он видел наконец перед собою ту, которая снилась ему целые полтора года, и наяву и во сне, в продолжение долгих тяжелых ночей его болезни. Он понял, что она простила его, явясь к нему как ангел божий в предсмертный час. Она сжимала его руки, плакала над ним, улыбалась ему, опять смотрела на него своими чудными глазами, и - всё прежнее, невозвратное воскресло вновь в душе умирающего. Жизнь загорелась снова в его сердце и, казалось, оставляя его, хотела дать почувствовать страдальцу, как тяжело расставаться с нею.

- Зина, - говорил он, - Зиночка! Не плачь надо мной, не тужи, не тоскуй, не напоминай мне, что я скоро умру. Я буду смотреть на тебя, - вот так, как теперь смотрю, - буду чувствовать, что наши души опять вместе, что ты простила меня, буду опять целовать твои руки, как прежде, и умру, может быть не приметив смерти! Похудела ты, Зиночка! Ангел ты мой, с какой добротой ты на меня смотришь! А помнишь, как ты прежде смеялась? помнишь... Ах, Зина, я не прошу у тебя прощения, я и поминать не хочу о том, что было, - потому, Зиночка, потому, что хоть ты, может быть, и простила меня, но я сам никогда себе не прощу. Были долгие ночи, Зина, бессонные, ужасные ночи, и в эти ночи, вот на этой самой кровати, я лежал и думал, долго, много передумал, и давно уже решил, что мне лучше умереть, ей-богу, лучше!.. Я не годился жить, Зиночка!

Зина плакала и безмолвно сжимала его руки, как будто хотела этим остановить его,

- Что ты плачешь, мой ангел? - продолжал больной. - О том, что я умираю, об этом только? Но ведь всё прочее давно уже умерло, давно схоронено! Ты умнее меня, ты чище сердцем и потому давно знаешь, что я дурной человек. Разве ты можешь еще любить меня? И чего мне стоило перенесть эту мысль, что ты знаешь, что я дурной и пустой человек! А самолюбия-то сколько тут было, может быть и благородного... не знаю! Ах, друг мой, вся моя жизнь была мечта. Я всё мечтал, всегда мечтал, а не жил, гордился, толпу презирал, а чем я гордился перед людьми? и сам не знаю. Чистотой сердца, благородством чувств? Но ведь всё это было в мечтах, Зина, когда мы читали Шекспира, а как дошло до дела, я и выказал мою чистоту и благородство чувств...

- Полно, - говорила Зина, - полно!.. всё это не так, напрасно... ты убиваешь себя!

- Что ты останавливаешь меня, Зина! Знаю, ты простила меня, и давно, может быть, простила; но ты судила меня и поняла - кто я таков; вот это-то меня и мучит. Недостоин я твоей любви, Зина! Ты и на деле была честная и великодушная: ты пошла к матери и сказала, что выйдешь за меня и ни за кого другого, и сдержала бы слово, потому что у тебя слово не рознилось с делом. А я, я! Когда дошло до дела... Знаешь ли, Зиночка, что ведь я даже не понимал тогда, чем ты жертвуешь, выходя за меня! Я не мог даже того понять, что, выйдя за меня, ты, может быть, умерла бы с голоду. Куда, и мысли не было! Я ведь думал только, что ты выходишь за меня, за великого поэта (за будущего то есть), не хотел понимать тех причин, которые ты выставляла, прося повременить свадьбой, мучил тебя, тиранил, упрекал, презирал, и дошло наконец до угрозы моей тебе этой запиской. Я даже и не подлец был в ту минуту. Я просто был дрянь человек! О, как ты должна была презирать меня! Нет, хорошо, что я умираю! Хорошо, что ты за меня не вышла! Ничего бы я не понял из твоего пожертвования, мучил бы тебя, истерзал бы тебя за нашу бедность; прошли бы года, - куда! - может быть, и возненавидел бы тебя, как помеху в жизни. А теперь лучше! Теперь, по крайней мере, горькие слезы мои очистили во мне сердце. Ах! Зиночка! Люби меня хоть немножко, так, как прежде любила! Хоть в этот последний час... Я ведь знаю, что я недостоин любви твоей, но... но... о ангел ты мой!

Во всю эту речь Зина, рыдая сама, несколько раз его останавливала. Но он не слушал ее; его мучило желание высказаться, и он продолжал говорить, хотя с трудом, задыхаясь, хриплым, удушливым голосом.

- Не встретил бы ты меня, не полюбил бы меня, так остался бы жить! - сказала Зина. - Ах, зачем, зачем мы сошлись вместе!

- Нет, друг мой, нет, не укоряй себя в том, что я умираю, - продолжал больной. - Во всем я один виноват! Самолюбия-то сколько тут было! романтизма! Рассказывали ль тебе подробно мою глупую историю, Зина? Видишь ли, был тут третьего года один арестант, подсудимый, злодей и душегубец; но когда пришлось к наказанию, он оказался самым малодушным человеком. Зная, что больного не выведут к наказанию, он достал вина, настоял в нем табаку и выпил. С ним началась такая рвота с кровью и так долго продолжалась, что повредила ему легкие. Его перенесли в больницу, и через несколько месяцев он умер в злой чахотке. Ну вот, ангел мой, я и вспомнил про этого арестанта в тот самый день... ну, знаешь, после записки-то... и решился так же погубить себя. Но как бы ты думала, почему я выбрал чахотку? почему я не удавился, не утопился? побоялся скорой смерти? Может быть, и так, - но всё мне как-то мерещится, Зиночка, что и тут не обошлось без сладких романтических глупостей! Все-таки у меня была тогда мысль: как это красиво будет, что вот я буду лежать на постели, умирая в чахотке, а ты всё будешь убиваться, страдать, что довела меня до чахотки; сама придешь ко мне с повинною, упадешь предо мной на колени... Я прощаю тебя, умирая на руках твоих... Глупо, Зиночка, глупо, не правда ли?

- Не поминай об этом! - сказала Зина, - не говори этого! ты не такой... будем лучше вспоминать о другом, о нашем хорошем, счастливом!

- Горько мне, друг мой, оттого и говорю. Полтора года я тебя не видал! Душу бы, кажется, перед тобой теперь выложил! Ведь всё то время, с тех пор, я был один-одинешенек, и, кажется, минуты не было, чтоб не думал я о тебе, ангел мой ненаглядный! И знаешь что, Зиночка? как мне хотелось что-нибудь сделать, как-нибудь так заслужить, чтоб заставить тебя переменить обо мне твое мнение. До последнего времени я не верил, что я умру; ведь меня не сейчас свалило, долго я ходил с больной грудью. И сколько смешных у меня было предположений! Мечтал я, например, сделаться вдруг каким-нибудь величайшим поэтом, напечатать в "Отечественных записках" такую поэму, какой и не бывало еще на свете. Думал в ней излить все мои чувства, всю мою душу, так, что, где бы ты ни была, я всё бы был с тобой, беспрерывно бы напоминал о себе моими стихами, и самая лучшая мечта моя была та, что ты задумаешься наконец и скажешь: "Нет! он не такой дурной человек, как я думала!" Глупо, Зиночка, глупо, не правда ли?

- Нет, нет, Вася, нет! - говорила Зина. Она припала к нему на грудь и целовала его руки.

- А как я ревновал тебя всё это время! Мне кажется, я бы умер, если б услышал о твоей свадьбе! Я подсылал к тебе, караулил, шпионил... вот она всё ходила (и он кивнул на мать). - Ведь ты не любила Мозглякова, не правда ли, Зиночка? О ангел мой! Вспомнишь ли ты обо мне, когда я умру? Знаю, что вспомнишь; но пройдут годы, сердце остынет, настанет холод, зима на душе, и забудешь ты меня, Зиночка!..

- Нет, нет, никогда! Я не выйду и замуж!.. ты мой первый... всегдашний.,.

- Всё умирает, Зиночка, всё, даже и воспоминания!.. И благородные чувства наши умирают. Вместо них наступает благоразумие. Что ж и роптать! Пользуйся жизнию, Зина, живи долго, живи счастливо. Полюби и другого, коль полюбится, - не мертвеца же любить! Только вспомни обо мне, хоть изредка; худого не вспоминай, прости худое; но ведь было же и в нашей любви хорошее, Зиночка! О золотые, невозвратные дни... Послушай, мой ангел, я всегда любил вечерний, закатный час. Вспомни обо мне когда-нибудь в этот час! О нет, нет! Зачем умирать? О, как бы я хотел теперь вновь ожить! Вспомни, друг мой, вспомни, вспомни то время! Тогда была весна, солнце так ярко светило, цвели цветы, праздник был какой-то кругом нас... А теперь! Посмотри, посмотри!

И бедный указал иссохшею рукою на замерзлое, тусклое окно. Потом схватил руки Зины, прижал их к глазам своим и горько-горько зарыдал. Рыдания почти разрывали истерзанную грудь его.

И весь день страдал он, тосковал и плакал. Зина утешала его как могла, но ее душа страдала до смерти. Она говорила, что не забудет его и что никогда никого не полюбит так, как его любила. Он верил ей, улыбался, целовал ее руки, но воспоминания о прошедшем только жгли, только терзали его душу. Так прошел целый день. Между тем испуганная Марья Александровна раз десять посылала к Зине, молила ее воротиться домой и не губить себя окончательно в общем мнении. Наконец, когда уже стемнело, почти потеряв голову от ужаса, она решилась сама идти к Зине. Вызвав дочь в другую комнату, она, почти на коленях, умоляла ее "отстранить этот последний и главный кинжал от ее сердца". Зина вышла к ней больная: голова ее горела. Она слушала и не понимала свою маменьку. Марья Александровна ушла наконец в отчаянии, потому что Зина решилась ночевать в доме умирающего. Целую ночь не отходила она от его постели. Но больному становилось всё хуже и хуже. Настал и еще день, но уже не было и надежды, что страдалец переживет его. Старуха мать была как безумная, ходила, как будто ничего не понимая, подавала сыну лекарства, которых он не хотел принимать. Агония его длилась долго. Он уже не мог говорить, и только бессвязные, хриплые звуки вырывались из его груди. До самой последней минуты он всё смотрела на Зину, всё искал ее глазами, и когда уже свет начал меркнуть в его глазах, он всё еще блуждающею, неверною рукою искал руку ее, чтоб сжать ее в своей. Между тем короткий зимний день проходил. И когда наконец последний, прощальный луч солнца позолотил замороженное единственное оконце маленькой комнаты, душа страдальца улетела вслед за этим лучом из изможденного тела. Старуха мать, увидя наконец перед собою труп своего ненаглядного Васи, всплеснула руками, вскрикнула и бросилась на грудь мертвецу.

- Это ты, змея подколодная, извела его! - закричала она в отчаянии Зине. - Ты, разлучница проклятая, ты, злодейка, его погубила!

Но Зина уже ничего не слыхала. Она стояла над мертвым как обезумевшая. Наконец наклонилась над ним, перекрестила, поцеловала его и машинально вышла из комнаты. Глаза ее горели, голова кружилась. Мучительные ощущения, две почти бессонные ночи чуть-чуть не лишили ее рассудка. Она смутно чувствовала, что всё ее прошедшее как бы оторвалось от ее сердца и началась новая жизнь, мрачная и угрожающая. Но не прошла она десяти шагов, как Мозгляков как будто вырос перед нею из-под земли; казалось, он нарочно поджидал на этом месте.

- Зинаида Афанасьевна, - начал он каким-то боязливым шепотом, торопливо оглядываясь по сторонам, потому что еще было довольно светло, - Зинаида Афанасьевна, я, конечно, осел! То есть, если хотите, я уж теперь и не осел, потому что, видите ли, все-таки поступил благородно. Но все-таки я раскаиваюсь в том, что я был осел...

Я, кажется, сбиваюсь, Зинаида Афанасьевна, но... вы извините, это от разных причин...

Зина почти бессознательно посмотрела на него и молча продолжала свою дорогу. Так как на высоком деревянном тротуаре было тесно двум рядом, а Зина не сторонилась, то Павел Александрович соскочил с тротуара и бежал подле нее внизу, беспрерывно заглядывая ей в лицо.

- Зинаида Афанасьевна, - продолжал он, - я рассудил, и если вы сами захотите, то я согласен возобновить мое предложение. Я даже готов забыть всё, Зинаида Афанасьевна, весь позор, и готов простить, но только с одним условием: покамест мы здесь, всё останется в тайне. Вы уедете отсюда как можно скорее; я, потихоньку, вслед за вами; обвенчаемся где-нибудь в глуши, так что никто не увидит, а потом сейчас в Петербург, хотя бы и на перекладных, так, чтоб с вами был только маленький чемоданчик... а? Согласны, Зинаида Афанасьевна? Скажите поскорее! Мне нельзя дожидаться; нас могут увидеть вместе.

Зина не отвечала и только посмотрела на Мозглякова, но так посмотрела, что он тотчас же всё понял, снял шляпу, раскланялся и исчез при первом повороте в переулок.

"Как же это? - подумал он. - Третьего дня еще вечером она так

197

расчувствовалась и во всем себя обвиняла? Видно, день на день не приходит!"

А между тем в Мордасове происшествия шли за происшествиями. Случилось одно трагическое обстоятельство. Князь, перевезенный Мозгляковым в гостиницу, заболел в ту же ночь, и заболел опасно. Мордасовцы узнали об этом наутро. Каллист Станиславич почти не отходил от больного. К вечеру составился консилиум всех Мордасовских медиков. Приглашения им посланы были по-латыни. Но, несмотря на латынь, князь совсем уж потерял память, бредил, просил Каллиста Станиславича спеть ему какой-то романс, говорил про какие-то парики; иногда как будто чего-то пугался и кричал. Доктора решили, что от мордасовского гостеприимства у князя сделалось воспаление в желудке, как-то перешедшее (вероятно, по дороге) в голову. Не отвергали и некоторого нравственного потрясения. Заключили же тем, что князь давно уже был предрасположен умереть, а потому непременно умрет. В последнем они не ошиблись, потому что бедный старичок, на третий же день к вечеру, помер в гостинице. Это поразило мордасовцев. Никто не ожидал такого серьезного оборота дела. Бросились толпами в гостиницу, где лежало мертвое тело, еще не убранное, судили, рядили, кивали головами и кончили тем, что резко осудили "убийц несчастного князя", подразумевая под этим, конечно, Марью Александровну с дочерью. Все почувствовали, что эта история, уже по одной своей скандалезности, может получить неприятную огласку, пойдет, пожалуй, еще в дальние страны, и - чего-чего не было переговорено и пересказано. Всё это время Мозгляков суетился, кидался во все стороны, и наконец голова у него закружилась. В таком-то состоянии духа он и виделся с Зиной. Действительно, положение его было затруднительное. Сам он завез князя в город, сам перевез в гостиницу, а теперь не знал, что и делать с покойником, как и где хоронить, кому дать знать? везти ли тело в Духаново? К тому же он считался племянником. Он трепетал, чтоб не обвинили его в смерти почтенного старца. "Пожалуй, еще дело отзовется в Петербурге, в высшем обществе!" - думал он с содроганием. От мордасовцев нельзя было добиться никакого совета; все вдруг чего-то испугались, отхлынули от мертвого тела и оставили Мозглякова в каком-то мрачном уединении. Но вдруг вся сцена быстро переменилась. На другой день, рано утром, в город въехал один посетитель. Об этом посетителе мигом заговорил весь Мордасов, но заговорил как-то таинственно, шепотом, выглядывая на него из всех щелей и окон, когда он проехал по Большой улице к губернатору. Даже сам Петр Михайлович немного как будто бы струсил и не знал, как быть с приезжим гостем. Гость был довольно известный князь Щепетилов, родственник покойнику, человек еще почти молодой, лет тридцати пяти, в полковничьих эполетах и в аксельбантах. Всех чиновников пробрал какой-то необыкновенный страх от этих аксельбантов. Полицеймейстер, например, совсем потерялся; разумеется, только нравственно; физически же он явился налицо, хотя и с довольно вытянутым лицом. Тотчас же узнали, что князь Щепетилов едет из Петербурга, заезжал по дороге в Духаново. Не застав же в Духанове никого, полетел вслед за дядей в Мордасов, где как громом поразила его смерть старика и все подробнейшие слухи об обстоятельствах его смерти. Петр Михайлович даже немного потерялся, давая нужные объяснения; да и все в Мордасове смотрели какими-то виноватыми. К тому же у приезжего гостя было такое строгое, такое недовольное лицо, хотя, казалось бы, нельзя быть недовольну наследством. Он тотчас же взялся за дело сам, лично. Мозгляков же немедленно и постыдно стушевался перед настоящим, не самозванным племянником и исчез - неизвестно куда. Решено было немедленно перенесть тело покойника в монастырь, где и назначено было отпевание. Все распоряжения приезжего отдавались кратко, сухо, строго, но с тактом и приличием. Назавтра весь город собрался в монастырь присутствовать при отпевании. Между дамами распространился нелепый слух, что Марья Александровна лично явится в церковь и, на коленях перед гробом, будет громко испрашивать себе прощения и что всё это должно быть так по закону. Разумеется, всё это оказалось вздором и Марья Александровна не явилась в церковь. Мы и забыли сказать, что тотчас по возвращении Зины домой ее маменька в тот же вечер решилась переехать в деревню, считая более невозможным оставаться в городе. Там тревожно прислушивалась она из своего угла к городским слухам, посылала на разведки узнавать о приезжем лице и всё время была в лихорадке. Дорога из монастыря в Духаново проходила менее чем в версте от окошек ее деревенского дома - и потому Марья Александровна могла удобно рассмотреть длинную процессию, потянувшуюся из монастыря в Духаново после отпевания. Гроб везли на высоких дрогах; за ним тянулась длинная вереница экипажей, провожавших покойника до поворота в город. И долго еще чернели на белоснежном поле эти мрачные дроги, везомые тихо, с подобающим величием. Но Марья Александровна не могла смотреть долго и отошла от окна.

Через неделю она переехала в Москву, с дочерью и Афанасием Матвеичем, а через месяц узнали в Мордасове, что подгородная деревня Марьи Александровны и городской дом продаются. Итак, Мордасов навеки терял такую комильфотную даму! Не обошлось и тут без злоязычия. Стали, например, уверять, что деревня продается вместе с Афанасием Матвеичем... Прошел год, другой, и об Марье Александровне почти совершенно забыли. Увы! так всегда ведется на свете! Рассказывали, впрочем, что она купила себе другую деревню и переехала в другой губернский город, в котором, разумеется, уже забрала всех в руки, что Зина еще до сих пор не замужем, что Афанасий Матвеич... Но, впрочем, нечего повторять эти слухи; всё это очень неверно.

Прошло три года, как я дописал последнюю строчку первого отдела мордасовской летописи, и кто бы мог подумать, что мне еще раз придется развернуть мою рукопись и прибавить еще одно известие к моему рассказу. Но к делу! Начну с Павла Александровича Мозглякова. Стушевавшись из Мордасова, он отправился прямо в Петербург, где и получил благополучно то служебное место, которое ему давно обещали. Вскоре он забыл все мордасовские события, пустился в вихрь светской жизни на Васильевском острове и в Галерной гавани, жуировал, волочился, не отставал от века, влюбился, сделал предложение, съел еще раз отказ и, не переварив его, по ветрености своего характера и от нечего делать, испросил себе место в одной экспедиции, назначавшейся в один из отдаленнейших краев нашего безбрежного отечества для ревизии или для какой-то другой цели, наверно не знаю. Экспедиция благополучно проехала все леса и пустыни и наконец, после долгого странствия, явилась в главном городе "отдаленнейшего края" к генерал-губернатору. Это был высокий, худощавый и строгий генерал, старый воин, израненный в сражениях, с двумя звездами и с белым крестом на шее. Он принял экспедицию важно и чинно и пригласил всех составлявших ее чиновников к себе на бал, дававшийся в тот же самый вечер по случаю именин генерал-губернаторши. Павел Александрович был этим очень доволен. Нарядившись в свой петербургский костюм, в котором намерен был произвести эффект, он развязно вошел в большую залу, хотя тотчас же немного осел при виде множества витых и густых эполет и статских мундиров со звездами. Нужно было откланяться генерал-губернаторше, о которой он уже слышал, что она молода и очень хороша собою. Подошел он даже с форсом и вдруг оцепенел от изумления. Перед ним стояла Зина, в великолепном бальном платье и бриллиантах, гордая и надменная. Она совершенно не узнала Павла Александровича. Ее взгляд небрежно скользнул по его лицу и тотчас же обратился на какого-то другого. Пораженный Мозгляков отошел к сторонке и в толпе столкнулся с одним робким молодым чиновником, который как будто пугался самого себя, очутившись на генерал-губернаторском бале. Павел Александрович немедленно принялся его расспрашивать и узнал чрезвычайно интересные вещи. Он узнал, что генерал-губернатор уже два года как женился, когда ездил в Москву из "отдаленного края", и что взял он чрезвычайно богатую девицу из знатного дома. Что генеральша "ужасно хороши из себя-с, даже, можно сказать, первые красавицы-с, но держат себя чрезвычайно гордо, а танцуют только с одними генералами-с"; что на настоящем бале всех генералов, своих и приезжих, девять, включая в то число и действительных статских советников; что, наконец, "у генеральши есть маменька-с, которая и живет вместе с нею, и что эта маменька-с приехала из самого высшего общества-с и очень умны-с" - но что и сама маменька беспрекословно подчиняется воле своей дочери, а сам генерал-губернатор не наглядится и не надышится на свою супругу. Мозгляков заикнулся было об Афанасье Матвеиче, но в "отдаленном краю" об нем не имели никакого понятия. Ободрившись немного, Мозгляков прошелся по комнатам и вскоре увидел и Марью Александровну, великолепно разряженную, размахивающую дорогим веером и с одушевлением говорящую с одною из особ 4-го класса. Кругом нее теснилось несколько припадавших к покровительству дам, и Марья Александровна, по-видимому, была необыкновенно любезна со всеми. Мозгляков рискнул представиться. Марья Александровна немного как будто вздрогнула, но тотчас же, почти мгновенно, оправилась. Она с любезностью благоволила узнать Павла Александровича; спросила о его петербургских знакомствах, спросила, отчего он не за границей? Об Мордасове не сказала ни слова, как будто его и не было на свете. Наконец, произнеся имя какого-то петербургского важного князя и осведомясь о его здоровье, хотя Мозгляков и понятия не имел об этом князе, она незаметно обратилась к одному подошедшему сановнику в душистых сединах и через минуту совершенно забыла стоявшего перед нею Павла Александровича. С саркастической улыбкой и со шляпой в руках, Мозгляков воротился в большую залу. Неизвестно почему считая себя уязвленным и даже оскорбленным, он решился не танцевать. Угрюмо-рассеянный вид, едкая мефистофелевская улыбка не сходили с лица его во весь вечер. Живописно прислонился он к колонне (зала, как нарочно, была с колоннами) и в продолжение всего бала, несколько часов сряду, простоял на одном месте, следя своими взглядами Зину. Но увы! все фокусы его, все необыкновенные позы, разочарованный вид и проч. и проч. - всё пропало даром. Зина совершено не замечала его. Наконец, взбешенный, с заболевшими от долгой стоянки ногами, голодный, - потому что не мог же он остаться ужинать в качестве влюбленного и страдающего, - воротился он на квартиру, совершенно измученный и как будто кем-то прибитый. Долго не ложился он спать, припоминая давно забытое. На другое же утро представилась какая-то командировка, и Мозгляков с наслаждением выпросил ее себе. Он даже освежился душой, выехав из города. На бесконечном, пустынном пространстве лежал снег ослепительною пеленою. На краю, на самом склоне неба, чернелись леса.

Рьяные кони мчались, взрывая снежный прах копытами. Колокольчик звенел. Павел Александрович задумался, потом замечтался, а потом и заснул себе преспокойно. Он проснулся уже на третьей станции, свежий и здоровый, совершенно с другими мыслями.

СПИСОК

www.ingramcontent.com/pod-product-compliance
Lightning Source LLC
Chambersburg PA
CBHW031656030726
47494CB00007BB/2104